南粤文化纵横行

安国强 著

中国地图出版社

图书在版编目（CIP）数据

南粤文化纵横行／安国强著．—北京：中国地图出版社，2020.1
ISBN 978-7-5204-1109-7

Ⅰ.①南… Ⅱ.①安… Ⅲ.①地方文化-介绍-广东 Ⅳ.①F127.65

中国版本图书馆 CIP 数据核字（2019）第 274970 号

策　　划　余　凡
责任编辑　余　凡
出版审订　赵　强
封面设计　严春艳
图　　片　全景网

南粤文化纵横行

出版发行	中国地图出版社			
社　　址	北京市白纸坊西街 3 号	经　销	新华书店
邮政编码	100054	印　张	18
网　　址	www.sinomaps.com	版　次	2020 年 1 月第 1 版
印刷装订	北京画中画印刷有限公司	印　次	2020 年 1 月北京第 1 次印刷
成品规格	170×240mm	定　价	88.00 元
书　　号	ISBN 978-7-5204-1109-7		

如有印装质量问题，请与我社发行部联系；如有图书内容问题，请与本书责任编辑联系，联系方式：dzfs@sinomaps.com。

目录

第一章　祖国南方的璀璨明珠　　　　　　　　/ 001

第二章　衣冠南渡的拓荒礼赞　　　　　　　　/ 013
    1. 五羊衔来的祥瑞　　　　　　　　　　　/ 015
    2. 赵佗开拓的基业　　　　　　　　　　　/ 017
    3. 移民浪潮的渊源　　　　　　　　　　　/ 022
    4. 千年未歇的游走　　　　　　　　　　　/ 028
    5. 海洋文明的洗礼　　　　　　　　　　　/ 037

第三章　船舶承载的海上丝绸之路　　　　　　/ 047
    1. 盘点海上丝绸之路的繁荣　　　　　　　/ 049
    2. 检阅尘封的良港　　　　　　　　　　　/ 057
    3. 探访隋唐宋元的印记　　　　　　　　　/ 063
    4. 追寻明清的记忆　　　　　　　　　　　/ 070
    5. 梦回远航的岁月　　　　　　　　　　　/ 075
    6. 触摸历史的印痕　　　　　　　　　　　/ 083

第四章　漂洋过海去看你　　　　　　　　　　/ 087
    1. 漫漫出洋路　　　　　　　　　　　　　/ 089
    2. 海水波及处必有南粤人　　　　　　　　/ 099
    3. 谱写海外传奇　　　　　　　　　　　　/ 109
    4. 情系桑梓故土　　　　　　　　　　　　/ 122

第五章　精神王国深植"和"的智慧　　/ 133

1. 禅修致和　慈悲济世　　/ 135
2. 道法自然　济世利人　　/ 143
3. 崇教西域　影响后世　　/ 149
4. 海上天风　浸润东土　　/ 152
5. 民间信仰　与神为邻　　/ 162

第六章　"欧风美雨"来　花先为我开　　/ 169

1. 开启新的时代　　/ 171
2. 引领思想启蒙　　/ 173
3. 引来新生事物　　/ 183
4. 领导革命运动　　/ 190
5. 见证历史进程　　/ 196

第七章　探寻岭南的历史印迹　　/ 205

1. 美丽壮阔的身影　　/ 207
2. 彩绘大地的神来之笔　　/ 226
3. 记录生活的华彩乐章　　/ 243
4. 留存舌尖上的甜美味道　　/ 247
5. 鬼斧神工般的艺术创造　　/ 254

第八章　永奏敢为人先的时代强音　　/ 263

1. 经济腾飞逐梦行　　/ 265
2. 画坛劲刮岭南风　　/ 268
3. 梨园名动海内外　　/ 270
4. 出版佳作遍九州　　/ 273
5. 文坛名家巨制多　　/ 275
6. 演艺圈内竞风流　　/ 278

参考文献　　/ 281

第一章 祖国南方的璀璨明珠

在我国五岭之南，广东如一颗耀眼的明珠镶嵌在祖国南部。这里气候宜人，风景如画；这里土地肥美，人民勤劳；这里历史悠久，文化璀璨。让我们一起走进这片多彩的世界，去领略气度非凡的灿烂文化。

广东是已知岭南最早的人类发祥地。自广州沿西江上溯300千米，有一处山水毓秀之地——"两广门户"封开县。1978年，在封开县中部的河儿口镇垌中岩洞的堆积物中，人们发现了一颗人类牙化石。1989年，再次发掘时传出惊人消息：该地发现了垌中岩人。垌中岩人生存年代要比韶关曲江区马坝狮子岩发现的马坝人早两万年，距今约14.8万年，属早期智人。封开地处西江，光照长，雨量足，地理环境和气候有利于植物生长和动物繁殖，远古人类采食来源充足，生存繁衍有保障。已故古人类学家贾兰坡曾说："两广地带就是远古人类东移的必经之地。"封开垌中岩人为研究岭南地区人类文明的演化提供了重要依据。垌中岩人是迄今所知岭南地区人类历史的揭幕人。

广东有着悠久的历史。中国自进入文明社会以来，各地发展呈现出不平衡的态势。一般来说，南方的开发比北方的黄河流域要晚，广东多密林深谷和水泽，加上五岭阻隔，开发相对迟缓。秦朝以前，岭南地区的古越族先民与中原商周王朝以及长江流域的吴、越、楚等诸侯国均有直接交往。秦统一岭南后，在岭南地区设置了桂林、象、南海3个郡，今广东省境内大部分属南海郡，粤西一部分属桂林郡。南海郡治所在番禺（今广州）。

汉朝平定南越后，将岭南划分为9郡，并置交趾刺史部，负责监察岭南九郡，东汉时又改交趾刺史部为交州。三国时期东吴政权从交州划出南海、苍梧、郁林、高凉4郡及合浦郡北部，另置广州，地域相当于今广东、广西两省区之大半，州治在番禺。广州得名自此始，不过此时广州只是一个行政区域，还不是城市名。

第一章 祖国南方的璀璨明珠

唐太宗时，全国分为10道，岭南道是其中之一。唐懿宗咸通三年（862年），将岭南道再划为岭南东道与岭南西道，岭南东道治广州，岭南西道治邕州（今南宁）。宋太宗晚年则将广南路分为广南东路和广南西路，分别治于广州与桂林，广东、广西之名由此而来。元朝地方行政区划分为省、路、府、县四级。"路"之上另设"道"。今广东辖区范围分设广东道和海北海南道。广东道属江西行省管辖，海北海南道属湖广行省管辖。

明洪武二年（1369年），明朝政府改广东道为广东等处行中书省，并将海北海南道改隶广东。广东成为明朝13行省之一。洪武九年（1376年），朱元璋改行中书省为承宣布政使司，但习惯上仍称省。广东承宣布政使司辖广州府、肇庆府等10府1直隶州，共有7州75县。广东省三字相连，作为行政单位名称，是从清朝开始的。

辛亥革命后，民国承清制，广东省的名称和范围不变，但将府直辖地及州、厅皆改为县，成为省、县二级制。1949年中华人民共和国成立后，广东全省共设9专区，辖7市98县，广州市为中央直辖市。1952年，将北海市及钦州专区划归广西，广西的怀集县划入广东。1979年，中央决定成立经济特区，原属惠阳地区的宝安县改设深圳市，原属佛山地区的珠海县改设珠海市。广东省直辖广州、海口等10市，分设韶关、惠阳等7地区和海南行政区。1988年，中央政府将海南行政区从广东省划出，另设海南省；开始取消地区设置，实行地级市管县体制。

清朝广东巡抚官署

至 2017 年末，广东省有广州、深圳、珠海、佛山、东莞、中山、肇庆、江门、韶关、惠州、梅州、河源、汕头、揭阳、潮州、汕尾、清远、阳江、云浮、茂名、湛江计 21 个地级市，20 个县级市、34 个县、3 个自治县、64 个市辖区，1128 个镇、11 个乡（其中 7 个民族乡）、433 个街道办事处，常住人口 1.1169 亿人。

这里有着丰富的物产。广东省面积约 18 万平方千米，地势波澜起伏，有山地、丘陵、平原、台地等，其中珠江三角洲与韩江三角洲是主要平原区。大部分地域在北回归线以南，属热带、亚热带季风气候，夏长冬短，雨量充沛。汉代广州附近已有一年两熟稻。宋代引进占城稻种之后，发展了双季稻的种植。明中叶开始冬种杂粮，形成了农作物一年三熟制。明清时期，增城的挂绿荔枝、新会的甜橙和潮州柑已负盛名。明万历年间到过广东的西方传教士利玛窦说："中国有很多欧洲人从未见过的水果，它们全部生长在广东省和中国的南部。当地人把这些水果，叫作荔枝和龙眼，味道大都十分鲜美。""这里，我们还发现了橘子和其他柑橘类水果以及各种刺丛生长的水果，种类繁多，并且具有比别的国家同类水果更好的香味。"明末出现"桑基鱼塘"的耕作方式，这种种桑、养蚕、养鱼有机联系的科学耕作方式，成

珠江三角洲的桑基鱼塘

为珠江三角洲农业生产的特色。

清代广东成为全国丝织品的主产区。清道光十年（1830年），通过广州出口的全国生丝共7053担，其中广东生丝就占了3068担。农业商品性生产的迅猛发展，提升了人们在生产和生活上的需求，冶铁业、陶瓷业、酿酒业、造纸业，以及象牙雕刻、竹木藤器、硬木家具、剪纸、烟花、爆竹、成药等手工业和工艺产品日益繁多，"广货"在国内外都享有盛名。广东果品的外销量逐年增加，如1919年粤海关各关口输出香港的果品价值为668375海关两，1930年增至1872871海关两。

这里有发展对外贸易的天然优势。广东位于中国南部，北依逶迤的南岭，南临浩瀚的海洋，南岭横亘在粤北和湖南、江西两省之间，重峦叠嶂把广东和中原分隔开来，古代广东又被称为岭南、岭表、岭外。大山影响了广东社会经济的发展，直到唐代，岭南还被看作化外之地，或叫瘴疠之乡。广东南面与越南、马来西亚、印度尼西亚、菲律宾等国隔海相望，沿海不仅有肥沃的平原，得享鱼盐之利，而且海岸线绵长，海岛罗列，是我国通往东南亚、大洋洲、非洲等地的最近出海口。自汉代以来，广东的徐闻、合浦（今属广西）就是海上的交通要道，特别是从三国时期至南宋，中国对外贸易的重心逐渐移至广州。此后，广州一直是我国对外贸易的重要口岸。

明清时期，广州对外贸易有"金山珠海，天子南库"之称。它不仅给明清两朝的政府提供了巨额财政收入，而且对广东社会经济发展起到了很重要的促进作用。繁荣的对外贸易给广东社会经济发展和濒江沿海地区人民的生活带来了很大好处，所以明朝政府一度实行的海禁政策曾遭到当地民众的反对。特别是商人和沿海居民反抗强烈，甚至出现了亦商亦盗的海上武装贸易集团，同统治者展开了一场禁海与反禁海斗争，迫使明朝政府在隆庆年间不得不解除海禁，允许外国商舶进入广州。直到鸦片战争前，广州商民对于外国商人在广州的正常贸易都表示欢迎。近代中国沦为半殖民地半封建社会后，随着沿海濒江众多口岸的被迫开放，广州对外贸易的重要性随之下降。

这里是中外文化交流的窗口。广东文化历来不是封闭型文化。从国内来

说，这里吸收了楚文化和中原文化，这些文化与当地百越民族的风俗习惯和耕作方式交融发展。广州成为对外贸易重要口岸之后，随之也成为中国与世界文化交流的重要窗口。汉朝以来，广东先后从国外引进了茉莉花、素馨花、海枣、古度树、底称实（无花果）、杧果、波罗蜜、番石榴、番荔枝等花果木和花生、玉米、烟草、番薯等农作物品种，丰富了广东的花果木和农作物种类。

三国时期以来，佛教和伊斯兰教先后传入广州。明清时期，西方传教士不仅带来了基督教，还带来了西方自然科学知识和各种仪器，以及欧洲的绘画和雕塑。东西方文化的交流，使人们扩大了视野，增长了科学知识，学到了多种语言文字。广东有识之士对西方文化加以选择性吸收，如"广彩"的绘画，仿照了西洋的画法；一些建筑物，仿照了西方的建筑风格；一些工匠仿造了自鸣钟、风琴、玻璃镜等；一些商人拿出钱请人学种牛痘；一些少年和儿童有机会进入洋学校或读书班学习。

道光《广东通志》在介绍了西方国家生产的自鸣钟、风琴、铜弦琴、玻璃镜、千里镜等产品之后，加上按语说："大西洋设奇器科取士，所以器用精巧，不可殚述。"这个颇为中肯的按语，反映出那些较开明的人士对中国旧教育制度的反思和对西方教育的向往。他们纷纷创设学海堂，开设天文、数学、地理等课程。

鸦片战争前后，中国与西方文化接触频繁，广东更得风气之先。嘉应州（今梅州）人谢清高于1820年刊行的《海录》，是国内最先介绍世界概况的著作。两广总督林则徐在广东推行"师夷长技以制夷"，组织力量编译了系统介绍西方情况的《四洲志》。正是凭着广东这个面向海洋的窗口，林则徐成为中国最早一批开眼看世界的人。

随着鸦片战争和多次反侵略斗争的失败，广东被迫对外开放，一方面，广东人民受西方殖民主义的侵凌最早、最深；另一方面，人们接受西方资本主义文明也最早、最快，并产生了一批批试图引进西方文化改造中国的爱国志士。根据不平等条约，英国割占香港，葡萄牙强占澳门，西方列强可在中国开设教堂和自由传教，可办医院、开学校、设报馆，这些都对广东影响深远。

第一章　祖国南方的璀璨明珠

1909年，冯如在广州燕塘准备试飞

人们受西方文化、科学的影响，日渐觉醒，有识之士在学习了西方的政治学说后，宣传资产阶级改革和革命。在广东产生了中国最早的留学生、最早的西医、最早的新闻报刊、最早的科技人员和最早的资产阶级改革家和革命家。我国留学生事业的先驱是香山南屏村（今属珠海）人容闳，他于1855年自美国学成归国，不仅对西方文化的传入做出了很大的贡献，还参与组织了近代中国第一批官费赴美留学幼童。中国第一架飞机的制造者、最早的飞机设计师和飞行家是侨居美国的恩平人冯如，他被誉为"中国航空之父"。广东在中国近代史上，对于中外文化交流，特别是在引进西方资本主义的科学、文化、政治观念等方面发挥了非常重要的作用。

这里拥有全国最多的华侨。广东是我国华侨人数最多的省份，移居国外的华侨分布在世界五大洲，大部分在东南亚和北美。广东人出国，可以上溯到唐代以前。从明代开始，侨居在今菲律宾、印度尼西亚、马来西亚、泰国、新加坡等国家的人数均有了显著的增加。大量人口迁移国外则发生在鸦片战争以后。据统计，从1845年到1873年，从香港、澳门迁至欧美的人口多达32万。到1940年，粤侨在海外人数约为600万。华侨人数最多的是潮汕和兴梅地区，其次是新会、台山、开平、恩平和中山、深圳。广东华侨既和当地人民友好相处，为当地经济文化的发展做出了很大贡献，又具有热爱祖国、热爱家乡的优良传统，他们以种种方式为国效力，对祖国的贡

献举足轻重。

这里是反帝反封建的前沿阵地。鸦片战争是从广东开始的。外国侵略中国,广东首当其冲,广东人民很早就起来进行反侵略斗争。广东人民继承三元里人民反侵略斗争的光荣传统,近百年来,不断地开展不屈不挠的反帝斗争,使广东成为中国反帝斗争的前哨。广东人民不甘忍受外国资本主义和本国封建主义的双重压迫,多次举行武装起义。近代史上规模最大、影响深远的太平天国运动,其领袖洪秀全和冯云山等都是广东人。在太平天国运动的影响下,1854年爆发的广东天地会"洪兵"起义,震动全省,是仅次于太平天国运动的大规模的农民起义。

近代中国民族工业和民族资产阶级很早就出现于广东,于是广东出现了一批早期的资产阶级维新派人物,容闳、郑观应、何启、胡礼垣等,提出了以"富强救国"为中心内容的早期维新思想。19世纪八九十年代,康有为、梁启超接踵而至,成为中国变法维新运动的推动者。他们在戊戌前后发动和领导的启蒙运动,促进了一代中国人的觉醒,为中国近代化奠定了初步的思想基础。孙中山的努力,使广东成为我国资产阶级民主革命的策源地。在孙中山的熏陶下,一批广东籍的革命家成长起来,成为辛亥革命的骨干。广东又是孙中山策动武装起义次数最多的省份。武昌起义胜利后,广东各地军民纷纷起事,"兵不血刃"地在广州建立了革命政权——广东都督府。袁世凯篡夺辛亥革命成果后,广东人民继续大力支持孙中山,广东成为孙中山从事革命活动的基地。

这里是第一次国共合作和国民革命的基地。广东以其光荣的革命传统、良好的群众基础,成为第一次国共合作和国民革命的基地。1924年1月在广州召开的中国国民党第一次全国代表大会,标志着全国革命高潮的到来,广东成为当时全国革命的中心。在国共合作的推动下,新民主主义革命在广东蓬勃发展。

在彭湃等共产党人的努力下,广东农民运动发展异常迅速。各地农民以海陆丰和东江农民为榜样,纷纷建立农会组织,开展减租斗争。为适应农民运动发展的需要,由国民党中央执行委员会名义上主办的农民运动讲习所在广州开办,实际上是由中国共产党领导的。澎湃、毛泽东等先后担任所长,为农民运动培养大批骨干。1925年5月在广州举行的广东省第一次农民代表大会,预示着广东农民运动新高潮的到来。1926年,农会组织及农民运动遍及全省,会员62万多人,占全国会员总数的三分之二,广东成为当时全国农民运动的中心。

在邓中夏、苏兆征等共产党人的努力下,广东工人运动迅猛发展。1925年5月,中华全国总工会在广州成立,标志着广东成为全国工人运动的中心。1925年6月至1926年10月的省港大罢工,以其规模之大、时间之长、组织之严密、影响之巨大,载入中国和世界工人运动的史册。

1925年,广东革命政府在广大工农和人民大众的支持下,出师东征,讨伐陈炯明,其后又回师广州,讨伐杨希闵、刘震寰等滇、桂军阀的叛乱。同年7月,国民政府在广州建立,随后进行了第二次东征和南讨,彻底打垮了陈炯明和邓本殷的反动势力,广东遂成为国民革命的基地。国民革命军于1926年7月在广州誓师北伐,仅用9个月便陆续攻克武汉、上海、南京,把吴佩孚、孙传芳等北洋军阀打得落花流水。1927年,蒋介石在上海发动四一二反革命政变,打断了国民革命的进程,陈独秀的右倾机会主义断送了国民革命。

国民革命失败后,中国共产党在广东组织领导群众转入地下斗争。1927

省港大罢工

1926年7月9日，国民革命军于广州举行北伐誓师大会，各界群众5万余人参加

年12月，中国共产党领导工人和士兵，发动了广州起义，成立了广州公社。起义虽然失败了，但对广东和全国的革命事业产生了重大影响。南昌起义和广州起义部队后来转移到东江地区，为东江革命根据地的建立创造了条件。1927年11月，陆丰和海丰一度建立的两个苏维埃政权，是中国第一批县级苏维埃政权。东江革命根据地在其全盛时期，曾建立过大小10块根据地，成立了东江苏维埃政府，有红军主力四五千人。在海南岛，共产党人于1927年9月发动了全琼武装总暴动，创建了琼崖苏区，虽经多次挫折和失败，但琼崖革命红旗始终不倒，给广东人民树立了榜样。

在广东，中国共产党组织领导抗日民族统一战线和救亡运动，广泛地动员群众，有力推动了广东抗战。在革命基础良好的东江，首先建立了抗日游击队、游击区和抗日民主政权。随后，琼崖革命武装也改编为抗日武装。珠江三角洲、潮汕等地的游击队也先后建立起来。广东人民抗日游击队东江纵队成为东江地区抗日的主力，其活动范围逐渐扩展到广州市郊、粤赣湘边区和韩江地区。琼崖独立纵队活跃在海南抗日前线，珠江纵队转战在珠江三角洲地区，游击队还分别在粤中、潮汕、高雷、粤北等地展开抗日游击战。到1945年抗战胜利，正规部队发展到2.8万余人，建立了拥有千万人口的解放区和游击区。共产党领导下的广东抗日武装为抗日战争的胜利做出了巨大贡献。

解放战争初期，东江、琼崖、粤中、南路、西江、粤北、珠江等地的人

第一章　祖国南方的璀璨明珠

1949年10月14日广州解放，11月11日广州举行解放军入城仪式和庆祝大会

民武装，为打破国民党反动派的"扫荡"，实行战略转移，到山区分散活动。1946年6月，东江纵队2000余人北撤山东，为人民武装保存了力量。随着有利形势的到来，全省各地人民武装不断壮大，1948年底，粤赣湘、闽粤赣、粤中等几个大边区已建立主力部队，兵力共约4.6万人。游击区和根据地也由山地扩展到平原，逐渐逼近敌人的中心地带。1949年初，中国人民解放军粤赣湘边纵队、闽粤赣边纵队、粤桂边纵队、粤中纵队等先后成立，标志着广东省革命斗争进入到夺取最后胜利的阶段。1949年秋，在广东各边纵队的配合下，解放军南下解放广州。8月，解放万山群岛。至此，广东全省解放。广东揭开了历史的新篇章，广东人民从此走上社会主义革命和建设的光明大道。

广东文化正是在上述条件与历史背景下，不断地丰富与多元化，不断地发展与壮大着。

第二章 衣冠南渡的拓荒礼赞

岭南人大多根在河洛，先世多是衣冠大族，南迁后定居繁衍于此，从此"不辞长作岭南人"。由于南迁时间有先有后，路径又各不相同，因此，在岭南形成了文化各有特色的三大民系——广府民系、福佬民系、客家民系，其人口组合大致在宋元之际形成，虽同属岭南汉族居民，但有不同的文化特征。长期以来，广东地区的广府文化、潮汕文化和客家文化相互依存、相互欣赏、相互借鉴又相互竞争，推动着当地的开发与地域的发展。

广州越秀公园内的五羊石雕像，高十余米，主羊口含谷穗，其余四羊环绕主羊，姿态各异，生动逼真，被视作城徽

1 五羊衔来的祥瑞

大多文化的发端皆以神力相助的传说开篇,岭南也不例外。公元前9世纪的周朝,广州番禺为楚之藩属,已有"楚庭"之设,后来还建有"南武城",今广州越秀公园有"古之楚庭"牌坊。

相传周显王(?—前321年)时,广州百姓个个敬神,人心向善。一到年底,家家送灶神上天,香烟缭绕,直上灵霄殿。玉帝顿觉心旷神怡,便问灶君这是下界何处臣民如此诚心。灶君回答说是广州的老百姓。玉帝大喜,就让五谷仙下凡送五谷,保佑那里年年丰衣足食。

五谷仙接旨,赶忙找天马下凡。谁知却没找到。五谷仙无奈,只得找来五只羊,骑着下凡。五只羊分别叼着稻、黍、稷、麦、豆,脚踏祥云,悠悠然直奔广州。

刚到五仙桥上空,稻仙忽见一匹小白马,便说那就是要找的天马之一。众仙于是降下祥云,寻找天马,小白马见势不妙,连忙伏下,摇身变成小山岭。众仙找不着,便在这里歇下来,让羊儿吃草。稻仙说用羊儿当坐骑好是好,只是一会儿就要吃草,有什么坐骑比羊儿好呢?豆仙说麒麟。麦仙一听就掏出一把扇子,迎风一扇,马上来了一只麒麟。豆仙让稻仙试骑,稻仙正犹豫间,那只麒麟等得不耐烦,一溜烟跑上山去了。众仙见稻仙放跑了麒麟,嚷着要罚。稻仙于是请大家吃鸡。说话间念动咒语,不一会儿就飞来一只鸡。宰杀时嫌鸡颈没肉,顺手扔一边。稷仙去打水,黍仙去拾柴,麦仙去找锅,豆仙看火。鸡炖熟了,五位仙人兴致勃勃地吃起来。玩乐吃饱后,大家才想起送五谷之事,于是又骑上羊背,驾云疾飞。来到广州,五仙将五谷往地上一抛,田野上很快长出一片青绿的稻菽。五仙祷祝广州百姓安居乐

业,五谷丰登,然后化作祥云而去,五只羊随即变成石羊。故广州又称"羊城",简称"穗"。借着五羊带来的祥瑞,岭南平安发展数千年。

后来人们在五仙逗留过的广州沙河修了座小桥,起名五仙桥。五仙桥前面有座马仔岭,传说是天马变的。再往北走有麒麟岗,岗顶上那只石麒麟就是当年稻仙放上山的。附近那条鸡颈坑,是当年稻仙扔下的鸡颈变成的。位于广州惠福西路坡山巷的五仙观,历史上屡废屡建。据史籍记载,北宋时广州就建有祀奉五仙人的寺观;南宋嘉定年间(1208—1224年)寺观迁至西湖玉液池畔,即今西湖路附近,称奉真观;南宋末年又迁至今广仁路;明洪武元年(1368年)五仙观毁于一场大火;直至洪武十年(1377年)最后迁建于现址惠福西路坡山巷,主持修建者是广东行省布政使赵嗣坚。明清时期,五仙观规模相当宏大壮丽,殿堂多达十多处。现在照壁、牌坊、中殿、三元殿和廊庑已荡然无存,只有仪门、后殿、东斋、西斋和"岭南第一楼"等部分旧建筑。五仙观石门额上"五仙古观"大字是清同治十年(1871年)两广总督瑞麟手书。

五仙观后殿后面坡山之顶耸立着一座钟楼,被称为岭南第一楼,始建于明洪武七年(1374年),为行省参知政事汪广洋建造。钟楼坐北朝南,宛如城楼,通高17米,分为上下两层。楼上悬挂铜钟一口,钟高3米,直径2米,重约5吨,为广东现存最大的青铜巨钟,铸于洪武十一年(1378年)。钟口之下正对着楼基中心的方形大井口,能产生共鸣。一敲钟,声自券形门洞传出,声闻十里。据说此钟只有遇到火警之类灾难时才会撞鸣,无事禁止撞钟,故又称"禁钟",该楼又叫作"禁钟楼"。

2 赵佗开拓的基业

南越国（前204—前111年），是西汉初期在岭南建立的王国。秦始皇统一六国后，着手平定岭南地区的百越之地。前219年，秦始皇任命屠睢为主将、赵佗为副将，率领50万大军南下。屠睢战死后，任嚣被任命为主将，在前214年完成平定岭南的大业。秦始皇在岭南设立南海郡、桂林郡、象郡三郡，任嚣被委任为南海郡尉。南海郡下设博罗、龙川、番禺、四会四县，赵佗被委任为龙川县令。前209年，秦二世的暴政激起了陈胜、吴广等领导的起义，接着刘邦和项羽之间又楚汉相争，中原陷入混乱。前208年，任嚣病重，召来赵佗，命他代行南海郡尉。任嚣病故后，赵佗命南岭各关隘据险防守，杀秦朝官吏，换上亲信。前204年，赵佗兼并桂林郡和象郡，在岭南地区建立南越国，自称"南越武王"。

陆贾劝赵佗归汉雕像

前196年,汉高祖刘邦派遣大夫陆贾出使南越。在陆贾劝说下,赵佗接受了汉高祖赐予的南越王印绶,臣服汉朝。吕后掌控朝政后,和赵佗交恶,赵佗宣布脱离汉朝,自称"南越武帝"。前179年,汉文帝即位,派人重修赵佗先人的墓地,任命陆贾出使南越,再次说服赵佗去除帝号归汉。一直到汉景帝时期,赵佗都向汉朝称臣。

南越后来经历了赵眜、赵婴齐、赵兴的统治。前112年,南越国丞相吕嘉等人发动叛乱,杀害了赵兴和汉朝使者。是年秋,汉武帝调遣罪人和江淮以南的水兵共10万人,兵分五路进攻南越,战争持续到前111年的冬天。楼船将军杨仆率领精兵,抢先攻下寻峡,然后攻破番禺城北的石门,缴获了南越的战船和粮食,与伏波将军路博德的军队会师。杨仆率兵攻进番禺城,放火烧城。吕嘉和赵建德乘船沿海西逃,被双双擒获。汉武帝在平定南越后,在原来的南越国属地设置了九个郡,直接归属汉朝。赵佗创立的南越国经过93年、五代南越王之后,终亡于汉朝。

南越国立国之后,赵佗沿袭秦朝的郡县制,保留了南海郡和桂林郡,把象郡拆分为交趾郡和九真郡。他分封了一些王侯,如苍梧王、西于王、高昌侯等,形成了与西汉类似的郡县制和分封制并行的制度。南越国实行户籍制度,用汉字和纪年,统一度量衡,预立太子。这些来自中原的制度对治理、改变南越原本局面发挥了重要作用。南越国实行"和辑百越"政策,加速了外地中原人与当地越人的融合。南越国立国初期都是以中原汉人为主要依靠力量,之后吸收越人加入政权,比如丞相吕嘉、左将军黄同等,以增强越人的认同感。此外,还在一些民族复杂地区分封越人为王侯,如在交趾郡分封西于王等,让其自治,得到越人的拥护。南越国的汉人入境随俗,异族通婚很普遍,王室也是如此,如第五代南越王赵建德的母亲就是越人。这些政策对南越国政权的稳定与经济的发展起了重要作用。

秦朝屯戍岭南的大军和从中原迁移的大量人口,带去了中原的铁器农具和发达的农业生产技术,提高了岭南的农业生产水平。在南越国墓葬中出土的铁制农具主要有锄、镢、锸、镰、斧、锛、手铲、锉、锥、刮刀、锤、凿等,粮食作物有水稻、黍、粟、菽、薏米等,瓜果有柑橘、李、荔枝、橄榄、乌榄、人面子、甜瓜、木瓜等。荔枝是岭南特有的水果。据西汉刘歆的《西京杂记》记载，赵佗曾将荔枝进贡给刘邦。另外，出土了不少盛酒器皿，说明当时已有成熟的酿酒技术。在南越国的墓葬中出土的家畜残骸主要有猪、牛、羊、鸡等，还出土了大量的鱼类、鳖类和各种贝壳类的淡水和海水产品。

青铜器的种类和数量也非常丰富，仅在南越王墓和罗泊湾一号墓两个南越国的墓葬中就分别出土了500多件和200多件的青铜器，除一部分兵器和日常用具从中原输入，很大一部分由南越国本土铸造，主要有铜勾铫、越式铜鼎、铜提筒、铜熏炉、铜鼓、铜壶、铜烤炉、铜鉴、铜编钟等。当时使用铁器已十分普遍，南越王墓中出土铁器达246件。铁器主要有农具、手工业工具、武器和生活用具等。由于南越国铁矿资源缺乏，铁器主要还是从中原输入，冶铁的原材料也主要是从中原获得。

南越国的墓葬中出土最多的器具是陶器，仅在南越王墓就出土陶器多达991件。南越国墓葬出土的陶器主要有储容器、炊具等日常生活用具，专门为殉葬用的冥器，以及一些建筑用的砖瓦等。这些陶器大部分为南越国本土制造，多是一些有着南越风格的几何印纹陶。

南越国的玉器制造业也相当发达，在南越王墓中共出土了244件玉器。这些玉器主要分为四大类，包括礼仪用玉、丧葬用玉、装饰用玉、器用用玉等，器型丰富，用途多样，大部分为南越国的工匠制造。

南越国的金银器冶铸业、纺织业、漆木制造业也有了很大的发展。在南越王墓中出土的金银器代表作有"文帝行玺"金印、"右夫人玺"金印、七星纹银带钩等。

南越国历代统治者都注重发展贸易，特别是与汉朝的商业往来。前196年，南越国臣服汉朝后，赵佗即在南越国和长沙国交界的地方设立关市，从中原输入铁器、青铜器和牲畜，引进中原的先进技术，并向中原输出南越国出产的白璧、珠玑、玳瑁、犀牛角、珊瑚、荔枝等特产。南越国没有自己铸造的货币，所用货币以秦朝和汉朝的"半两钱"为主。南越国与闽越、夜郎、西瓯和骆越等周边地区的商贸往来十分密切。南越国的海上贸易也有

很大的发展。位于今广州市中山四路的秦汉造船工场遗址的考古发掘证明，当时的都城番禺已具备了生产大批量内河和沿海航行船只的能力。据考证，当时已开辟了通过南海与东南亚和南亚诸国交往的"海上丝绸之路"。在南越王墓的遗址中，发掘了部分产自东南亚和南亚诸国的舶来品，包括银盒、象牙、金花泡饰、乳香等。

南越国的语言文字有两大体系，从中原迁移过来的数十万汉人使用古汉语，本地的南越、西瓯、骆越等土著居民大部分使用古越语。目前分布在东南亚和中国南部的壮侗语系就被认为是古越语的直系后裔，而且现在分布在两广地区的粤语被认为保留了很多古越语的成分。南越国由于其创立者赵佗和大部分官员均来自中原，因此汉字成为南越国的官方文字。在南越王墓和广西罗泊湾一号墓出土的文物中，发现一些铭刻有文字的印章、铜器、银器和陶器等，大部分文字为秦汉隶书。本地的南越、西瓯、骆越等土著居民则停留在刻符记事的阶段，未创制出自己的文字。

南越国的居民能歌善舞，在南越国的墓葬中出土了不少乐器，其中打击乐器有钟、磬、勾鑃、铙、铜鼓等，弓弦乐器有琴、瑟等，吹奏乐器有笛等。这些乐器中，铜鼓还是古越人地方首领权力和财富的象征。在南越国墓葬的出土文物中还发现了不少描绘南越舞蹈的图绘，分为越式舞和汉式舞，越式舞有翔鹭舞、羽舞、武舞、芦竹舞等，汉式舞只有一种，即长袖舞。

南越国的遗迹多分布在两广地区，其中以现今的广州市分布最多。目前广州有四处南越国遗迹被列为"全国重点文物保护单位"，分别为南越国宫署遗址、南越文王墓、南越国木构水闸遗址和莲花山古采石场。至1995年，广州市共发现南越国的墓葬达250多座，是南越国墓葬发掘最多的地区。广东其他地区也有很多的南越国遗迹，包括南雄的横浦关、阳山的阳山关、乐昌的赵佗城、仁化的秦城等南越国的关防遗址，以及零星分布在肇庆、乐昌、曲江、南海等地的南越国墓葬。

南越国王宫遗址位于广州市越秀区内，总面积达15万平方米，包括御花园遗址和宫殿遗址等。御花园遗址中发掘出方池、弯月池、曲渠、平桥、步石等宫殿园林的遗迹；宫殿遗址目前只清理完其中一座大型宫殿的"散水"

部分。2006年，南越国宫署遗址向公众部分开放已整理修复完的3000多平方米的遗迹，并在上万件发掘品中精选部分文物向公众展示。

南越文王墓通常称为南越王墓，是南越国第二代王赵眜的陵墓，位于广州市越秀区象岗山上，是一座凿山深埋多室结构和有斜坡墓道的石室墓，共出土随葬品1000多件，另有金器、银器、陶器等，其中以丝缕玉衣和"文帝行玺"龙钮金印等最为珍贵。1988年，在原墓址建立遗址博物馆——西汉南越王博物馆。

毛泽东曾经说过，赵佗是"南下干部第一人"，他是开发岭南的第一人。南越国的建立保证了秦末乱世岭南地区社会秩序的稳定。来自秦中原地区的统治者，带来了中原先进的政治制度和生产技术，使岭南地区落后的政治、经济现状得到了有效的改善。南越国君主推行的"和辑百越"政策，促进了汉族和南越国各个民族之间相互融合，并促使汉文化和汉文字得以传入岭南地区，改变了岭南落后的文化状况。

3 移民浪潮的渊源

粤语——岭南文化的重要载体

广东三大民系是在中原衣冠大族历代掀起的南迁浪潮中形成的,在此过程中,地方得到开发,文化得以繁荣。广府民系即广府人,口语中的"广府人"即根源于秦朝遗民,以珠江三角洲为中心,分布于广东、香港、澳门、广西、海南及国外广大地区,以粤语(俗称白话,又称广东话)为母语,以珠玑巷同迁的汉人为民系认同,有着自己的独特文化——广府文化、饮食、语言、风俗和建筑风格的汉族民系。

粤语是广府人的文化标志,在广东三大方言中形成时间最早。商与西周时代,广东先民便与中原王朝有了经济文化往来。春秋战国时代,岭南与吴、越、楚国关系密切,交往频繁。先秦时,岭南的番禺、肇庆、罗定、清远、四会、广宁、揭阳等地,已有越族建立的"小国",如番禺、缚娄、阳禺等市镇型小国。岭北楚国商人常来此贸易,出现语言交流现象,因此成熟后的粤语还带有一些楚音。番禺的珠玑、翡翠、犀角、象牙等名贵商品扬名中原。

秦始皇出兵岭南时,岭北到岭南的交通不畅,秦将史禄率兵在海阳山开凿灵渠,连通湘江与漓江,粮草可以从岭北水运至岭南,解决了秦军给养问题,使秦军可以打持久战。后来,秦始皇派任嚣为统帅,率领赵佗等将领,

《宋本广韵》书影

出动楼船沿秦凿渠南攻百越。任嚣、赵佗恩威并用,终于平定越族的反抗。前214年,秦始皇统一岭南,设置南海、象、桂林三郡。任嚣、赵佗率军南下之时,秦始皇已命一批游民、商人随军移民,统一岭南后,秦守军号称50万,设南海郡。秦二世元年(前209年),赵佗上书皇帝,奏请拨3万名无夫家的女性来南海郡为士卒补衣和照顾生活,秦二世拨给1.5万名女性。这一系列举措,使南海郡的"中县人"(汉族人)大大增加。他们带来了中原文化,也带来中原的先进生产工具与技术,促进了南海郡政治、经济、文化的发展。由于族群交流的需要,原住民语言逐渐吸收古汉语,出现雏形粤语。前204年,赵佗建南越国。国都番禺处于东、西、北三江交汇之处,成为商品云集的都会,引来不少客商,语言交流增加,促使雏形粤语进一步演化。由于越族人多,中县人居于南越国也只得入乡随俗,越族语言与古汉语融合,雏形粤语得以进一步发展。

汉元鼎六年(前111年),汉灭南越国后,在岭南设南海、苍梧、郁林、合浦、九真、交趾、日南、珠崖、儋耳等9郡。元封五年(前106年),设交趾部统辖上述9郡,治所设于广信。广信位于今广西梧州、贺州与广东封开一带,即西江与贺江交汇处。广信作为岭南政治、经济和文化的中心,前后历经300多年,被誉为"岭南古都",是岭南文化和粤语的最早发祥地。史学家认为,广信之名寓"初开粤地宜广布恩信"之意。灵渠凿成后,成了中原汉人进入岭南的水上主要通道,由漓江转入西江到岭南,必先进入广信。

秦统一岭南后,广信一带汉族移民大批聚集,加速了此地的开发。在汉代,广信也出现了几位学问家,如陈钦、陈元父子及士燮等。此时粤语已广泛流行。东汉献帝建安八年(203年),交趾部改称交州,州治仍在广信。建安十六年(211年),交州刺史步骘到番禺视察时,认为番禺农业、商业发达,地势更有利于发展,故于建安二十二年(217年)迁交州治所到番禺。此后番禺重新成为岭南政治、经济、文化中心。东吴黄武五年(226年)交广分治,设广州,之后广州的中心地位持续了千多年,粤语也在广州一带发展成熟。

珠玑巷——七百年前桑梓乡

珠玑巷（凌美清 摄）

珠玑巷位于广东南雄北9千米处，是古代中原汉人迁徙岭南的中转站。根据谱牒记载，现分布在珠江三角洲地区的多数广府人是原珠玑巷居民的后裔。珠玑巷长约1500米，南北走向，两旁为古屋和祠堂。珠玑巷在唐代叫"敬宗巷"，因巷内有张兴族人七世同堂，唐帝李湛闻听后，赏赐给他们家族珠玑绦环。李湛驾崩后庙号唐敬宗，"敬宗巷"为避讳而改名珠玑巷。

当年张九龄奉唐玄宗之命，开凿大庾岭梅关，把一条崎岖难行的山径开通为能通车马的大道。从那时起，梅关道由于沟通了长江与珠江两大水系，成为岭南最重要的通道。珠玑巷也夹道成镇，成为南来北往旅客的歇息地，为大庾道上最重要的驿站。盛唐以来，路过珠玑巷的商旅、挑夫"日有数千"，直到清末粤汉铁路修筑之前，这条路载着珠玑巷兴旺了千余年。正如明万历年间进士黄公辅诗中所写："编户村中人集处，摩肩道上马交驰。"

古代中原世家大族从江西越梅岭南来，到了珠玑巷后，不敢贸然南下，只好安顿下来。待适应了岭南地区的气候和生活习惯后，才逐步南迁。故珠江三角洲许多名门望族把珠玑巷称为"七百年前桑梓乡"。特别是北宋靖康元年（1126年），金兵大举南侵，"靖康之难"导致宋室南渡，引发了中原人的大规模南迁。南宋末年元军南征，也使很多江南汉人涌入广东、福建等地。珠玑巷因此盛极一时。南宋时巷内的商贩和居民多达千户，连同附近牛田坊一带五十七村。嘉靖《广东省志》引《南雄府图经》说："岭上古有珠玑巷……今南海衣冠多其子孙。"乾隆《南雄府志》中说："广州故家巨族，多由此迁居。"据中山黄慈博《珠玑巷民族南迁记》所载，

第二章　衣冠南渡的拓荒礼赞

共有七十六姓、一百六十六族先后从珠玑巷南迁珠江三角洲一带。

"珠玑巷人南迁"最典型的事件是罗贵南迁。南宋咸淳年间，宋度宗任由奸相贾似道弄权误国。胡妃因厌恶宫廷生活，向往百姓的天伦之乐，偷偷跑出皇宫。宋度宗发现后派兵四处搜寻。胡妃自知难逃，便投江自尽。恰巧南雄珠玑巷一商人黄贮万雇船到临安做生意，从江心救起溺水女子。她即是胡妃，被救后谎称姓苏。胡妃与黄贮万情投意合，结为百年之好。贾似道因搜查未果，只好复命说

梅关古道通南北（周映梅　摄）

胡妃已投江自尽。胡妃随黄贮万到珠玑巷后，男耕女织，过上了普通人的生活。巷内一赌徒欲敲诈黄贮万，得知其夫人即胡妃，于是向官府告发。贾似道担心"欺君之罪"暴露，欲将珠玑巷人全部杀绝，便谎报珠玑巷人意欲谋反，宋度宗下旨血洗。

面对即将到来的大祸，贡生罗贵召集众人共谋逃亡之计。经过商议，大家认为珠江三角洲地广人稀，适合生存。于是在罗贵的带领下，珠玑巷人九十七户三十三姓伐竹木结筏，顺着浈江、北江而下。胡妃为不连累乡亲，在朝廷大军到来之时毅然跳上岸，与大军周旋，后投井自尽。

海内外的珠玑巷后裔对此地一往情深，纷纷回来寻根问祖。他们已把珠玑巷作为故土的象征，作为内心深沉情感的寄托。

广府文化——灿烂广为天下知

广府人占广东人口的60%，聚居在广州、佛山、东莞、中山、珠海、江门、肇庆、阳江、云浮、清远、茂名等地，占全省面积的一半以上。一般认为，肇庆是广府文化发源地，广州、佛山是发扬地，香港、澳门是扬名地。

广府民系有九大分支,包括粤海民系、莞宝民系、四邑民系(原广州府和肇庆府)、罗广民系、高凉民系、邕浔民系、勾漏民系、钦廉民系以及吴化民系。

广府文化分布在西江、北江流域及珠江三角洲一带,是广东封建文化开发最早的地区。珠江三角洲的广府文化特征最为突出,既有古南越遗传,更受中原汉文化哺育。广府文化至少从汉代开始,就与海外文化接触交流不断,故广府人比较容易接受外来新事物,敢于吸收、效仿和学习西方文明,并将传统文化与之融合。广府文化往往被作为粤文化的代称,如广州话称为"粤语",广州方言歌统称为"粤讴",广州戏剧和音乐分别称为"粤剧""粤曲","粤菜"常专指广州菜,广州工艺品的重要品类被称为"粤绣""广彩""广雕"等。

广府文化是岭南文化的代表。广府文化的特点是务实、乐观、包容。两宋以后,珠江三角洲的开发已初具规模,到了明代,已是当时岭南著名的粮食和多种经济作物的生产基地,顺德、南海、中山、番禺等地基塘农业驰名于世。珠江三角洲有多层次的农业经济架构,又有广州这个世界贸易大港为依托,农副产品和手工业产品市场广阔,产销活跃。明代后期,珠江三角洲的农业生产商品化倾向日渐明显,成为岭南最活跃、最具商品意识、最富有反传统精神的地区。广东的近代工业,也在19世纪末叶从珠江三角洲一带兴起。经济发达推动了文化的兴盛,珠江三角洲地区从宋代以来就人丁兴旺,一直占据人才优势。广府文化的中心城市广州,自古以来就是广东乃至岭南区域的政治、经济和文化中心,在建筑、艺术、宗教、戏剧、音乐、文学、绘画、工艺、饮食、园林、风俗等各个领域,具有悠久的历史和鲜明的个性,给人以多层次的、立体和丰富的感受。广府文化在广东各民系文化中占有优越的地位。

广帮商人在清中期就已闻名全国,在三大民系中最具开放性。广府人具有敢于探索和尝试的拼搏精神,视野较为宽广,思路较为开阔,商品意识较强,精明能干,善于经营,创造了珠江三角洲多元化农业商品经济。广府人由于最早受到近代西方文化思想的影响,得风气之先,加上强悍的民风,冒险、创新的精神,因而反抗性与斗争性也特别强烈,在中国近代历史上精英辈出,在推翻封建帝制、建立新中国以及改革开放过程中,"敢为天下先"的宝贵性格特征极为明显。

4 千年未歇的游走

客家民系——在逃难迁徙中形成

客家民系是在漫长的历史岁月中，经过多次移民运动的酝酿、积淀形成的。东汉末年黄巾起义和军阀割据，使中原地区土地荒芜，引发了中原百姓的大规模外迁，他们基本上滞留于长江中下游地区。西晋末年发生的"八王之乱"，以及少数民族内迁，再次引发中原地区人口南迁。流亡到南方的晋王室，在建康（今南京）建立了东晋偏安政权。当时的汉族学者悲痛地称之为"神州陆沉"。

不堪异族屠杀、奴役和蹂躏的中原汉人随东晋流亡政权的脚步向南迁徙，南渡长江者70多万人，主要居住在长江中下游的江苏、安徽和江西北部。这些读书人、农民、手工业者、商贾等身份各异的中原移民，带给南方的是先进的技术与文化，江南地区日渐富庶繁华。有一部分流民的足迹已延伸到了闽粤赣三边地区，广东大埔境内出现了5个规模较大的安置流民屯田的营地。随着人口的增多，封建政府在晋安帝义熙九年（413年），从广东中东部东官郡中分出一个义安郡，辖海阳、义招诸县，即现在的惠州、梅州、潮州地区，来专门安置流民。

南朝、隋、唐中期以前，客家民系在江西赣州地区孕育。南朝时期爆发的"侯景之乱"，使江南又一次遭到洗劫。分布在长江中下游地区的西晋过江移民多遭杀戮，幸存者被迫向赣州及更远地区迁移。赣州拥有纵贯南北的赣江水系，北上可沿赣江通长江，南下能越梅岭入粤穗，出武夷可联泉州，为客家先民进入岭南腹地提供了相对便利的交通条件。从各家族谱来看，先民入赣州是循两条路而来的，一条是出鄱阳湖溯赣江而上，进入赣南各县；另一条是出鄱阳湖溯抚河、盱江，进入赣南的宁都、石城、广昌或闽西的宁化、长汀等县。他们在与外界相对隔离的崇山峻岭间，厮守着故土风俗习惯与祖宗语言，赣州因此赢得了"客家摇篮"的美誉。

唐中后期、五代十国及宋元时期，客家民系在以福建汀州为核心的地区初步形成。唐玄宗开元二十一年（733年），首置汀州。其居民三千户，当时户籍称之为客户，他们已是一个有共同语言礼俗的群体。唐中期的安史之乱与晚唐的黄巢起义，又引发了中原汉民的大举南迁。五代十国时期，汀州地区因少受战乱滋扰，持续吸引南来流民迁入。北宋末期的靖康之难引发又一轮的中原汉人南迁潮。与以往不同的是，这次北方少数民族的兵锋完全越过了长江天堑，深入到长江以南上千里的赣州腹地。中原士民、一部分宗室及部分官员随宋隆祐太后往西南奔逃，从建康先到洪州（今南昌），折而南奔吉州（今吉安）、虔州（今赣州）。辛弃疾在赣州写下"郁孤台下清江水，中间多少行人泪。西北望长安，可怜无数山"的壮烈词篇，生动地再现了当时滞留在赣州一带北方流民的悲愤心情。这些人有的南渡大庾岭寄寓

赣州古城（刘立强　摄）

韶州,有的东出石城进入汀州。

汀州以宁化南迁汉人最多,而宁化又以石壁为中心。石壁地处武夷山东麓,宋时这里人口已相当繁盛,姓氏达40余个,被称为"客家祖地"。

汀州由于长期的过度开发,到宋元时期生态环境日趋恶化,由人口流入地变成中转迁出地。地处南部的梅州成了中原流民迁徙的乐土。《元丰九域志》记载,梅州户数在北宋熙宁八年(1075年)为12372户,经宋末元初战争的摧残,到元大德七年(1303年)仅存2478户。汀州、赣州客家先民大量涌入梅州。梅州土著的畲、瑶、疍等百越族人,面对先进的中原文化,逐渐与客家群体融合。

清朝初年,退守台湾的郑成功相继攻克闽南沿海地区,势力扩大到广东潮惠地区。清政府为了切断其供应来源,顺治、康熙年间数度颁布"禁海令"和"迁界令"。"迁界令"规定从山东至广东万里海疆的居民,必须内迁50里(1市里=500米),后再迁30里。直到1683年平定台湾后,清朝才宣布废止"迁界令"。几十年的禁海、迁界政策,使广东沿海数百万被迁人口或被杀或饿死。《广东新语》称为"有史以来最为惨绝人寰的统治"。

客家后人建设牌坊以缅怀南迁先祖(李荣根 摄)

第二章　衣冠南渡的拓荒礼赞

梅县南口侨乡村，客家围龙屋的精彩展示区（何方　摄）

这些从沿海内迁的广东人与福建人，有一部分进入邻近的客家地区，有些融入客家人中。

标志着真正意义上近代客家民系最终形成并得到官方认同的典型事件，是1733年清政府将广东程乡县升格为嘉应直隶州，管辖除丰顺、大埔之外的现在梅州市所属所有乡镇，嘉应州正式成为粤东客家人的政治、经济、文化中心。历经无数辛酸，历尽代代磨难，客家先民终于在梅州为自己也为子孙找到了安身避祸的归宿。

走四方——日久他乡成故乡

历史似乎不给客家人以片刻的闲暇，刚居有定所的客家民众，又以梅州为中心开始了真正意义上的客家大迁移。人多地少，土地变得拥挤不堪，到更广阔的地区去谋得营生成了部分缺衣少田的梅州人的共同选择。

明末清初的大战乱，使"天府之国"四川的人口锐减，土地大量荒芜。康熙十年（1671年），清政府正式颁行四川招民条例，允许各省贫民入蜀开垦。湖北、湖南、广东诸省人民络绎迁居四川，到乾隆四十一年（1776年），在这次"湖广填四川"运动中入川的客家人及其后裔已超过150万人。他们

成了新土地的主人,但心灵深处始终镌刻着客家人的烙印。

著名英籍作家韩素音,原名周月宾,父亲是中国客家人,母亲是比利时人。她在自传式巨著《伤残的树》中写道:"我的祖先在15世纪时定居于梅县(实为广东五华),移居四川大概是在1682至1710年。据我家宗谱的记录,最初到四川的一个祖先是个货郎。他一路是怎么走去的则没有记载……新来的移民在四川全省到处安家落户,但主要是沿长江及其支流两岸,从重庆沿岷江一直到成都,还有便是成都平原这个最富饶肥沃的海陆平原。"从她的叙述中,我们可以大体知道客家先辈入川的时间。入川的客家人还包括其他地区的客家人,如朱德在《母亲的回忆》中说,他的上代是从韶关入四川仪陇的。

康熙二十二年(1683年)清朝收复台湾后,废止"迁海令",又实行"复界"政策,但内迁者能迁回的已不及一二。沿海宽阔肥沃的土地,吸引了大批客家人迁到隶属广州府、肇庆府的增城、花县、新安、东莞、鹤山、宝安、台山等地。如领导太平天国运动的洪秀全原籍在梅县石坑堡,后来迁入广州花都。孙中山先祖于明永乐年间(1403—1424年)由福建迁到广东程乡,而后其裔孙迁紫金,到孙氏十二世祖时方迁居中山翠亨村。此外,客家人还一路迁居广西、湖南、四川、云南及海南等地。

1856—1868年,广东西部客家人同广府人因水源、林木等问题发生了一次规模空前、状况惨烈的大械斗,事件波及鹤山、开平、高要、阳春、新会等十余县,持续12年之久。这一事件后,当地大部分客家人在官府资助下向南迁入高、雷、钦、廉各州,尤以信宜、徐闻最多,远者渡海至海南岛崖县及定安等地。

客家人还向海外迁徙,如今已遍及五湖四海。据1994年世界客属第十二届恳亲大会公布的数据,广东省有客家人居住的纯客住县市15个,江西省有客家人居住的纯客住县市18个,福建省有客家人居住的纯客住县市8个;在广西、四川、湖南、浙江、海南、台湾等省、自治区和香港、澳门都有广泛分布;海外五大洲81个国家和地区也有客家人分布;全世界客家总人口达6562万人。

位于梅州的客家博物馆，客家人的精神家园（何日胜　摄）

客家文化——光芒照耀着大地

梅州是客家人最主要的聚居地，客家人占总人口的97%以上。客家人一路南来，顽强地保持着自己的文化、语言和群体的完整性，无论走到哪里，都称自己为客家人。这不同于广府人和潮汕人，他们虽然同是移民，但多年后，他们便以定居所在地人自称了。

客家人的到来使梅州面貌发生脱胎换骨般的变化，原来的蛮荒之地，经过无数代客家人的辛勤开拓，变成文明开化之区。梅州从此文教兴盛，兴学育才、耕读传家成为客家人的传统美德。至清代中期，蒙馆、社学、义学、书院数以千计。乾隆十五年（1750年），嘉应知州王之正特置"人文秀区"牌坊于衙前大街，以志梅州学风之盛。乾嘉年间，梅州出现"五科联解"盛事。清代状元吴鸿督学广东时，盛赞梅州"人文为岭南冠"。嘉庆二十年（1815年），嘉应州所属五县共28100户，人口不足20万，而"每年应童子试者不下万余人"。自唐至清光绪千余年间，梅州士子登科者众多，计进士121人，选翰林院学士33人，解元17人。

日本学者山口县造在《客家与中国革命》一书中说："没有客家便没有中国革命，换言之，客家精神是中国的革命精神。"洪秀全、孙中山、叶剑英、丁日昌等都是梅州籍客家人。还有"广东第一才子"宋湘，代表岭东诗派"我手写我口"的黄遵宪，被梁启超称为"诗界革命一巨子"的丘逢甲，

东山书院,梅州文教兴盛的象征(何日胜 摄)

以及著名诗人黄香铁、象征派诗人李金发、中国画现代大师林风眠、"亚洲球王"李惠堂、张裕葡萄酒创始人张弼士等,他们保持着勤劳俭朴、崇文重教、爱国爱乡、重义轻利、勇于开拓的光荣传统。

美国传教士罗伯·史密斯在《中国的客家》一书中写道:"客家妇女,真是我们所见到的任何一族的妇女中最值得赞叹的了……市镇上做买卖的,车站及码头上的苦力,在乡村中耕种田地的,上深山去砍柴的,乃至建筑房屋时的粗工,灰窑瓦窑里的工人,几乎全是女人。"

有客家妇女的无私奉献,男子纷纷外出经商、读书、革命。梅州流行广东汉剧、汉调、客家山歌等,还有古朴典雅的客家围龙屋、独具风味的客家美食等,彰显出客家文化的特别魅力。有了众多人文盛事,梅州成了客家文化中心,被誉为"世界客都"。中央人民广播电台的客家话广播就是以梅县话为标准音。

客家文化是移民文化,不仅具有中原文化的深厚底蕴,还具有特殊的文化面貌,如有强烈的寻根意识与乡土意识,体现了移民在离开祖居地之后所表现出来的对原有文化的眷恋。客家人有很长的漂泊流离经历,到达定居地后又面临种种困境，于是被锤炼出坚韧不拔的意志、勇于开拓的精神、勤劳朴实的品格。他们善于用血缘、亲缘、地缘等建立同宗、同乡、同一文化内的相互合作关系，这使他们从生活实践中体悟出"人唔辞路，虎唔辞山""命长唔怕路远""树挪就死，人挪就活"的价值观念。客家文化也是中原汉文化与南方土著文化融合的产物。客家话作为汉语八大方言之一，分布地域很广。尽管客家话有许多不同的变体或曰次方言，基本特征却大体相同。

客家精神的核心在于团结和奋进，在于很强的向心力。这种精神使其先民能在漫长的迁徙过程中把中原文明带到南方播种繁衍而不被同化。江西赣南、广东梅州的多重围龙屋，永定的土楼，长汀的九厅十八井等客家建筑，既是世界建筑史上的奇葩，也是客家人团结奋进的象征。在福建永定的一些大型土楼内，还附设学堂。学堂楼有楼名，柱有雕联，如"振成楼"之"振纲立纪，成德达材"，教人遵纲纪，重德才，奋发进取。这些文化印记无不闪耀着中原文明崇文尚武、耕读传家的精神光辉。

客家人对其他文化给予了颇具包容性的博采和涵化，在宗教信仰上十分宽容和亲善，儒、道、释以及基督等教可以同居一寺，连刘邦、项羽这对"冤家"也可合处一龛接受人们的膜拜。妈祖本是沿海地区人们出海航行的保护神，客家人把她也请到山乡，作为山乡的保护神。

梅州客家菜偏肥、咸、熟，其形成与当地生活环境有关。首先，客家人耕山住山，劳动强度大而荤食少，肥腻一点的食品能有效充饥；其次，梅州客家人在历史上因长期粮食不足，多数人家长年累月喝稀饭，菜咸既适合送粥，又增加体内盐分；再次，山区草木多，养成了客家人不惜柴木的习惯，且他们觉得食物烹得越到火候越香。客家菜的形成特点也反映了客家人勤奋节俭、刻苦耐劳的传统美德。传统的梅州客家菜还有盐焗鸡、姜酒鸡、酿豆腐、浮水鲩丸和梅菜扣肉等。客家小吃是客家饮食的另一部分。客家人的主食是稻米，糯米则制作成各式糕点，称之为粄。"发粄"就是把酵粉放入粄浆里蒸，粄面隆起而分裂，意为"笑"，是发财致富的好征兆。清明节人们还用艾草做成艾粄。

福建永定振成楼（钟伟荣 摄）

梅州客家人爱唱山歌，素有唱歌、对歌、斗歌之风。中秋节，被定为"山歌节"。每届山歌节，都有众多海内外乡亲回来观摩，万人空巷。另外，广东汉剧、汉调音乐等在客家地区也颇为流行。客家山歌，有《诗经》遗风。"要唱山歌只管来，拿条凳子坐下来；唱到鸡毛沉落水，唱到石头浮起来。"在梅州，至今还广泛流传着"歌仙"刘三妹智慧斗歌的故事。近代著名维新变法先驱、外交家、诗界革命领袖黄遵宪是客家山歌发展的重要推动者。他常"引歌入诗"，认为"十五国风妙绝古今，正以妇人女子矢口而成。使学士大夫操笔为之，反不能尔。以人籁易为，以天籁难学也……念彼岗头溪尾，肩挑一担，竟日往复，歌声不歇者，何其才之大也"。客家文化继承和发扬了中华文化的精华，客家人在长期的迁移过程中养成了兼收并蓄、开拓进取的民风，使客家民系具有强大的生命力。

5 海洋文明的洗礼

福佬南来——辛勤的耕海远徙

展开中国地图，潮汕地处东南一角，北有山，南临海，居于粤之东，距离广州近五百里，谓之"省尾国角"。潮汕人属于福佬民系，其形成与福建移民有直接的关系。据考证，构成今日潮汕人主体的大潮汕族群，大都来源于中原地区，并在几个不同的历史时期迁入：一是秦末发50万戍边军队进驻岭南，其中一小部分生活在揭岭一带；二是东晋时期，北人南迁，大量移民进入潮汕地区；三是唐朝中期，开漳圣王陈元光父子奉诏率领八十七姓府兵及其家属开发潮州、漳州；四是赵宋末年，溃败的宋军南下最后融入潮地。这四次移民除第一次外，其他三次均在福建一带辗转后进入潮汕。

福建历来地狭人众，而广东的潮汕地区与其只一岭之隔，是福建移民迁入的第一站。唐宋以来，福建移民源源不断地向广东涌入。据说韩愈被贬潮州期间，曾"以正音为潮人诲"，即用中原语音来改造潮州土音，但是没有成功，显见潮州方言当时已经日趋定型，难以改变。宋元时期，大量移民入潮，闽文化北来，促使潮汕地区全面开发，是潮汕文化形成的重要阶段；也有为数不少的闽人和潮汕人一批批沿海路南迁，抵达粤西沿海和海南岛，与那里的居民发生交流融合，形成福佬民系在广东的另外一个分支。明清时期，这里最终形成有鲜明特征的潮汕民系文化。

潮汕地区背山向水，虽有富饶的潮汕平原，但生存环境并不优越，常有台风与地震威胁，加上历来地少人多，这样的生存环境培养了潮汕人精耕细作的优良传统，故潮汕人有"种田如绣花"的说法。潮汕人分布在广东东部

沿海，生活无不仰仗海洋。耕海、冒险、海神崇拜等海洋文化甚为发达，是潮汕文化一个最重要的特质。唐宋时期，潮州渔民已在深海渔场作业。北宋就有渤泥的商船到潮州进行贸易。明清时期，潮汕地区已有发达的海洋性商业贸易活动。即使在清初海禁时期，潮汕商人还是私下进行海外贸易。"潮州帮"商人集团与"广州帮"一样，远涉鲸波，逐海洋之利。

鸦片战争后，汕头开埠，潮汕人到海外谋生者比比皆是，潮汕地区成为重要侨乡。当然闯世界不会总是一帆风顺，那是用生命进行的拼搏与挣扎，是被生活所逼走投无路的艰难抉择。有歌谣为证："无钱无米无奈何，背个包袱过暹罗（今泰国）。火船一到七洲洋，回头再望我家乡。父母亩仔个个哭，哭到我心如着枪。""暹罗船，水迢迢，会生会死在今朝。过番若是赚无食，变做番鬼恨难消。"潮汕人是拥有精明头脑和拼搏精神的，南洋这些国家当时经济远远落后于中国，喜好抱团的潮汕人生意便越做越大。如今东南亚地区尤其在泰国，许多大商人的祖籍都在潮汕。强烈的商品意识，是潮汕人颇具优势的文化品质。他们不仅在农业上精耕细作，在手工业上精雕细琢，在商业上更是精打细算。潮汕人极善经营，闻名海内外，又被称为"东方犹太人"。

在中国历史上，晋商、徽商和潮商等曾闻名天下。不过，晋商和徽商本质上都是官商，唯有潮商走市场之路。作为官商，晋商和徽商依附于朝廷经营盐、米、茶叶等生活必需品，或者开票号，通常受国家调控。潮商坚持走

意大利出版的手绘插画：清代潮汕人在泰国做买卖的场景

市场化之路,"星星之火,可以燎原"。

明清时期,国内许多商埠设有潮州会馆,在东南亚和美洲、大洋洲等地组建有潮人社团。1981年成立的"国际潮团联谊年会",每两年举行一次国际性聚会。1997年第九届国际潮团联谊年会第一次在潮人本土汕头举行,时任美国总统的克林顿也向大会发来贺电。

学老话——方言的千年固守

潮州话又名潮语、潮汕话,是全国八大方言区中闽南方言的次方言,也是现今全国最古老、最特殊的方言。它的词汇保留古音古词古义多,保存着很多古汉语的成分,引起海内外语言学家的关注,研究者众多。对潮州人来说,潮州话是维系感情的纽带,有巨大凝聚力。尤其在异域他乡,乡音相同,胜似"亲人"。潮汕话在其他语言的层层包围中,虽历经几个世纪,几经渗透、冲击,仍然坚守其特质。当一切形貌、器具、制度,甚至观念面对现代化的冲击都力不从心时,唯有语言可以从历史的深处延伸出来,成为族群的特征。

潮汕话有不同的次方言,潮州府的"府城话"就和揭阳话、汕头话有区别。即便是汕头话,粗硬爽直的潮阳话显然独树一帜,而中心城区的语音和澄海话还有细小的不同,南澳方言也有独特的发音习惯。

就语音倾向而言,受福建方言的影响显而易见,但是其母体都是中原古音,并且是不同地域语言的汇聚和整合。事实上,潮汕话的流变还不止于此。自明清以后,潮人兴起"过番"热潮,大量"唐人"乘坐"红头船"到东南亚一带开拓创业,漂洋过海,但情感的维系却一刻也没有中断过。双向的文化交流,给潮地带来了前所未有的异国情调,从而悄悄地给潮语抹上一层别样的色彩。与此同时,一批批背井离乡的海外潮人,几百年来坚忍地守卫着潮语的神圣,构筑了一个"海外潮汕"。

韩愈——潮人的八月功业

说到潮人,就一定要提到韩愈。尽管他不是潮州人,但他对潮州文化的

影响非常大,乃至后来潮州的山山水水,如韩山、韩江等,都以他的姓氏来命名,甚至可以说,潮人身上的儒雅、忠义、诚信等中原文化的精神品质大都来源于他。

韩愈,字退之,唐大历三年(768年)生于河阳(今河南孟州),自称郡望昌黎,世称韩昌黎。父母早亡,由兄嫂抚养成人。韩愈一生曾三下岭南。

韩愈少时,长兄韩会被贬为韶州刺史,他随兄嫂到韶州(今韶关)。几个月后,韩会病死于任上,他只好随嫂北归河阳,师从当时名人独孤及、梁肃,潜研经史百家。

贞元八年(792年),韩愈第四次参加科考,中进士。贞元十九年(803年)冬,韩愈晋升为监察御史。在任不到两个月,长安周围的好几个县发生了旱灾,春夏无雨,秋又早霜,田亩所收十不存一。然而政府仍横征暴敛,人民苦不堪言。韩愈因此向唐德宗上书《御史台上论天旱人饥状》,列举了夏秋以来京畿一带受灾的具体情况,建议免除百姓当年的税赋。韩愈因此遭到李实等权臣谗害,被贬为阳山县令。这是他第一次遭到贬谪,也是他第二次到岭南。他在《赴江陵途中寄赠王二十补阙李十一拾遗李二十六员外翰林三学士》诗中悲愤地写道:"中使临门遣,顷刻不得留。病妹卧床褥,分知隔明幽。悲啼乞就别,百请不领头。弱妻抱稚子,出拜忘惭羞。黾勉不回顾,行行诣连州。朝为青云士,暮作白首囚。"他的好友张曙也被贬到临武。两人结伴南下,经郴州桂岭而抵临武。张曙送韩愈到九泽水驿站。韩愈离开临武,出南天门,到达连州,再由连州乘船到阳山。韩愈直至贞元二十年(804年)二月中旬才来到任所。

唐代的阳山,是个既偏僻又贫穷的小县。韩愈在《送区册序》一文中这样描绘当地的环境:"陆有丘陵之险,虎豹之虞。江流悍急,横波之石,廉利侔剑戟,舟上下失势,破碎沦溺者,往往有之。县廓无居民,官无丞尉,夹江荒茅篁竹之间,小吏十余家,皆鸟言夷面。始至,言语不通,画地为字。"正当韩愈极度苦闷之时,南海文士区册闻讯远道而来,向他请教。两人一起"翳嘉林,坐石矶,投竿而渔,陶然以乐"。韩愈是个十分重视友情的人,对于在患难之时结交的朋友更为珍惜。当时阳山归连州管辖,韩愈常往连州，结识了高僧元惠，并在与元惠的交往中得到慰藉。他在贬谪阳山期间所做的六篇散文，有五篇是写与友人情谊的。韩愈还经常到附近农舍，和百姓一起饮酒喝茶。韩愈在朝廷屡受打击，来到岭南后，在与当地百姓的交往中感受到一种从未有过的真情与宁静。韩愈贬为阳山令期间，地位等同于"流人"，不允许过问地方政事，但他在贬官期间，坚持儒家积极用世的精神，与友人、学子切磋学问，诵读诗书，大大推动了儒家文化在当地的传播。

韩愈在阳山最突出的贡献，是把中原先进的农耕技术、农耕工具带到阳山。阳山百姓原来以狩猎为生，不重视农耕。他独自下乡间，教人耕织，促使百姓逐步改狩猎为生为农耕为生；改良农作物品种，推广间种、套种、一年两熟等农耕技术。他根据了解到的民间情况，写作了《原道》等重要著作，与《原性》《原毁》等文章，构成韩愈的"五原"学说。韩愈在阳山县居住了一年零两个月，永贞元年（805年）调任江陵法曹参军，元和元年（806年）六月奉召回长安。

元和十四年（819年），唐宪宗派遣使者去凤翔迎佛骨，京城一时间掀起崇佛热潮。韩愈上书《论佛骨表》，坚决反对这一做法。宪宗览后大怒，要处以极刑。幸宰相裴度及朝中大臣极力说情，免其死罪，贬为潮州刺史。当年正月十四日，他自京师起程南下。临别时，给侄孙韩湘留下一首诗《左迁至蓝关示侄孙湘》："一封朝奏九重天，夕贬潮阳路八千。欲为圣明除弊事，肯将衰朽惜残年！云横秦岭家何在？雪拥蓝关马不前。知汝远来应有意，好收吾骨瘴江边。"

韩愈越南岭，过广州、惠州、循州，经程乡而到潮州。虽然日常行动受到诸多限制，但在当地百姓眼里，他不仅是州刺史，更是一位受尊敬的大文豪。韩愈到潮州后并没有悲观消极，他积极利用有限的职权，为当地百姓办实事。

祭鳄鱼，永除恶害。潮州"鳄鱼大于船，牙眼怖杀侬"。韩愈别出心裁，写了一篇《祭鳄鱼文》，令部属将猪羊各一头，投入恶溪水中，然后宣读。《新唐书·韩愈传》载："祝之夕，暴风震电起溪中，数日水尽涸，西徙六十里。自是潮无鳄鱼患。"韩愈用巧妙的办法解除当地百姓对鳄鱼的愚昧认识，

从而更好地开展除鳄行动。他们筑了一道堤，将鳄鱼挡在堤外，堤内便成为今天风景秀丽的西湖。

治水患，发展农桑。那一年春夏之交的潮州，"以淫雨将为人灾"，韩愈考察后找出治水的办法。金山溪传说就是韩愈当年带人开凿的。清澈的渠水至今仍滋润着两岸的田畴。

释奴婢，纾解民困。那时潮州奴婢问题严重，百姓拖欠地租或者债务，须将子女作为抵押，如没有能力赎回，其子女便沦为奴婢。一些地方官把矛头对准土著民族，故意挑起纠纷，制造祸乱，以便从中掠夺人丁献给京师权贵。韩愈对此深恶痛绝，他采用"计庸"的方式废除这一弊政，即命奴婢服役必须计工钱，以之抵债，待债款还清，人质便须放归；债款巨大的，则由官府"以钱赎"。

兴学校，教化士民。韩愈到来之前，常衮由门下侍郎平章事贬为潮州刺史，开始在此"兴学教士"，并亲自讲授。然而在他离开后，州学就荒废了。为避免重蹈覆辙，韩愈决意物色当地人才。他认为："夫十室之邑，必有忠信。今此州户万有余，岂无庶几者耶？"最终他发现海阳县秀才赵德"沉雅专静，颇通经，有文章，能知先王之道，论说且排异端而宗孔氏，可以为师矣"，于是举荐他代理海阳县尉，任州衙推官，专门主持潮州学政，督导生徒，以兴和乐孝悌之风。他还"出己俸百千，以为举本，收其赢余，以供学生厨馔"。他离开之后，赵德不负厚望，继续倡儒宗孔，陶范潮风。赵德还将韩愈的文章收编成六卷集《昌黎文录》，作为学子的教科书，这是韩文被编辑成集的第一部。

韩愈是年三月二十五日到潮州，十月便调任袁州刺史，长庆二年（822年），他独自赴镇州宣慰乱军，化干戈为玉帛，平息镇州之乱。长庆四年（824年）十二月卒于长安。

韩愈两次被贬岭南，虽然时长加起来只有一年九个月，但他为岭南文化写下了光辉的一页。

韩愈像

李翱在《韩公行状》一文中记载，韩愈在阳山时"政有惠于下，及公去，百姓多以公之姓以名其子"。为纪念韩愈，后人曾把阳山改为韩邑，把湟川改为韩水，把牧民山改为贤令山，将潮州的恶溪改名为韩江，笔架山改名为韩山。历代贬谪岭南的文人中，能够获此声誉的，韩愈是第一人。

潮人对韩文公的怀念，也影响到后来贬潮任职的官员。仅宋一代，就有陈尧佐、赵鼎、吴潜、文天祥、陆秀夫、张世杰六位宰相被贬或转战来潮，加上唐代的常衮、李宗闵、李德裕、杨嗣复四位，史称"十相留声"。陈尧佐在潮时间不满二年，但一切效法韩文公所为，兴孔庙、建韩祠、戮鳄鱼，后来当上宰相也"未尝一日忘潮"。南宋"三大孤忠"之一的陆秀夫，曾被谪贬潮州，两年后奉召回朝加封左丞相，将母亲和两个儿子留在潮汕。两年后，宋军兵败新会崖山，陆相背负幼帝赴海死。留在潮汕的陆氏后代成为陆秀夫仅存的一脉，他们聚居的地方被称为"陆厝围"，名字一直沿用至今。

潮州——厚重的地域文化

潮州是一个古老的名字。从汉武帝元鼎六年（前111年）置古揭阳县算起，至今已有2100余年。潮州是"潮人文化"的发祥地。历代以来，潮州一直是粤东地区的政治、经济、文化中心，素有"岭海名邦""岭东首邑""海滨邹鲁"之称。在广东省东部的韩江平原一带，以潮州和汕头为核心，由于长期的对外交往和中西方文化交融，本土的原生文化与周边文化、中原文化、海洋文化交流渗透，最终形成风格独特的地域文化——潮汕文化，主要体现在潮州话、潮州茶艺、潮州菜、潮州手工艺、潮商等最具代表性、最重要、最有特色的方面。

潮州菜是潮州文化的一个组成部分。潮州菜历经千余年发展，精致创新，色香味形并美。潮州菜选料考究、制作精细、刀工精巧、造型优美。其特点是：清而不淡、鲜而不腥、嫩而不生、肥而不腻。潮州菜谱共分八大类、234个品种，其中潮州小食是全国八大点心系列之一。春饼、笋粿、无米粿、水晶包、牛肉丸、沙茶牛肉、金瓜芋泥、鸭母念、蚝烙等应时上市，香溢街头。潮州菜馆遍布世界各地，"有华人的地方就有潮州菜馆"。

潮州富饶而稳定的生活环境、有限的生存空间以及作为商业重镇的历史,也滋养了潮州人对于生活细节的讲究,对于华丽、繁复、精致艺术的追求。也许是由于潮汕平原人口密集,人多地少,农业精耕细作,种田如绣花,造成潮汕人对于"精致"孜孜不倦的追求。如果说潮州的工夫茶、菜系体现出潮州人对日常生活的精细要求,那么在潮州的陶瓷、石雕、木雕、刺绣、玉雕、麦秆画上的精细则体现了潮汕人在手工艺上对尽善尽美的追求。潮人的手工艺品有着非常精致而浓郁的地方特色。

潮州是我国的古瓷都和陶瓷文化的发祥地之一。潮州陶瓷以工艺美术瓷著称,享有"白如玉、薄如纸、明如镜、声如磬"的赞誉。从笔架山宋代"百窑村",到枫溪陶瓷业的再度崛起,折射出潮州深厚的人文底蕴及陶瓷文化的灿烂光辉。2004年4月,中国轻工业联合会和中国陶瓷工业协会授予潮州"中国瓷都"称号。

潮州石雕追求的也是多层次、立体镂空的艺术效果。对石头进行镂空雕,完全是逆石性而为。这种最精巧的心思、最细致的手艺,以及对人的创造力极限的追求,贯穿于潮州所有的艺术之中。

潮州木雕、石雕的代表作主要表现在潮州古代民居建筑上。在广东各种民居中,潮汕民居的样式与北方民居最为接近,也最华丽,特别是与邻近的客家地区相比,素有"京华帝王府,潮汕百姓家"之说。乾隆时期潮州知府周硕勋曾对潮州人如何起民居有过一段精辟的描述:"望族营屋庐,必建立家庙,尤加壮丽……家有千金,必构书斋,雕梁画栋,缀以池台竹树。民居辄用石灰沙土筑墙,地亦如之。监如金石,即遇飓风摧扑,烈火焚余,而墙垣卓立无崩塌者。届过惠州、嘉应虽间有之,然不及潮州甚远。"

潮州民居有几种主要样式:"四点金""下山虎""驷马拖车"等。潮州市铁巷就有一座"驷马拖车"的大宅,宅宽足足占了街长的1/3以上。潮州城内的甲第巷,古民居保存得最完好。在甲第巷,你可以看到富有潮州特色大波浪式暗含五行意义的山墙,在山墙上还有瓷塑、带有北方风格的凹式大门、情趣各异的彩绘等装饰。潮州义安路铁巷2号的己略

第二章　衣冠南渡的拓荒礼赞

甲第巷的古建群

黄公祠，整座祠堂布满了精细的木雕，连梁角的龙须上都站满了神态各异的人物。

看现代潮州木雕，可去西荣路和春荣路交界处的新桥美苑工艺厂。在那里可看到雕刻艺人如何雕刻潮州木雕，也能看到各种各样的蟹篓。这些大都是广东省工艺美术大师李得浓的作品。他雕刻的白菜，菜叶上的经络和白菜叶微微张开的姿态栩栩如生。

潮州的名胜古迹还有被著名桥梁专家茅以升誉为"世界第一座启闭式石桥"，即与赵州桥、洛阳桥、卢沟桥并称中国四大古桥的潮州湘子桥；有被专家誉为"国内罕见的宋代府第建筑""潮州古建筑三件宝"之一的许驸马府；有全国仅存四个开元寺之一、广东四大古寺之一的佛教圣地潮州开元寺；有我国目前建筑面积最大的泰式佛殿；有始建于宋、著称于明的潮州八景之一北阁佛灯；有与羊城越秀山五层楼齐名的明代建筑广济门城楼；有建于花岗岩石之下、依岩凿半卧弥勒佛像的甘露寺；有与肇庆七星岩齐名，同属广东久负盛名的两处古石刻之一的葫芦山摩崖石刻；还有凤凰塔、孔庙、卓府、象埔古寨、王大宝墓、林大钦墓等一大批文物古迹。

潮绣属于中国四大名绣之一——粤绣的分支。潮绣最与众不同之处，是它的垫金绣——在需要的地方如龙头、人物的面部、额头等处，在底布与绣线之间加垫棉花或纸钉，以增加图案立体感。其立体感要比苏绣、湘绣、蜀

绣明显得多。潮绣的另一个特点是色彩浓艳，喜用红色、黑色作底，喜用金线（金线真的含金）盘成各种花纹、图案，然后以细丝绒线钉缀在底布上，富丽堂皇。潮绣最适宜作神台的围幔和新娘婚礼上的晚装，现在香港仍有不少人定做潮绣服饰用于婚礼。

"潮人文化"这种精细、独特的文化品质，能够广泛传播，甚至享誉世界，是和潮商遍布全世界分不开的。

人多地少，受海洋文化影响巨大的潮人，走出家门和国门从事经商活动成了必然的选择。正是这些潮人对自身文化的认同和传播，造就了今天潮人文化的美誉。潮州是我国著名的侨乡，是几乎和本地人口一样多、占全球华侨人数 1/3 的华侨的故乡。在潮籍侨胞中，有被誉为世界华人首富的知名实业家李嘉诚、受聘为 50 多所大学教授的国际汉学大师饶宗颐、热心公益事业的爱国侨领陈伟南、国际摄影大师陈复礼等杰出人士。

今天的古城潮州，山虽不高，但气势不凡；水虽不阔，但风光旖旎；金山峙其北，笔架山列其东，葫芦山卧其西；川流不息的韩江水绕城南流，组成"三山一水护城郭"的绚丽风光。昔时古城，焕发了新颜。

广府人、潮汕人和客家人三大民系在广东的形成，演绎了广东精彩的历史，也在开创着广东美好的未来。

第三章

船舶承载的海上丝绸之路

濒临浩瀚的海洋，优越的地理位置给了南粤人民更多书写辉煌历史的机会。时光回溯2000年，在张骞两通西域、开拓陆上丝绸之路的同时，一支远洋船队正从徐闻、合浦出发，载着黄金、丝绸，出南海，入印度洋。举世闻名的海上丝绸之路由此发端，也开辟了中国对外交往的新纪元，崭新的海洋文明大幕悄然拉开。那些中州士人带来的中原文化，与漂洋过海而来的域外文明在这里碰撞交融。一个个越洋探险的故事在这里发酵、流传，包容、开放、创新的海洋文明在这里大放异彩。

1

盘点海上丝绸之路的繁荣

"丝绸之路"是德国地理学家李希霍芬1877年提出来的,原指中西陆上通道,因为主要贸易品是丝绸,故名。此名出现后,学术界又延伸出海上丝绸之路。最早提出海上丝绸之路的是法国汉学家沙畹。

"海上丝绸之路"事实上早已存在,其发祥地在广东。广东有中国最早的始发港——徐闻古港,由此把我国海上贸易史前推了1300年;广东有年代最久的贸易传续,从西汉、魏晋南北朝、隋唐到宋元明清,海上丝绸之路的链条不曾断裂,延续了2000多年;广东有众多的港口,以广州为中心,东起饶平,西至湛江,这些古港如璀璨明珠,共同编织了一幅"梯航万国,舶商云集"的动人画卷;广东有最长的航线,最远航程达14000多千米;广东的海陆交会点多,如南雄的珠玑巷、乐昌、龙川佗城、梅州松口等,都是海陆丝绸之路的对接点或通道;广东有最多的文物佐证,以广州为甚,"连天浪静长鲸息,映日帆多宝舶来""千门日照珍珠市,万心烟生碧玉城""五丝八丝广缎好,银钱堆满十三行",自古以来,文人墨客不吝用诗句盛赞海上丝绸之路给广州带来的繁华。

海上丝绸之路又有"陶瓷之路""香料之路"之称,中国和瓷器拥有同一个英文名字,足见中国瓷器在西方的影响之大。潮州笔架山窑、广州西村窑等,记载着广东外销瓷一个时代的辉煌。这条路还是东西方文明碰撞、交流、对话之路。广东是佛教禅宗、伊斯兰教、天主教、基督教和琐罗亚斯德教来华的第一站和桥头堡,留下了众多历史遗迹;梵文Buddha被译为"佛",始于东汉末之广信,与明时英语God传入肇庆被译为"天主"一道,敲定了佛教与天主教在中国传播的核心术语,均为东西方文化

交流史上的大事。

文明的对话从来都是双向的。循着这条路,中国的儒学向海外辐射,形成了儒家文化圈;中国古代四大发明通过阿拉伯商人的接力传递到西方,推动了欧洲文艺复兴和全球地理大发现。古老的海上丝绸之路在新世纪焕发出强大的生命力。2013年10月,中国国家主席习近平在印度尼西亚国会演讲时首次提出"建设21世纪海上丝绸之路"的重大倡议。随后,"推进丝绸之路经济带、海上丝绸之路建设"被明确写入党的十八届三中全会通过的《中共中央关于全面深化改革若干重大问题的决定》。广东在建设21世纪海上丝绸之路的新征程中,重续旧缘,再结新缘。

文化遗存——见证数千年的一路繁华

潇贺古道又名秦建"新道",其雏形秦"古道"最初建成于秦始皇二十八年(前219年)冬。潇贺古道使长江水系和珠江水系通过"新道"紧密相连,成为海陆丝绸之路的主体,为楚越交流拓展了通途,开启了湘粤桂交通的历史新纪元。

居住在广州地区的能工巧匠以"善于造舟"闻名于世。秦始皇平定岭南,当时在番禺(今广州)的一支秦军,专门建造了大量的船只,供平定瓯越所需。1974年冬,在广州市中山四路发现了一处规模庞大的秦代造船工场遗址,证实当时已可造出宽8米、长30米、载重五六十吨的木船。据《广州汉墓》一书记述,广州曾在12座汉代墓穴中出土过船模,包括西汉中期的木板船模和东汉陶船模。从东汉陶船模看,船分前、中、后三舱。前舱低矮宽阔,蓬顶为拱形;中舱略高,呈方形;后舱稍狭而高,是舵楼;船尾还有一间矮小的尾楼。这种船吃水深,负载量大,适合深水航行。这反映出2000多年前广州造船技术和生产能力就已达到相当高的水平。

有"广州三支桅杆"之称的琶洲塔、莲花塔、赤岗塔构成"锁二江""束海口"的"珠江三塔",以聚"扶舆之气"。琶洲塔为海船进出港的"望海标志",建于明万历二十六年(1598年),至今仍屹立于广州大桥附近的珠江之畔。站在塔脚往上望,琶洲塔为八角形楼阁式,青砖砌筑,外观9级,内分17层。塔基处均有跪状托塔力士,用双手或单手托塔,造型古朴,神态生动。有趣的是这些托塔力士均为16、17世纪来华西人形象,显示了明代远道而来的外国人对于此塔的钟爱。

西村窑遗址是广东宋代烧制外销瓷的著名民间瓷窑,其产品行销日本、朝鲜等国,以及东南亚、红海沿岸与非洲东海岸地区。

深圳南头赤湾地区早在隋唐时期就是海上丝绸之路的重要节点,是我国古代维护海上丝绸之路贸易和交通安全的重要军镇,是中国抗击外来海上入侵的前沿阵地。这里还是佛教海上南来首地、"辞沙"文化的主要形成地和华侨华人的祖籍地。

茂名自古已是海上丝绸之路的一部分,孙中山当年在《建国方略》中规划可容巨船的地方,就是在茂名博贺。1500余年前,冼夫人从现茂名滨海新区乘船去海南岛。早在南朝时期,博贺就开辟了海上航线,与广州和海外来往通商。1518年,广州"市舶司"迁至电白区博贺港。

北江交会中原文化与岭南百越文化,还具有对接海上丝绸之路与陆上丝绸之路以及沟通内陆文化与海外文化的意义。位于北江中游的浈阳峡文化带,成为其中一个重要的枢纽和关键的节点。

惠来现存古代海上丝绸之路遗迹众多,有保存完好的靖海古城、神泉港、广利王庙、靖海海关、石碑山灯塔等。据清雍正九年(1731年)《惠来县志》记载:"靖海为东南屏藩,神泉为南海门户。"相传,郑和第七次下西洋时,船只途经此地,曾在神泉港建仓库储备物资。

海上丝绸之路又叫"香料之路",其中少不了东莞产的莞香。宋代东莞就遍种莞香树,这种树产的香料就叫莞香。广东以前有四大香市,东莞的香市最火。大岭山镇鸡翅岭村是东莞最早、规模最大的莞香种植之地,至今仍保留着祖宗流传下来的莞香产业。香港的得名也与莞香有关,当时莞香运到香港出售,运送莞香的船就停在香港尖沙咀,再通过那里转运到世界各地。那时香港新界沙田、大屿山等地还归东莞管辖。莞香堆积,香味日浓,香港由此得名。2007年,东莞第一部原创音乐剧《莞香》上演,并赴港澳以及海外巡回演出,引起轰动。

台山很早就有人下南洋谋生，侨墟的建筑布局大都是以骑楼及中西合璧的理念建筑而成。台山侨墟既是地方集市，又是中外贸易中转站，当年我国的丝绸等物品就是通过这些侨墟销售到世界各地。

陆上丝绸之路上的敦煌壁画记载着千年传奇，而位于海上丝绸之路要地阳江海域的宋代"南海一号"沉船，则如远古绝唱，人称"海上敦煌"。1987年，在广东珠江口以西、阳江市东平港以南约20海里（1海里＝1.852千米）处发现了古沉船。1989年经国务院批准，古沉船被命名为"南海一号"。据初探，整船装载文物有6万～8万件，相当于一个省级博物馆的藏品量。2002年打捞出水的有4000多件，多为价值连城的国家一级文物，包括瓷器、金、银、铜、铁等器皿，其中以瓷器为多，来自德化窑、磁灶窑、景德镇窑系及龙泉窑系等当时全国几个主要瓷窑。这些瓷器造型独特，工艺精美，品种达30多个。此外还包括许多"洋味"十足的瓷器。当中很多瓷器前所未见，也没见任何史料记载。船中瓷器集中地展示了我国宋代制瓷工艺的高超水平。金器是目前出水文物中最惹眼、最气派的一类。金手镯、金腰带、金戒指、铜镏金龙纹开口环等首饰，至今仍闪闪发亮，其共同的特点是粗大。镏金腰带长1.8米。镏金手镯口径大过饭碗，粗过大拇指，直径约10厘米，周长30多厘米，造型为两个龙头交会于一点。在周身卷曲、呈C形的龙身上，镌刻着精美的几何纹和花纹，造型圆润流畅，极具动感。

"南海一号"沉船为刀形船底，属典型的远洋货船。沉睡海底800多年的古船，整艘船端坐海底，木质仍然坚硬。据推断，其保存完好的原因，一是货船所沉没的水下环境氧浓度低，沉没后短时间内便很快附着了大量淤泥，从而使船体与外界隔绝，避免了氧化破坏；二是船体所使用的材质是松木。根据民间说法：水泡千年松，风吹万年杉。松木是抗浸泡能力比较好的造船材料。"南海一号"船长41.8米，宽11米，为南宋时期商船，是迄今为止世界上发现的海上沉船中年代最早、船体最大、保存最完整的远洋贸易商船。

十里银滩，背山面海，广东海上丝绸之路博物馆就建在美丽的阳江海陵岛上。2007年12月，"南海一号"整体打捞出水，被安放在广东海上丝绸之路博物馆"水晶宫"中,成为世界上首个在室内进行的古沉船发掘项目。"南海一号"的特殊之处就在于这是一条满载货物出航的沉船(此前的沉船大都是返航的空船),因而提供了一个南宋时期中国货船的完美样本。

美国科学院院士、著名海洋学家吴京在考察"南海一号"出水文物时惊叹不已,直呼其将改写中华民族的海洋文化史。"南海一号"为深入揭示我国海洋文化史、交通史和海上丝绸之路史提供了活生生的史实,具有巨大的历史、文化价值。一条船代表一个时代,从船身的构造、技术能够读出时代的数据。船上载有船员、客商,几十上百人在船上生活,给我们提供了一个完整的生存方式的样本。最关键的船载货物,则代表了当时中国输出的手工业制品的巅峰。每一件文物,都代表着一个富有生命力的可能,为许多待破解谜团提供了更多破解的线索。这艘见证了海外贸易繁荣的古船,穿越近千年的如歌岁月,满载宋代的风流余韵,向我们缓缓驶来。

"南澳一号"2007年5月发现于汕头外海,船上所装载的文物有盘、碗、罐、碟、瓶、盖盅等生活用具,横跨宋、元、明三个朝代。据初步判定,沉船年代为明万历年间。"南澳一号"的船载文物,主要为明代粤东或者闽南及江西一带民间瓷窑生产的青花瓷器,少量来自附近的潮州窑。明初和明中后期曾实行海禁,朝廷禁止铜材出口,但"南澳一号"出水的文物里却有铜材。所以这条船是民间的还是官府的?又因何沉没?这些问题尚待破解。

技术创新——使中国引领世界航海上千年

我国古代的造船与航海技术,经历了长期的探索发展,至隋唐五代已经有相当大的跨越,到宋元时期已相当成熟,明代进入全盛。海上丝绸之路与陆上丝绸之路相比,路程更远,耗时更长,不过运量巨大,成本低廉,货物损坏少。货物种类上,瓷器、茶叶等日常用品取代了早期的丝绸、象牙、珠宝等奢侈用品,贸易量和贸易范围大大增加。史料记载,从唐代开始,我国逐渐摆脱沿海航行,依靠对远航技术的掌握可以走得更远。

《汉书·地理志》记载汉朝船舶出海航行距离是3500~5300千米。唐代开辟"广州通海夷道"后,延长至14000千米左右,到达波斯湾乃至东非可

直达而不用绕道。不断改进的造船技术,支撑与推动了海上丝绸之路贸易往来的绵延不绝与持续增长。

中国风帆具备极优良的空气动力性能,且多采用多根横桁支撑,并配置复杂的帆索操纵,可转动帆面调节帆角来利用各个方向的风力,以获得最高效率的推力。我国帆船在3世纪时就已采用多根桅杆前后错位配置,而欧洲直到19世纪才了解桅杆错位的优越性。

1291年,意大利旅行家马可·波罗受元世祖委托,护送公主阔阔真到伊尔汗国(今中东地区)成婚。他的游记中有一段海上经历的描述:"若干最大船舶有大舱十三所,以厚板隔之,其用在防海险。""水手发现船身破处,立将浸水舱中之货物徙于邻舱,盖诸舱之壁嵌甚坚,水不能透。然后修理破处,复将徙出货物运回舱中。"这其实描述的就是可防止船只沉没、提升船只安全系数的中国伟大发明——密封舱技术。据史料记载,这项技术早在5世纪就由东晋时期的卢循在广东发明。卢循建造的八槽舰上起4层,高12丈,舱底层有隔槽8个,被认为是世界船舶采用密封舱技术的最早范例。

2012年,仿制的"阔阔真公主"号从科威特城出发,历时近4个月,回到中国"娘家"。到访广州时,引发不小轰动。

从技术角度讲,沿岸航行一般根据山形水势或航标来引航,属地文航海。但当航线横贯海域,长期在见不到陆岸的海洋上航行时,就必须采用天文航海来引航了。我国的过洋牵星术代表了当时世界先进水平的天文航海术。1119年成书的《萍洲可谈》中说:"舟师识地理,夜则观星,昼则观日,阴晦则观指南针,或以十丈绳钩,取海底泥嗅之,便知所至。"描述了北宋舟师把天文导航和地文导航结合起来导航的神奇。通过"牵星板"测定星宿位置及其与海平面的高度,来判断船舶位置,方向,确定航线,这种方法被称为"牵星术"。明朝时,随郑和下西洋的不仅有牵星术、指南针,还有《郑和航海图》。海图记载了530多个地名,其中外域地名300个,最远的东非海岸有16个,是世界上现存最早的航海图集。

郑和船队作为古代造船技术鼎盛时期的代表,除宝船拥有9桅12帆的

红头船

惊人规模外，200多条船的总数也创下当时船队的数量记录。郑和船队一行浩浩荡荡，云帆蔽日，堪称古代巨型航海舰队。正是航海和造船技术的不断发展和相互促进，才推动了海上丝绸之路顶峰时代的到来。郑和下西洋，成为海上丝绸之路航行中距离最远、次数最多、途经停留国家最多的航海壮举。

明朝中期实行海禁，不仅使郑和下西洋的壮举成为一段空前绝后的记忆，也让中国古代造船航海发展的全盛之路戛然而止。明清时期，广东等沿海地区，民间力量渐渐成为海外贸易的主力，其中广东的"红头船"性能好、数量多、行驶灵活，在与东南亚地区的贸易交往中唱主角。按清政府规定，广东船必须在船头涂上红色标记，以区别于福建、浙江等省船只，广船便以"红头船"之名行走天下。当年"红头船"出海的时候，要把1000枚铜钱绑在一块挂起来，如果风能够吹得动，才敢升帆出海。那时广东地区海船保有量最多时可达16000艘。

作为中国三大木质帆船船型之一的广船，相比于采用松木、杉木的福船，在中龙骨、肋骨、肋板等结构用料中，均采用坚硬强度数倍于前二者的铁力木等硬木，以达到更为坚实的纵向和横向结构强度。与扁平的沙船不同，为了使海航更加安全，广船还形成了下窄上宽的尖底船型，且船头艏柱坚硬锐利，可以劈水，有时即使触到砂礁也可以铲行而过，而且航速很快。

另外,广船的船帆面积很大,犹如羽翼,更便于利用各向风力,甚至可逆风行船。在中国几大古船中,广船因为形态特征和坚固异常,被认为是最适合在南海等艰险海洋环境里航行的船型。

中国造船航海技术曾把世界远远甩在身后,但随着明清海禁等政策的实行又走向衰落。而今的中国正在迎头赶上。2010年以来,中国在造船三大指标(造船完工量、新接订单量、手持订单量)上保持世界第一。2013年,中国进出口货物总值突破4万亿美元,超过美国,成为全球货物贸易第一大国。广东坐拥良港,是外贸大省,进出口总值多年位列全国第一。

2 检阅尘封的良港

徐闻港——中国最古老的远洋大港

要问海上丝绸之路从哪里出发,徐闻注定是一个无法避开的古港。《汉书·地理志》就记载了西汉时期一次从徐闻出海的远洋航行。当时正值汉武帝统治时期,为了联合西域的大月氏抗击匈奴,在河西走廊长期被匈奴控制的情况下,汉武帝十分渴望找到新的通道去往西域。

第一次出使西域失败的张骞回国后,带回一个信息:在大夏国,张骞发现来自四川的丝绸、竹杖和枸酱已经先于他抵达那里。经过打听,这些货物是从大夏国东南方向的印度辗转贸易而来的。

前120年,南方进贡的一头大象更是给了汉武帝灵感。据负责运送贡品的官员说,大象是从海外用珍珠交换回来的。难道南方的海上,还有一条通道可以到达西域?西汉元鼎六年(前111年)的一天,位于中国大陆南端的徐闻港,但见码头上甲兵列阵,彩旗飘扬。汉武帝派遣属于黄门(皇帝近侍)的译长招录"应募者"组成官方船队,"自日南障塞(时属西汉,今越南岘港)、徐闻、合浦(今广西合浦县)"出海。船队沿着中南半岛,经今天的越南、泰国、马来西亚、缅甸等地,远航到黄支国(今印度康契普腊姆),最后抵达已程不国(今斯里兰卡)返航。

这次远航尽管没有如愿到达西域,却意外地打开了一条通往海外的贸易通道。这便是正史上第一次有关海上丝绸之路的记载。船队用携带的黄金、杂缯(丝货),换回了珍珠、绿宝石以及各种奇宝异物。此后,黄支国也多次遣使来汉,前85年还进献过犀牛。民间的经商往来也随之开始并逐渐频

繁起来。之后，徐闻港与东南亚、西亚诸国的通商贸易从未间断。举世闻名的海上丝绸之路从此在浩瀚大海上劈波斩浪，引得番舶洋帆竞相入粤，由此带给徐闻港持久的繁荣。

三国两晋南北朝时期，北方连年战乱，岭南地区相对稳定，海上丝绸之路上中西方文化交流更加频繁。据《三国志》卷三十裴注记载："大秦道既从海北陆通，又循海而南，与交趾七郡外夷比，又有水道通益州、永昌，故永昌出异物。"可见当时大秦已开通了"循海而南，与交趾七郡"的海上贸易通道。之后，徐闻港逐渐衰落，中心港地位转移到了南粤中心城市广州。

唐代李吉甫在《元和郡县图志》中说："欲拔贫，诣徐闻。"徐闻港不仅是中国也是世界上第一个有官方史书记载的海上丝绸之路始发港。以徐闻港为始发港的海上丝绸之路航线，是中西方海上交通史上记载最早、最详细、最完整，也是最长的由汉朝官方经营的海上丝绸之路航线。它首次记载船队所携带的主要交易物为丝织品（杂缯），正式翻开了东西方国与国之间海上交流史的第一页。

徐闻考古发现也印证了其在海上丝绸之路史上的超凡地位。徐闻港遗址在今天的湛江徐闻县南山镇。大汉三墩由万年泉岛、神龟岛、莲花岛组成，是汉代海上丝绸之路始发港遗址所在地，紧靠粤海铁路北港码头。1990年，在遗址附近的华丰岭及港头、二桥、南山等村庄先后发现290多座汉墓，出土了大批舶来的琥珀珠、玛瑙珠、水晶珠等物，及汉砖、陶井、陶屋、陶薰炉、五铢钱等。在仕尾村，保存有中国最早的航标灯座、航海八卦定位仪和侯官神座。航标灯座位于高崖之上，以一块天然巨石雕琢而成，呈八角形，直径2米，深约40厘米，八角均饰八卦纹，是典型的汉唐代导航灯座。遗址前面的一个小岛上，还有一口汉代龙泉古井。

在广东省博物馆内，静静地躺着一组出土于徐闻县二桥村汉代遗址的汉代遗物"万岁瓦当"。瓦当厚重，为红褐色泥质陶质地，直径14.5厘米，中分四部分，正中为近似小篆的"万岁"二字，两边为云纹。在古代，万岁瓦当象征着使用者的高贵身份与崇高地位，而徐闻位于中国大陆最南端的广东雷州半岛上，在历史上属于"荒蛮之地"，如此珍贵的文物出土既令人惊叹，又进一步佐证了徐闻港在我国海路贸易上曾经拥有辉煌的历史。

作为汉王朝钦定的港口，朝廷在徐闻"设置左右侯官，积货七里"。那时可谓商贾云集，《汉书·地理志》载："徐闻南入海，得大州东南西北方千里。"2001年，汉代徐闻港被确认为"海上丝绸之路最早始发港之一"。

广州港——国际海运中心

广州港在隋唐时期迎来了繁荣，从广州出发的"海上丝绸之路"航线有两条：一条是从广州起航到日本；另一条是从广州起航经南海、印度洋沿岸到达红海地区。后面这条全长约14000千米的航路，是16世纪之前世界上最长的远洋航线，也证明了广州港口在"海上丝绸之路"的重要地位。广州作为全国重要的交通枢纽和国际大港，馆驿设施齐备，码头船舶云集。广州又有内港和外港之别，内港即广州港，外港即扶胥港。珠江沿江一带发展成为广州最大的码头区。

专家推测，汉代远航时，中央使团及客商们带着黄金、丝绸从长安出发，南下先抵达番禺（今广州）。当时的番禺富庶繁华，在市面上已经可以买到从海外交易来的各种奇珍异宝。在番禺休憩整顿后，船队出珠江口再沿海岸线向西南行驶。船队抵达徐闻、合浦、日南之时，也许还不是秋冬季节，由于当时航行主要靠风力，于是船队稍稍停靠，一是补给淡水和食物，二是等候利于南下的东北季风吹起来，再真正出海。广州在海上丝绸之路史上"资格最深，历代相沿，唯一不衰"的传奇很可能在汉代业已掀开。《史记·货殖列传》称番禺是当时全国的九大都会之一，"乃珠玑、犀、玳瑁、果布之凑"，是各类货物的集散地。

唐代每日到广州的外国商船平均可达11艘，全年可达4000艘。《唐大和上东征传》记载鉴真和尚东渡日本时，途经广州，见珠江"婆罗门、波斯、昆仑等舶，不知其数。并载香药、珍宝，积载如山"。清乾隆年间，玄妙观（今广州市海珠北路祝寿巷附近）道士黄某在观西隙地种菜，挖出一艘洋船及所藏金银，证明该地原为停泊海舶的港区。城西浮邱码头（今广州市中山

七路、光复路交界处）为广州往来西江、北江和卢苞水道的停靠之所。清代杜臻在《粤闽巡视纪略》中记载，宋初一位120岁的老人陈崇艺说："儿时见（浮邱）山根舣船数千，今去海已四五里。"

隋唐时的扶胥港，主要职能是护卫中外商贸交通，保证海上丝绸之路畅通。在安全上，扶胥是保卫广州的外据点，是从海道进出广州的门户。东晋安帝元兴三年（404年），卢循就是由晋安（今福建南安市）率领大批海船，驶经扶胥攻占了广州城。在经济上，扶胥港检查清点货物，可防止船只进入内河后走私漏税，而且能为远航的中外船舶提供充足的后勤保障。

北宋时，随着海水的退缩，扶胥港进入历史上的繁盛时期。宋代自扶胥港出发的商船可达"西南诸蕃三十余国"。元初，广州海外贸易受战争重创。但在至元二十三年（1286年），广州就重新设置了转运市舶提举司，三司并立的格局再度重现，泉州一家独大的地位已开始动摇。到了元朝后期，随着外贸官办色彩淡化，普通商人恢复了在外贸中的主导地位，广州开始加速复兴。"元代的船只相当依赖风力，外商开船来华，到达广州的时间比其他港口早。而返程时，如从广州出发，又可较晚回航。这无形中减少了错失风期的危险，也延长了贸易时间。"除地理位置外，广州开放宽松的商业氛围也是外商青睐广州的重要原因，"元政府一放松干预，就有越来越多的外商选择广州作为出海港和回帆地，广州港口的地位也迅速回升，并在元末再次成为中国对外贸易第一港"。

据陈大震、吕桂孙所撰《南海志》记载，元代到广州贸易的国家和地区有147个之多，占元代全国对外贸易的国家和地区总数的64%。扶胥港为朝廷带来丰厚的财政收入，守护商船的南海神因而被最高统治者欣然册封为"广利王"（意即广收天下之利）和"洪圣王"（寓意财雄势大）。

明代起，随着海岸线的推移，港口逐渐移到和南海神庙隔江遥望的黄埔村附近，港口亦随之易名为黄埔港。不过南宋时此地已是"海舶所集之地"。清朝，在广州作为唯一对外贸易口岸的80多年里，黄埔港迅速发展，这里设置了黄埔税馆、夷务所、买办馆等，外国商船必须在这里报关后由中国的领航员带领入港，办理卸转货物缴税等手续，之后货物才能进入十三行交易。80多年间，停泊在黄埔港的外国商船共计5000多艘。

鸦片战争后，中国被迫开放上海、广州、厦门、福州、宁波等五处通商口岸，上海港逐渐取代黄埔港的地位。黄埔村附近的航道逐渐淤浅，港口大约在19世纪中后期迁到长洲岛，发展为黄埔新埠。在黄埔村至今还有一石碑，上刻"不准勒索运载外商货物的船只"字样。

樟林港——粤东海上门户

樟林港是汕头开埠以前明清时期的粤东第一大港，是先侨乘坐"红头船"漂洋过番的起航地，号称粤东"通洋总汇"和"红头船故乡"。樟林自南宋始成为聚居点，明嘉靖三十五年（1556年）建樟林村，其后渐成渔港口、商埠。清雍正七年（1729年）设立巡检司，乾隆七年（1742年）樟林港口开始扩埠。该港可停泊大商船，航线北通华东沿海及日本，南达雷州半岛、海南岛及越南、印尼等国家和地区，被誉为粤东通洋总汇之地、河海交汇之墟。《澄海县志》记载："每当春秋风信，扬帆捆载而来者，不下千百计。高牙错处，民物滋丰，握算持筹，居奇囤积，为海隅一大都会。"樟林港所在的澄海海关税收占到全广东税收的1/5。全盛时期的货栈街规模庞大，前后共建141间铺屋，沿着内港两侧排列，共组成八条街，外有六村环绕，故有"六社八街"之称，后又增建3条街和许多铺屋，方圆十多千米。不少潮汕先民自此港漂洋过海，侨居东南亚等国，成就了今日潮汕人遍天下的局面。

因海滩逐渐淤积，樟林古港今已成内陆之镇，遗址位于汕头市澄海区。新兴街是樟林古港最繁荣时期"六社八街"中保存较为完整的一条老街，迄今已有200年的历史。全街长200米，由54间两层楼的货栈组成。前门临街，后门连接内港，便于起卸货物。行走其间，仿佛能看见昔日帆樯云集、货栈成行的繁华景象。樟林港的商贸活动和移民直接促进了樟林与外地，特别是东南亚一带的文化交流。现在，樟林古港每年都吸引数以万计的潮汕侨胞及国内外专家学者前来观光考察。

2000多年的海上丝绸之路，在广东漫长的海岸线上曾形成了大大小小200多处港口，如粤东的汕尾港、海门港、庵埠港、碣石港等；粤中的黄埔

港、蛇口港、崖门港、高栏港、盐田港、江门港、新会港、莲花山港等；粤西的徐闻港、海陵山港、阳江港、博贺港、湛江港等。它们通过航线交织成网，在不同历史时期，或作为扬帆起航的始发港，或作为装卸货物的中转站，或作为中途休憩的补给点，或作为避风防浪的避难所，与海上丝绸之路发生着关系。这些港口往往又内连发达的河流水系，保证了来自内陆产地的丝绸、茶叶、陶瓷等货物源源而来，进口的货物也能顺利北上。依托海上丝绸之路，广东与内地广袤的经济腹地及全球化的贸易网络紧紧地交织在一起。尽管海上贸易所获利润颇丰，"出海一次，所获利润大约相当于一艘船的造价"，但风浪无情，又有海盗猖獗，很多船只有去无回。这也养成了广东人向海而生、坚毅无畏、勇于开拓的性格。

3 探访隋唐宋元的印记

蕃坊——唐宋时广州的洋人街

外国人到广州的历史可以追溯到很久以前。西汉时广州富贵人家就曾把外国人作为奴仆来使唤,这可以从广州汉墓出土的托灯俑上得到证实。随着海上丝绸之路贸易的繁荣,来到广州的外国人越来越多,在今天广州的光孝寺附近出现了蕃坊。

南宋抗金英雄岳飞,被以"莫须有"罪名杀害之后,其家人被流放到岭南。后来,岳飞的三儿子岳霖知广州,再次来到岭南,随行的还有其年幼的三儿子岳珂。岳珂在广州虽然只待了不到一年,但广州还是给他留下了极其深刻的印象,尤其是蕃坊。他在《桯史》中说,当时蕃坊在广州属最豪华的住宅区,番商巨富服饰金珠罗绮,使用金银器皿,居所规模庞大,极尽奢华,其中"一蒲姓首富,居所宏丽奇伟,益张而大,层楼杰观,晃荡绵亘,富甲一时"。

蕃坊是唐宋时期外商在中国聚居的场所,因当时来华的大食、波斯等国商人、旅客被称作"蕃客"而得名。蕃坊的原型应在唐开元之前就已出现。早在南朝萧梁时期,南海诸国商人就"久停广州,往来求利"。久而久之,广州等地就聚集了为数众多的外国侨民,形成"与夷人杂处""与海中蕃夷、四方商贾杂居"的国际化特色。据《唐代的外来文明》记载,广州光塔路一带,蕃坊住着12万番商与家属。宋元时期,"城外番汉数万家"。坊内有清真寺、养育院、市场、公共墓地等设施。领袖称"蕃长"或"都蕃长",由番商中德高望重、有才干、有宗教学识的穆斯林长老担任,经中国朝廷审批

诏命认可。就任后与中国官吏享受同样待遇,并须穿戴地方官员服饰,"巾袍履笏如华人"。侨犯徒刑以上重罪者,由中国地方官判决,若为徒刑以下轻罪,则直送蕃长处,由蕃长处断。番商喜欢席地而坐,所以刑罚时以杖臀为苦,反而不怕杖背。

宋末元初广州港衰落下去,蕃坊也随之萧条。广州蕃坊旧址早已被雨打风吹去,但作为宋代中国的"洋人街",它所见证的万国来广,所代表的贸易繁荣,即便纸上读来,依旧令人神往。

南海神庙——海上贸易繁荣的"平安符"

远洋《难忘黄埔之一:达奚司空》诗中"多少次潮落潮涨,谁曾见古庙斜阳?那个望穿秋水的人,百转着郁结的愁肠"所咏赞的,是在南海神庙屋檐下站了千余年的达奚司空。相传唐朝时,印度波罗国来使回程时拜谒南海神,将带来的两颗树种子种在南海神庙中,因迷恋庙中秀丽的景色,误了返程的海船,望海石化。村民俗称此像为"番鬼望波罗",南海神庙也因此被称为"波罗庙"。这位外国人作为海上丝绸之路友好使者,被请进庙中受祭,充分显示出岭南文化的包容,见证了中外文化的交流。

南海神庙始建于隋文帝开皇十四年(594年),历代都有重修扩建。现存的是清代建筑,仍保留着隋唐时期的规模和建制。南海神庙是我国古代海神庙中唯一遗存下来的最完整、规模最大的建筑群。"南来若不到东庙,西

南海神庙"海不扬波"石牌坊

京未睹建章宫。"南宋杨万里在《题南海东庙》诗中，将南海神庙比作汉代长安著名的建章宫，可以想见南海神庙当时的宏大规模。庙门口立"海不扬波"石牌坊，内有正殿、寝殿及东西两条长廊。所供奉的南海神祝赤，是祝融和南方赤帝赤熛怒的合称。唐玄宗册封南海神为广利王，宋、元屡有加封，明太祖朱元璋删繁就简，取消南海神庙以往一切封号，重新加封南海神为"南海之神"。

各朝各代都有皇帝派代表来南海神庙祭典，留下大批珍贵的碑刻，因此，南海神庙又有"南方碑林"之称。东西两侧长廊中陈列了唐、宋、元、明、清各代碑刻共45块，唐代韩愈撰、陈谏书的《南海神广利王庙碑》，是国内现存的著名唐碑之一。航运中的"海事"一词，也最早见于此碑。此外，还有宋开宝碑、明洪武碑、清康熙碑等，对研究中国古代书法艺术、神庙的历史渊源有十分重要的作用。

庙西侧有古名章丘的小山丘，是观海上日出的绝佳之地，建有浴日亭。北宋绍圣元年（1094年），大文豪苏东坡被贬至岭南，途经广州，慕名拜祭南海神。他登上浴日亭，写下《浴日亭》一诗："剑气峥嵘夜插天，瑞光明灭到黄湾。坐看旸谷浮金晕，遥想钱塘涌雪山。"南宋杨万里也留下《题南海东庙》和《南海东庙浴日亭》诗篇："客来莫上浴日亭，亭上见海君始惊。""最爱五更红浪沸，忽吹万里紫霞开。"扶胥浴日之壮景，从此闻名遐迩。时移势迁，海岸线逐渐南移，如今浴日亭前已无壮阔的海面。南海神庙静静矗立，无言地诉说着往昔广东海上贸易的繁荣，"海不扬波"是它永远不改的承诺。

僧侣——域外文明的传播使者

印度高僧达摩泛海东来传授佛法的故事在广州流传了千多年。达摩从海道来中国，在广州登岸并建"西来庵"，后来在此基础上扩建为寺，就是广州的华林寺。话说当年达摩为到中国传教，远渡印度洋，经过三个寒暑的跋涉奔波，终于在南朝梁武帝普通七年（526年）到达广州。后人尊崇他是来自西方佛国的高僧，称他最初登岸的地方为"西来初地"。广州西关下九路当时就是海岸，后人于此立石碑一块，上书"西来古岸"，以纪念他的登临，地名一直沿用至今。

达摩到达广州后建筑的寺庙叫西来庵，是他在我国传扬佛教教义的圣地。后来达摩还被奉为中国禅宗的初祖。二祖至六祖则是慧可、僧璨、道信、弘忍和慧能。如今人们依然十分敬仰禅宗初祖达摩，除称达摩登岸之处为西来初地，称其初建草庵为西来庵之外，今下九路一带的西来正街、西来后街及西来西、西来东、西东新等街巷名均源于此。西来庵创建后历经唐、宋、元、明等朝代，曾与广州的光孝寺、六榕寺、大佛寺、海幢寺合称五大丛林。清顺治十二年（1655年），从福建漳州云游至此的宗符禅师发起募捐并组织重建寺院，将西来庵改名为华林寺，首建大雄宝殿，次建楼阁堂庑察室。

市舶司——中国最早的外贸管理机构

海上丝绸之路贸易的繁荣，不仅给地方也给中央政府带来颇丰的财政收入。因此，当黄巢起义军由福建日渐逼近广州时，唐僖宗朝左仆射于琮忧心忡忡地说，如广州陷落，则"国藏渐当废竭"。两宋之际，陆上丝绸之路因西夏等少数民族政权占据了河西走廊一带而受阻，海上贸易的重要性和发展程度自然超越前代。唐宋时期，为应对日益繁忙的海外贸易，市舶制度建立起来。吕思勉在《吕思勉读史札记》中说："市舶之职，盛于宋实始于唐。"

唐代有市舶使之设而无市舶司之正式名称，宋代司、使俱有设置，广州的市舶司是中国最早设立的管理对外贸易的机构。宋太祖开宝四年（971年），在刚刚平定南汉数月之后，就任命当时的广州知州潘美、尹崇珂并兼市舶使。市舶司的职责主要包括：根据商人申报的货物、船上人员及要去的地点，发给公凭（公据、公验），即出海许可证；派人上船"点检"，防止夹带兵器、铜钱、逃亡军人等；"阅实"回港船舶；对进出口的货物实行抽分制度，即将货物分成粗细两色，官府按一定比例抽取若干份（这实际上是一种实物形式的市舶税），经过抽分后，发给公凭，才许运销他处；管理留居通商港口的外国商人。

第三章 船舶承载的海上丝绸之路

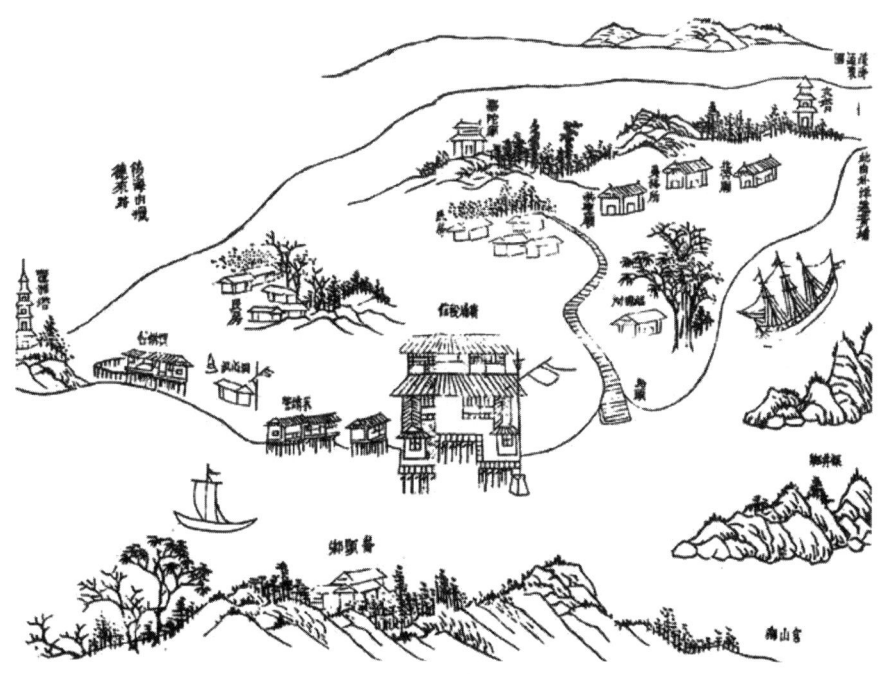

《粤海关志》中的古黄埔港地图

市舶收入是赵宋王朝财政收入的一个重要来源，宋代叶廷珪在《海录碎事》中记载："市舶者，其利不赀，榷金山珠海，天子南库也，诸蛮之宝，五天之珍，每岁山积。"两宋对海外贸易十分重视。宋太宗曾派遣内臣八人，带上招商谕旨和金帛，分四路前往南海诸国，进行商业贸易并延揽番商；宋仁宗年间，广州外贸一度萧条，也曾诏令招引番商。番商回航时，市舶司还要设宴送行。正因有了两宋王朝始终如一的重商政策，终有宋代广州港大部分时间万船辐辏，港口繁忙的局面。后来朝廷虽然也在明州（今浙江宁波）、泉州（今福建泉州）等地设市舶司，但除广州市舶司外，其余几处都曾一度停废。据宋人笔记《萍洲可谈》记载，三路市舶司，以广州为最盛。

宋末元初的战争，导致泉州超越广州，成为当时第一大港。但不论广州还是泉州，都不能摆脱自然经济影响和专制集权的高度钳制，发展到一定程度之后都难以突破，不能成为自由商业港。子月在《岭南经济史话》

中认为:"实际上,泉州的优势也没能保持多久,泉州和广州皆受制于当时中国社会的总格局。"而宋代广州市舶司的故址也早已被雨打风吹去,踪迹全无。

瓷器——海上丝绸之路上最畅销的产品

宋朝是我国瓷器生产发展的繁荣时期,名窑层出不穷,花色品种繁多。从考古情况看,广东省共发现宋窑80多处,估计年产瓷器1.3亿件,为唐代年产瓷器量的22倍。潮州笔架山窑是现存较为完整的一处。笔架山位于潮州城东,从南至北,三峰并峙,状如笔架,因此得名。《三阳志》记载:"郡以东,其地曰白窑瓷。"笔架山附近有个村子叫"百窑村"。据说窑灶遍布全山,绵延2000米,瓷窑鳞次栉比,触目可见。

宋代广州港繁荣,各地名瓷纷纷运到广州出口。瓷器外销量的激增,要求广州提供更多产品。但瓷器质脆易碎,而海外贸易又一度只能在广州一处进行,故从中原、江浙各地辗转运到广州外销的瓷器数量有限,且成本高,远远不能满足海外市场的需求。正是为适应这种需求,在广州附近以及离广州稍远的沿海地区如潮州、惠州等地,出现了以生产外销瓷为主的瓷器产地。

北宋时期,笔架山长条形的瓷窑依山而筑,自下而上,如龙似蛇。据传在北宋窑火旺盛时期,这里有大小窑灶近百个,每当瓷窑点火生产,便呈现"百窑相连薪火旺,东岸窑火映天红"的壮观场面。

1940年,西方人麦康到闽粤等地调查后,在《亚细亚》杂志上发表了《中国古代窑址》一文,介绍潮州笔架山情况。他说,笔架山窑废弃的瓷片,分布在长1.6~2.4千米、宽0.4千米的地域之内,河边含有瓷片的积土层厚达3~4.5米,这是他在中国见过的最大的一处古代窑址。1955年,著名学者饶宗颐著《潮瓷说略》,发表在日本陶瓷协会出版的《陶说》上,引起了世人对潮州宋瓷的广泛关注。1953年至1986年间,笔架山先后发掘了10条瓷窑,其中10号窑是一座巨型瓷窑,残长就达79.5米,国内罕见。广东省博物馆编写的《潮州笔架山宋代窑址发掘报告》对1号窑的产量做过估算，认为这座长 30 米的中型窑每一次烧制的成品约有中型碗 5 万件。由此推断，像 10 号窑这样的大型窑，年产量超过 50 万件，整个笔架山窑场的产量应十分巨大。笔架山窑址出土的西洋狗、欧式莲花炉一类器物，明显是针对海外市场需求的。南宋朱彧在《萍洲可谈》中记载北宋末年广州商船大量出口瓷器的情况时说："舶船深阔各数十丈，商人分占贮货，人得数尺许，下以贮物，夜卧其上。货多陶器，大小相套，无少隙地。"一批批潮州陶瓷从这里烧制完成，被送上货船，漂洋过海，远销国外。

笔架山瓷窑以烧制青白瓷（又称影青）为主，也烧制白釉、青釉、酱褐色釉。产品主要有碗、盘、盏等日用器皿和瓶、人物、玩具等美术瓷。美术瓷中还有"洋人"造像及"洋狗"玩具，这应是为了迎合外销地顾客的审美观及消费心理而烧制的。笔架山窑的产品近年在印度尼西亚、新加坡、泰国、菲律宾、越南、日本等国家都有发现，甚至在遥远的巴基斯坦巴博、卡拉奇、埃及的爱扎布、福斯特，东非沿海地区都有出土。笔架山瓷器的主要特点是釉质晶莹润泽，釉水较薄，多为不开片或只开极细的鱼子纹片；饰纹以划花为主，也有雕刻和镂空的。宋代各地名瓷汇聚广州出口，促进了广东各地陶瓷业的发展，番禺南村沙边窑、连州窑、海康窑、封开都苗窑、佛山奇石窑等，都是重要的陶瓷产区。

东南亚一些国家在中国陶瓷传入以前，多以植物叶子为食器。宋瓷输入后，他们"掬而食之"的饮食习俗改为用精美实用的瓷器作为食物器皿。这自然也有笔架山瓷器的一份功劳。《全唐文》记载，潮州在唐德宗时曾有"波斯、古逻本国二舶顺风而至"，政府"任蕃商列肆而市"。海外贸易的发展，促进了潮汕社会经济的繁荣，造就了大批不同层次的从商人员和航海人员，也推动潮州商人成为明清时期海上贸易中一支重要的经济力量。与此同时，不少潮汕人在海外安家落户，成为当地的华人或华侨。可以说，海上丝绸之路在潮汕文化中刻下了深深的海洋烙印。

以笔架山窑场为代表烧制的青白釉瓷、青釉瓷、酱褐釉瓷器，从北宋初期至政和年间兴旺了近一个半世纪。时至今日，潮州仍是闻名遐迩的"中国瓷都"。

追寻明清的记忆

广州十三行——清朝的"外贸特区"

康熙帝于1682年废除禁海令,允许与外界通商。两年后,粤海关官府招募了13家较有实力的商行,代理海外贸易业务,后来行商家数变动不定,但"十三行"始终是这个商人团队约定俗成的称谓。十三行一方面垄断对外贸易,所有外国进口货物均由其承销,内地出口货物亦由其代购,并负责规定进出口货物的价格;另一方面又受清政府委托,负责向外商征收进口货税,并代政府经办一切同外商的交涉事宜,如代为传达政令,送交外交公文,转递外商的意见、禀帖等。

到1757年"一口通商"后,四大海关仅留广东一处,十三行达到鼎盛。亚洲、欧洲、美洲的主要国家和地区几乎都与十三行发生过直接的贸易关

画卷中的广州十三行盛况

系，大量的茶叶、丝绸、陶瓷等商品从广州运往世界各地。中国当时的国民生产总值占全世界生产总值的32%以上，比当今美国在世界上所占的比重还高。此后百年间，十三行向清政府提供了占全国税收40%的关税收入，成为"天子南库"。

广东行商与两淮盐商、山西晋商并列为清代历史上的三大商业群体。清人屈大均在《广州竹枝词》中形容："洋船争出是官商，十字门开向二洋。五丝八丝广缎好，银钱堆满十三行。"据说道光二年（1822年），十三行发生了一场大火，熔化的银水满街流淌，竟流出了一二里地。十三行中以潘启官创办的同文行、卢观恒创办的广利行、伍秉鉴创办的怡和行、叶上林创办的义成行最为著名。咸丰六年（1856年），十三行被英法联军的炮火损毁。

如今，在黄埔村荣西里口，可看到一连三座两进的古老大宅，气势宏伟，门上方横书"左垣家塾"几个蓝色大字，虽历经百年依旧赫然夺目。这里便是十三行之天宝行行商梁经国（号左垣）的故居，是现存十三行行商所建的珍贵遗迹。十三行在大火和战乱摧残下已经无迹可寻，倒是与之相距甚远的梁家老宅，在时代的变迁中保存着那个年代的"吉光片羽"。

十三行是广东海上丝绸之路史上的华彩乐章，不仅沿袭了唐、宋的海商法，使之成为中国最早的经济贸易特区，更成为大航海时代先进科学与文化进入中国的可贵通道，成为中国民商的主要发源地。行商不仅为中国的外贸，更为引进先进的思想文化、抗御外来侵略做出了卓越贡献。广州十三行的位置，最初在靖海门（今靖海路）至鸡翼城西便门（今西濠口北面）一带，后来发展到今天仁济路至十三行路这一片地区。

重商崇商——一个颠覆性的观念改变着传统的国人

行商为改变中国传统的"士农工商"观念，身体力行。道光年间（1821—1850年）的民谚"潘卢伍叶，谭左徐杨，龙凤虎豹，江淮河汉"说明中国南方已不再"重农轻商"。而美国总统柯立芝于1923年确立"以商立国"的国策，却是在100年之后。这些行商又多是有名的儒商，潘家的"海山仙馆"是大规模的文博园林，伍家的刻书业无人可比，他们为推动中西方文化交流

伍秉鉴

做出了很大贡献。人们到瑞典斯德哥尔摩参观诺贝尔奖颁奖大厅,都会注意到那用中国丝绸裁制的落地窗帘。

十三行最负盛名的富商当属当时的中国首富伍秉鉴。伍秉鉴的父亲伍国莹早先在同文行充当账房,后独自开设了怡和洋行。乾隆五十一年(1786年),怡和行的业务已列居广州20家行商第六位。伍秉鉴继承父业,作为英国公司羽纱销售代理人,长期担任十三行公行的总商。东印度公司的大班向他借了巨款,伍秉鉴成为东印度公司最大的债权人。他的货物输出到英国、美国、印度等地。据《安海伍氏族谱》记载:"嘉庆间安海伍氏物力最富,凡军需、桑园等捐款,小者三四十万,大者五六百万……每遇岁除家库核存常达千万有奇……"《广州番鬼录·旧中国杂记》中说他在1834年时的个人资产约值2600万银圆。2001年,美国《华尔街日报》统计了千年来世界上最富有的50人,其中有成吉思汗、忽必烈、刘瑾、和坤、伍秉鉴和宋子文等6名中国人。

1840年鸦片战争爆发时,伍秉鉴积极出资修建堡垒和战船,战后又承担《南京条约》中赔款300万银两中的100万。他的第五子伍绍荣接手事业,还以刻书闻名,编辑和出版了《岭南遗书》《粤十三家集》《楚庭耆旧遗诗》《粤雅堂丛书》《舆地纪胜》等共千余卷,影响深远。

粤海关——中国海关制度开始

康熙二十四年(1685年),清政府在粤、闽、浙、苏四省设立海关,管理港口海外贸易的市舶司被海关取代,这是中国近代海关制度的开始。由于历史地理等原因,在四口通商时期,粤海关在四个海关中地位最为重要。粤海关总部所在地广州的对外贸易发展最快,逐步成为中外贸易的集结点。特

粤海关

别是乾隆二十二年（1757年）开始施行广州一口贸易制度以后，至道光二十二年（1842年）实施五口通商的80多年间，粤海关成为大清海关的同义词。粤海关机构庞大，管理范围广泛。与其他海关不同，粤海关专设海关监督统管海关全部事务。粤海关监督的全称是"钦命督理广东沿海等处贸易税务户部分司"，充任者多为满族亲贵，是皇帝的直接代表。他们由皇帝钦派，权力很大。首任监督设于康熙二十四年（1685年），至鸦片战争爆发前的道光十八年（1838年）止，前后共有94人出任。

粤海关管理贸易的职能主要包括引水挂号、监管修船和协助稽查等。虽然以管理对外贸易和征收关税为主，实际上具有对外交涉、海防、贸易以及内外防范等职能，其运作以两广总督或广东巡抚为中心。主要法规由朝廷下达，海关监督负责征榷，广东十三行则是运作的工具。

咸丰十年（1860年）粤海关税务司在现址（今广州沿江西路）正式建立公署。如今看到的粤海关大楼是由英国建筑师戴卫德·迪克仿照欧洲古典建筑形式设计，华昌工程公司承建，1914年奠基，1916年落成，是近代西方新古典主义建筑代表作之一。原正中拱券门上的"粤海关"三字，1949年后被"广州海关"代替。大楼是一座新古典主义建筑，是文艺复兴运动在建筑思想上的反映。

大楼坐北向南，钢筋混凝土框架结构。全楼外观威严雄壮，很好地反映了海关建筑庄严与威信的特点。大楼顶筑穹隆顶钟楼，钟楼四面各砌塔司干双柱，置大型四面时钟，内有英国制造的五个大小不一的吊钟。所以粤海关大楼又俗称"大钟楼"，至今仍以音乐报时，声传数里。

锦纶会馆——中国早期资本主义萌芽的缩影

丝织业虽在黄帝之时已经出现，但其技术成熟却得益于"凿空"西域的张骞。因此，张骞被丝织业供奉为祖师。广州有一座建筑精美的锦纶会馆，馆内完整保留了21方历史碑刻，其中刻于雍正九年（1731年）的《锦纶祖师碑记》，记述了清康熙年间广州数百家丝织业商家共同出资建立关帝庙，作为丝织行商聚会议事之所的历史。后来丝织业日趋兴盛，关帝庙人满为患，于是在雍正元年（1723年），在关帝庙左边兴建了锦纶会馆，供奉祖师张骞。

在中国历史上，会馆曾经作为一种民间的力量，衍生出无数的故事和传奇。广州曾有钟表、粤剧、八和、锦纶四大行业会馆。钟表会馆位于今解放北路一带，约建于清末，现作为钟表制造业的会馆早已被毁坏，难觅其踪。梨园会馆建于清末民初，馆址在今多宝路尾至黄沙大道如意坊附近，亦为粤剧会馆，可惜后来被拆毁。八和会馆还算幸运，现也仅存留一块牌匾和两扇门于恩宁路。锦纶会馆是其中唯一以全貌保存下来的。

锦纶会馆是一座祠堂式三进砖木结构的建筑，其镬耳屋的外观具有浓厚的岭南建筑特色，馆内保留有不少木雕、砖雕、陶塑等。锦纶会馆见证了清代资本主义萌芽的历程。它兴起于清朝中期以纺织、瓷器及茶叶为主的出口贸易繁荣时期。全盛时期广州拥有纺织手工业工人三四万人。会馆曾组织了近1000人参加三元里抗英斗争。不过，繁华总被雨打风吹去，百年往事如落英般凋零。丝织业如今已退出了广州的历史舞台，锦纶会馆虽在时间的漂洗之下褪尽奢华，却抹不去人们心头那份淡淡的追忆。

5

梦回远航的岁月

自秦以降,广东商船从近邻东南亚,到波斯湾、北非、西欧,再到拉丁美洲、北美,以及亚洲北部。一条条航线的开通,一次次经年的探访,一趟趟生死的穿越,都凝聚了航海人跨越千年对于未知领域探索的勇气、智慧和执着。

汉代——与波斯帝国握手

航线:南越国—南海海域—中南半岛—马来半岛—南亚次大陆—阿拉伯地区,最远到达阿拉伯地区。

广州西汉南越王墓,丰富的出土舶来品讲述了古代海路贸易的繁茂。发掘于1983年的南越王墓是一座凿山为藏的石室墓。沿着缓缓深入的墓道下去,两边的石块静谧安详,用温婉的浅笑带你进入2000多年以前的历史深处。一个角落里存放着一只银盒,呈扁球状,盖与器身相合处的上下边缘各饰有一匝穗状纹带,谷粒样凸起,表面附着轻纱一般薄的镏金。它是来自古波斯帝国(前550—前330年)的舶来品,漂洋过海来到南越国,得到南越王的喜爱,存于墓穴内伴王长眠。陪葬的舶来品还包括象牙、银盒、香料等,其中5根大象牙尤其引人瞩目。经鉴定,这些象牙与非洲雄象大而粗壮的牙接近。

墓中有产自西亚的乳香,一小撮盛于高脚镏金漆盒的颗粒物。关于乳香的航运时间和路线,曾有一个"季风的秘密"。据说示巴王国的山坡上种植了成片的乳香木,它们是示巴的主要财富。示巴和附近的国家控制着该区的国际贸易。该区的季风每年七月至八月间吹向印度及亚洲东部,随后又向反

方向吹，这些国家利用季风作为航海的天然动力，独占这条贸易航线，并保守"季风的秘密"。据说，直到公元1世纪初，这个秘密才被希腊人发现。

唐宋——通海夷道上帆影绰绰

航线：广州珠江口屯门山—南海—越南—波斯湾—乌剌国—巴格达，最远到达巴格达。

海上丝绸之路在唐时进入繁荣时期。这一时期海上丝绸之路有了一个广州特色的名称——"广州通海夷道"。从南越王墓沿着解放北路南行入朝天路，转光塔路，一处高入云端、望之如银笔的光身柱形塔跃入眼帘。它名叫光塔，塔下的飞檐庭院名为怀圣寺。怀圣寺和光塔是盛唐时期随着阿拉伯海商一起来到中国的穆斯林为纪念伊斯兰教创始人穆罕默德建造的。

历史好像又回到了唐中叶（8世纪中叶）十月的一天。这日，水手阿昌正用劲拉起船上的十米高帆，随着船帆张张悬起，最盛的东北季风"填饱"每一张帆面。这艘载着满满的丝绸、瓷器的唐朝商队从广州珠江口屯门山出发。一路上，阿昌和他的同伴升帆降帆，控制着船行船止和改向绕道。就这样顺着中国大陆海流南下的沿岸流，出南海，经越南，浩浩荡荡，劈波斩浪，途经30多个国家和地区，辗转至波斯湾，入乌剌国（今巴士拉），最远至巴格达，全程约14000千米。这段历史被唐德宗时期的贾耽写进了闻名遐迩的《皇华四达记》中。

巴格达位于今伊拉克境内，是古巴比伦文明的发源地。绵长曲折的海上丝绸之路打通了两个古文明的血脉。在这条航线上，满载着丝绸和香料的中外商舶云帆高挂，乘风破浪。后来，很多阿拉伯居民在广州定居下来。位于兰圃西郊的先贤古墓，是唐初来华传教的阿拉伯先贤赛义德·艾比·宛葛素的陵墓。

1300余年前，阿曼航海家阿布·奥贝德穿越海上丝绸之路抵达中国。他当年从阿曼北部有着"通向中国门户"美誉的苏哈尔港出发，和同伴驾驶双桅木船，凭风力驱使前进，靠日月星辰导航，与波涛礁石鏖战，经过整整两年，航行近万千米，最终驶抵中国广州。据史料记载："阿曼人于公元8

世纪中叶到达中国,而完成这一旅程的第一人就是阿布·奥贝德。"而在陪伴无数中国儿童成长的阿拉伯文学名著《一千零一夜》中,那个航海冒险的勇士辛巴达,其原型正是阿布·奥贝德。

还有两位阿曼人到过中国,并因有所贡献被"加官晋爵"。一位叫辛押陀罗,曾出任广州蕃坊蕃长,因"尝诣阙庭,躬陈珍币,开导种落,岁致梯航",在宋神宗熙宁年间被封"归德将军"。另一位叫蒲罗辛,在宋高宗绍兴年间被封为"承信郎"。阿曼萨拉拉港的博物馆里,特意用中文介绍了两人的事迹。

为了缅怀两国人民的交往历史和深厚情谊,阿曼政府决定再造古船,重走先辈曾经走过的航线。"苏哈尔"号古船仿自阿布·奥贝德当年远航中国时用的双桅三帆木船。木船长22米,高3米,完全不用一根铁钉,船板用椰棕搓成的绳子连接起来,缝隙间涂以树胶以防海水渗透。1980年11月,"苏哈尔"号从马斯喀特港出发,历时220天,航行9500千米,最终于1981年7月抵达广州。那帆船像是从画卷中飘出来,穿过千年的浩瀚烟波,驶入中国。这是伊斯兰教后人跨越千古的东方思念。

1995年,阿曼在广州洲头咀公园竖立起"阿曼苏哈尔号木帆船马斯喀特—广州航行纪念碑",再现了"苏哈尔"号双桅木帆船的航行图,永志两国友好。后来,这艘闻名中外的"苏哈尔"古船回到了出生地苏尔造船厂。如今,它的模型摆放在阿曼首都马斯喀特布斯坦宫酒店外,人们时刻都能看到它的身姿。船底四周,人工泉不停歇地日夜涌动,仿佛它永远都在航行。

萨拉拉港坐落在阿曼的东南海岸。在古代,这里由于盛产乳香成为海上丝绸之路上的名城。那时,船队从这里出发,从阿拉伯半岛分几路前往地中海、非洲和东亚。在当地乳香博物馆贸易路线图上,中国作为遥远的目的地静伫在东方。

中阿两国之间这种古代构建的贸易关系频繁且丰富,尤其与海上丝绸之路始发港之广州关系密切。据统计,十个来中国的阿曼人,有七八个都去了广州。近年来,阿曼每年来中国的人有1万左右,其中将近8000人到了广州。

明清——通过大海拥抱世界

通往非洲的航线：数百年前甚至更久远的年代，从中国到肯尼亚长达7500海里的航路就开通了。位于内罗毕的肯尼亚国家博物馆可看到几只纹饰精美的瓷盘及一把颇像中国平安锁的物件，工作人员说，它们来自中国。在肯尼亚蒙巴萨和拉穆的博物馆里，藏有该地区出土的中国瓷器。史料记载，1413年郑和第四次下西洋，曾首次绕过阿拉伯半岛，到达东非麻林（今肯尼亚马林迪）；此后1417年和1421年郑和又两下西洋，也到过麻林、慢八撒（今肯尼亚蒙巴萨）等地。肯尼亚至今还有麻林国王1415年前往中国客死泉州的传说。

郑和船队到访肯尼亚时，马林迪的海上贸易繁荣程度达到了最高峰，长颈鹿、斑马、大羚羊、鸵鸟这些当时中国人闻所未闻的动物，被辗转运到了中国，并受到追捧。在拉穆群岛的西尤村，有一个肯尼亚女孩自称是中国船员，如今她有一个中文名字——夏瑞馥。她说，从小她的外婆就跟她讲，很久以前，有两艘来自中国的远洋船在帕泰岛遭遇海难，一些幸存者上岛定居，与当地女子结婚，生儿育女。"外婆告诉我，我是中国人的后裔，让我不要忘记。"1999年，《纽约时报》记者探访帕泰岛并提出推想：这些自称有中国血统的人，很可能是郑和船队船员的后裔。根据2013年底水下考古队在马林迪公布的考古成果，这里出土了中国瓷器和一些中国古代物件，证实了中肯两国关系的源远流长。

马达加斯加第一大港塔马塔夫市郊的一片荔枝林里，数千株妃子笑翁郁葱茏。据当地华侨说，100多年前，他们的祖辈将荔枝带到这里，由于气候非常适宜，很快开枝散叶，如今马达加斯加荔枝年产量约10万吨，成为世界荔枝第五大产区。《马可·波罗行纪》中提及，元朝使者曾两次登陆马达加斯加岛。《郑和航海图》则显示，郑和下西洋曾到过门肮赤（今马达加斯加的马尔加什），当时船队规模很大，有300多艘船。2005年是郑和下西洋600周年，马达加斯加还以郑和船队最远到达国的名义发行了纪念邮票。在南非开普敦议会大厦里，挂着一张绘制于明洪武二十二年（1389年）题

第三章 船舶承载的海上丝绸之路

郑和船队

为《大明混一图》的世界地图，当中不仅勾勒出了非洲海岸，甚至还有好望角的细节；也有人认为应该是郑和而不是葡萄牙航海家迪亚士最早发现好望角。历史总是谜团重重，我们可以确定的是，凭借海上丝绸之路这条纽带，中国和非洲仍将紧紧联系在一起。

太平洋上的航线：广州—马尼拉—太平洋—墨西哥西海岸—秘鲁，最远到达拉丁美洲。

明代广州往返拉丁美洲的航线开启，被称为"太平洋上的丝绸之路"。冬季从广州出发，经过马尼拉进入太平洋，乘着6月中下旬的西南季风北行，借西北风横渡太平洋，再利用盛行于海岸的西北风直达墨西哥西海岸的天然良港阿卡普尔科和秘鲁的利马港。墨西哥著名诗人布兰西斯·布雷特·阿特曾赋诗记述中国商船成群结队、满载丝绸至拉丁美洲的盛况："每年一次的中国船啊，运来沉沉的橡胶、香料和光滑泽润的丝绸。堆积在阿卡普尔科港口……"

海上丝绸之路上的商船风帆扬起的地域不断拓展，影响范围逐渐扩展至全欧洲，甚至整个北半球。18世纪，伟大的大航海时代进入最后高潮阶段，中国海上丝绸之路的航线也延伸到了北欧。1728年，法国在广州设立商馆，以后丹麦、瑞典等北欧诸国也相继在广州设立商馆。1731年，瑞典东印度

公司商船"哥德堡"号顺利启航，相距遥远的北欧和东方的两座港口城市哥德堡、广州从此连接在一起。"哥德堡"号带回的大量中国特产，曾在瑞典及周边地区刮起一股"中国风"。"哥德堡"号穿行于中瑞两国之间，成为两国间联系的桥梁和东西方两个世界的使者。

"哥德堡"号曾三次远航广州，第一次是1739年1月至1740年6月，第二次是1741年2月至1742年7月。1745年1月11日，"哥德堡"号第三次从广州启程回国，船上装载着700吨的中国物品，包括茶叶、瓷器、丝绸和藤器。当时这批货物如果运到哥德堡市场拍卖的话，估计价值2.5亿至2.7亿瑞典银币。8个月后，"哥德堡"号航行到离哥德堡港约900米的海面，离家30个月的船员们已经看到了故乡的陆地，然而就在这时，"哥德堡"不幸触礁，岸上等待归船的人们只能眼巴巴地看着船沉到海底，所幸未造成人员伤亡。人们从沉船上捞起了30吨茶叶、80匹丝绸和大量瓷器，在市场上拍卖后竟然足够支付"哥德堡"这次广州之旅的全部费用，而且还获利14%。

时光飞逝，1984年，瑞典一次民间考古活动发现了沉睡海底的"哥德堡"号残骸。潜水考古使古沉船重新进入公众视野，引起哥德堡人的浓厚兴趣。两年后，考古发掘工作全面展开，并一直持续了近10年，打捞上来400多件完整的瓷器和9吨重的瓷器碎片。这些瓷器大部分绘有中国传统的图案花纹，少量绘有欧洲特色图案的是当年"哥德堡"号为特定客户专门订购的"订烧瓷"。更让人吃惊的是，打捞上来的部分茶叶色味尚存，还散发着缕缕清香。2009年，瑞典国王访问中国，送给广州一小包当时打捞起来的茶，它是福建的白毫，被藏入广州博物馆。

此后，瑞典东印度公司曾建造了"哥德堡Ⅱ"号商船，但它后来又沉没在南非。1813年，瑞典东印度公司关闭。世界上有过许多东印度公司，哥德堡人希望大家了解的是：瑞典东印度公司从来没有向中国贩运过鸦片。

"哥德堡"号的考古发掘直接导致了东印度公司的新生，"哥德堡"号基金会和新东印度公司相继建立。一个大胆的设想在一群热心人的讨论中酝酿成形，那就是以"哥德堡"号为原型，建造"哥德堡Ⅲ"号仿古商船，并且沿着先人的航线，重抵中国广州。从海里打捞上来的"哥德堡"号的一些部件，为重建提供了许多外形和结构上的参考。1995年6月，"哥德堡Ⅲ"号安放龙骨开工建造，新船厂举行了传统风格的盛大典礼，瑞典国王卡尔十六世成为这项工程的监制人。粗略估算，重造"哥德堡"号要花费3亿瑞典克朗（与人民币币值相当），而完成整个航行还要再投入2亿瑞典克朗。资金来源包括政府投入、公司赞助、旅游参观收入、社会各界捐助和志愿者活动贡献等。虽然这个庞大的项目似乎看不到什么盈利的短期前景，但哥德堡人更看重的是这个项目背后的深远意义和长远效益。

经过近十年的精心打造，2003年6月，这艘长58米、排水量1250吨、使用18世纪工艺制造的木帆船顺利下水了。2005年10月2日，天空蔚蓝如洗，"哥德堡Ⅲ"号正式远航中国，十万多名市民倾城出动，500多艘船跟随欢送，场面极其壮观。中国中央电视台《探索·发现》栏目的两位记者邓武和沈光华随船报道。2006年7月10日至17日，记录"哥德堡Ⅲ"号远航的大型纪录片《追逐太阳的航程》在中央电视台《探索·发现》栏目热播。历经千难万险和惊涛骇浪，2006年7月，"哥德堡Ⅲ"号驶入广州。广州市政府在洲头咀江面举行了"龙舟激扬迎古船——海珠日"的欢迎仪式，当晚又以"哥德堡"号广州之夜文艺焰火晚会方式，欢迎"哥德堡Ⅲ"号和瑞典国王卡尔十六世夫妇的到访。"哥德堡Ⅲ"号在广州等地受到空前热烈的欢迎，在中国两个月期间，共有15万名访客登上了"哥德堡Ⅲ"号观光游览。

"哥德堡Ⅲ"号

2007年6月9日,瑞典仿古商船"哥德堡Ⅲ"号回家了,回到它的诞生地哥德堡市。在中瑞两国人民的深情注视和热切期待下,中国国家主席和瑞典国王夫妇亲自主持了返航庆祝仪式,哥德堡市沉浸在一片欢乐的海洋之中。哥德堡号见证了18世纪中国对外贸易的繁盛。

"中国皇后"号航线:纽约—大西洋—好望角—印度洋—澳门—广州。

1847年容闳赴美留学,就是顺着"中国皇后"号航海线路去的。容闳在日记中写道:"舟既过圣希利那岛,折向西北行,遇海湾水溜,水急风顺,舟去如矢,未几遂抵纽约。"

1784年,美国摆脱英国的殖民统治获得独立,开始酝酿与中国建立贸易关系。是年2月,一艘360吨位的商船"中国皇后"号,载着40多吨西洋参以及棉花、羽纱等大批货物,从纽约起航出海,横渡大西洋,绕过好望角,经印度洋抵达澳门,于8月到达广州黄埔港,历时188天,航程两万多千米。4个月后,"中国皇后"号再次起航,带着丝绸、瓷器回到纽约。作为美国首任驻广州领事的山姆·肖,也是"中国皇后"号的船长,他当时从中国带回一个瓷碗,碗底刻有"中国皇后"号商船字样。每次他端详瓷碗清润的外表、细腻的描彩时,都会回想起那次开启中美贸易的航程。

通往俄国的航线:圣彼得堡喀琅施塔得塔—大西洋—南美洲合恩角—太平洋—夏威夷群岛—马尼拉—广州。

随着各条航线的逐次开通,中国商品在世界的名气越来越大,就连沙皇也想直接与中国做生意,不想花高价从英国购买所需的中国商品。1803年5月,俄国两艘军舰从圣彼得堡喀琅施塔得塔出发,横跨大西洋,绕南美洲合恩角,进入太平洋,向西航行,经夏威夷群岛,过菲律宾马尼拉,于1805年11月抵达广州。时人王之春记述:"乙丑嘉庆十年冬十二月,禁俄罗斯商船来粤互市。"俄国代表提请进行互市的要求虽然没有得到清政府的同意,但广州—俄罗斯航线毕竟开通,始发广州的"海上丝绸之路"最远点又有延伸。

6

触摸历史的印痕

广东人自古得风气之先,铸就了璀璨多姿的岭南文化。由海上丝绸之路带来的各种舶来品,引发了东西方文明的对话,改变了人们的生活,在衣食住行等方面都能发现被异域之风深深浸染的痕迹。

自古以来,广东是全国有名的缺粮大省。面对人口的日益增长,如何解决粮食危机时时考验着广东人的智慧。从宋代起,就有占城稻从越南引进广东的记载。占城稻因其耐旱、适应性强、生长周期短而广受欢迎,渐渐成为广东人饭碗里脍炙人口的"占米"。到了明代,广东人更是漂洋过海寻找新作物,番薯很快就受到粤人的青睐。广东人林怀兰将番薯"自外洋挟其种回国",同样也留下了陈益将番薯成功"种播天南"的说法。番薯清初开始从闽粤沿海传遍全国,为清代中叶的人口快速增长提供了物质保证。

"西洋菜"恐怕是全中国名字最"洋气"的一个菜种。这种蔬菜也确实来自西洋。它的正式学名为"豆瓣菜",又名"水蔊菜"。广东人认为它有清热、润肺、止咳的食疗效用,因而常常见诸粤菜之中。作家叶灵凤在《香港方物志》中介绍,广东人习惯称葡萄牙为"西洋",香港的西洋菜首先移植自澳门,因而得名。百年之前,香港九龙一带就已西洋菜田密布,至今旺角仍留下了"西洋菜街"的路名。

由于受海外市场的刺激,广东越来越多的地区改种桑、茶、甘蔗等经济作物,大量农田甚至出现了"废稻树桑""废田筑塘"的奇特景观,这都深刻改变了广东的农业结构。以"三雕一绣一彩"为代表的岭南非遗文化,背后都与舶来文化有着密切关联。如广彩就是吸收西方的"金胎烧珐琅"工艺,再经本地工匠改良后应用到白瓷胎上的彩瓷艺术。外销瓷的商品图样多由国外买家提供,大量异域风格的艺术元素也随之移植到本地手工艺术品当中来。

珠江的得名源于对外交往的一段传奇。相传南越王赵佗藏有一颗"镇国之宝",名为"阳燧珠"。赵佗去世后,成为陪葬品的阳燧珠从此不知所终。直到南朝,一位名为崔炜的读书人得到了这枚宝珠。消息传出后,很快就引起波斯商人的觊觎。波斯商人向崔炜高价买走了这颗宝珠,并着手扬帆回国。启航不久,波斯商人正要拿出宝珠赏玩,不料江上狂风大作,宝珠化作一道白光沉入江中,变成江心一块巨石,永留此间。自此,人们便将这条江称为"珠江",宝珠所化之石则命名为"海珠石"。

海上丝绸之路的繁荣潜移默化地影响着广州城的城市肌理。在广州"蕃坊"故址,可列出一串长长的地名:"光塔路"原名"大食巷",是阿拉伯人的聚居地;"诗书路"得名于"狮子国"斯里兰卡;"朝天路"则源于穆斯林的"朝天房";"仙邻巷"是阿拉伯语"中国"的音译;"玛瑙巷"是番商买卖珠宝之地等。

不少外语词汇也留在了广州话的方言里,如"邋遢(肮脏)""巴闭(嚣张)"就是唐宋时期中东、南亚商人遗留的印记。进入19世纪后,以英语为主的西方词汇对粤语的影响更为突出。"士的(拐杖)""燕梳(保险)""荷兰水(汽水)""红毛泥(水泥)"等,全方位记录了"西风东渐"大潮下广东人日常生活方方面面出现的变化。与这些舶来品或外来思想的接触,大大拓宽了广东人的视野,让岭南文化变得更为开放和兼容。

19世纪初在广东发端的一项医学发明,最终拯救了神州大地亿万黎民的性命,这就是牛痘术。众所周知,天花是一种烈性传染病,所及之处,往往造成数以万计的人命伤亡。面对天花的淫威,人类长期束手无策。直到1796年,英国医生琴纳实验证明,接种牛痘能从根本上有效预防天花,而且可将接种风险降到最低。1805年,英国医生皮尔逊将这一福音带到中国。他率先在华人身上试种牛痘,编写了中国最早的牛痘术专著——《英吉利国新出种痘奇书》,由十三行商人组织翻译并刊行于世。当年由行商郑崇谦雇募学习牛痘术的中医师。1810年,伍秉鉴、潘有度、卢观恒、郑崇谦等人在十三行会馆合资开设"牛痘局",为民众提供免费的种痘服务。在行商的影响下,北方各地纷纷派员前往广东学习,"牛痘局"在全国一时遍地开花。广东因而成为中国乃至东亚名副其实的牛痘推广中心。

由于十三行行商懂外语,所以实际上担当了清廷外事工作的代言人。传教士要进入中国须先与十三行打交道,著名画家郎世宁就是十三行商人向朝廷引荐的。美国传教士伯驾也在行商伍秉鉴的支持下,开设了中国第一家西医院。可以说,以十三行为代表的粤商是西方近代科学、艺术、经济,乃至民主思想的最早接触者。他们在"一口通商"的特殊环境下使广州保持了对外开放的活力。

海上贸易改变了中国,也改变着世界。"南海一号"打捞起来的文物中,有与阿拉伯人常用的"手抓饭"饭碗类似的"大喇叭"瓷碗;潮州古窑遗址中也发现了与伊斯兰教所用的油灯相近的器型。这些显然都是当时专门为国外客户制作的。也就是说,早在千年之前,"来样加工"这一国际商业合作及贸易的形式就在中国出现了。在 18、19 世纪,欧洲国家只能用白银来购买中国商品。当时不管荷兰、丹麦还是瑞典的商船来中国都是购买茶叶,但这些国家本身不喝茶,他们买了茶叶卖给英国。运货时,通常是陶瓷压舱底,上层放生丝,最宝贵的茶叶放中间。当年运载茶叶的主要交通工具是飞剪船。飞剪船运茶以快制胜。运茶的航程是以生命为代价的赌博,最先到达伦敦的飞剪船将获得超额的利润。

南粤文化与世界文明紧密相连,广东的繁荣发展始终与海上航运业及贸易的兴衰休戚与共。2000 多年来,南粤诸多港口见证了中国对外贸易的潮起潮落。作为海上丝绸之路的出发地,广东被赋予了有别于内陆的海洋文明特质,广东人更被塑造了敢为天下先、重商务实、开放兼容的精神品格。改革开放后,广东的海洋文明有了新的开端,从粤港澳的大珠三角、泛珠三角到大湾区,广东人正以独立自信的海洋文化意识,更强健的步伐展示着海上丝绸之路精神的魅力。

第四章 漂洋过海去看你

坐拥广袤的太平洋，广东人借船出海闯荡世界有先天优势，也成为其固有的文化特性。他们择良地而居，把足迹撒遍五洲四海，成就了广东著名侨乡的美誉。祖籍广东的华侨华人2200万人分布在160多个国家和地区。广东归侨侨眷分布在珠江三角洲、潮汕平原和梅州一带，他们同样是广东华侨文化的传承、发展者。

古代远洋帆船

1

漫漫出洋路

南洋——早期广东人逃荒避难的天堂

广东人称出国到东南亚地区为"下南洋",而出国则通称"过番"。他们沿着一条现在被称作"海上丝绸之路"的海上交通通道,或贸易,或谋生,或移民,由近及远,由区域而世界,最终遍布全球。

移民主要是由经济原因,以及政治原因、社会原因、宗教原因和文化原因造成的。元代温州人周达观曾著《真腊风土记》,其中描述过唐(中国)人寓居海外的一些缘由。书中《流寓》一则讲:"唐人之为水手者,利其国中不著衣裳,且米粮易求,妇女易得,屋室易办,器用易足,买卖易为,往往皆逃逸于彼。"从其所述"五易"中可以看出,"买卖易为"也即贸易因素是很重要的移民原因。广东人早期出洋,隔海相望的南洋即东南亚地区是首选之地。政治压迫是一大诱因,每当反抗黑暗统治失败后,他们便向着茫茫大海进发,汹涌的波涛挡住了追杀者的视线,留给幸存者的是生的希望。如南宋临安被元人攻陷后,君臣南下,广东士人奋起勤王,失败后,遗民多逃亡到交趾、占城、爪哇等地。元朝建立后,统治者推行种族压迫政策,加快了广东人避居海外的进程。饶宗颐在《潮州志》中说,元代时三佛齐王国已有闽粤人的足迹。

明朝年间郑和七下西洋,广东人出洋已成规模,南洋形成了许多华人聚居区。明中叶成书的《东西洋考》中说,印尼爪哇岛的唐人很多,下港曾是一片荒滩,后来华侨定居,发展为一个拥有1000多户的村庄,名为新村,村主是广东人。汕头南澳岛发展成为与外国人通商易货之地,饶平县柘林港

是外国商船往来的场所,日本、暹罗的船只时有停泊。1684年后,嘉应州数以万计的贫苦百姓,背井离乡到越南、老挝、柬埔寨等地谋生。1747年,清政府允许商人到暹罗国采购大米和木材,澄海樟林港成为大米进出口集散地。"红头船"北上可直达天津、姑苏、烟台,南下可达暹罗(泰国)、星洲(新加坡)、安南(越南)。

梅州松口古镇地处粤闽赣三省交界处,地理位置优越,水陆交通方便,松口曾是广东内河港第二大港口。明清及民国时期,在客家民系从粤闽赣周边客家大本营向世界各地迁徙的过程中,由于松口是从水路经汕头出南洋的必经之道,成为客家人南渡越洋出海的始发地和中转站,成为中国客家人移民海外必经的"印度洋第一站"。如今火船码头仍静静地枕在梅江水畔,但早已没有当年的喧嚣。从水岸拾阶而上,街对面是一座已显陈旧的黄色骑楼式建筑,门楣上四个斑驳的字依稀可辨:松江旅舍。20世纪二三十年代,印尼华侨廖访珠出资在此建起唯一能停泊"火船"的码头。最兴盛时,每天有300多条火船停泊,有6000多人由此进出。

1796年,农历正月初一,清兵入关后的第五位皇帝、清仁宗爱新觉

松口码头,不知送走了多少客家儿女下南洋、出海外(汤伟青 摄)

罗·颙琰即位，改年号嘉庆。这一年，马来半岛西部，在邻近槟城海岸线的椰脚街上，来自广东梅州松口镇溪西乡的古石泉创办了仁爱堂。这个山里人或许没有预料到，他在异国开创的基业将发展成整个东南亚历史上最悠久的中药行。

古石泉开创仁爱堂的时间，距英国东印度公司将槟城开辟为东南亚最早的商业中心仅10年。《南洋名人集传·古石泉君》里有一段简短的关于古石泉漂洋过海的记载："君批蓑戴笠，搭帆船（俗名大眼鸡）南来槟榔屿埠。"书中所载为古石泉的孙子古秀阶所述，至于古石泉走过的详细路径已不可考。不过，当时大多数梅州客家人下南洋时选择的都是水路，古石泉应不例外。松口镇南临梅江，是客家人下南洋的必经之地。梅江往东与汀江汇合后称韩江，韩江向南流经潮州，再至滨海的汕头，然后汇入大海。邓锐在其著作《梅州华侨华人史》中记述了当地华侨出洋的路径："梅州华侨从梅江到达汕头后，再由汕头海港乘木船、舢板、帆船等交通工具，随风漂流到哪里就到哪里上岸，定居谋生。"

古石泉搭乘的俗名大眼鸡的木制帆船，也是"红头船"。当时，在中国大陆沿海一带活动的，除了广东的"红头船"，还有"绿头船""白头船"和"蓝头船"，后面三种船所对应的省份，分别是福建、浙江和江苏。据说，这种以颜色来区分船只所属省份的规定是雍正皇帝定下来的。

汕头樟林古港，地处韩江入海口的河海交汇处，曾经是粤东乃至赣南、闽南地区移民出海的一个主要港口，兴盛时可泊百余艘"红头船"。帆船靠风航行，要下南洋，就必须等到秋天才能出发。当时的帆船航海技术使人们一年才走一个来回。秋天坐船顺风出去，次年夏天刮南风才能从南洋回来。红头船自汕头出发后，一路沿着广东海岸线向西行驶，抵近中南半岛后拐向南，经越南沿岸，穿暹罗湾，到达马来半岛东岸。如果船继续前行，绕过马来半岛最南端，转过马六甲海峡，就可以抵达马来半岛西岸的槟榔屿，也即今天的马来西亚槟城。

古石泉开创仁爱堂后就不断发展由中国至东南亚的中药材生意。据仁爱堂后人辗转传述：古石泉初期亲力亲为，药物将用罄就亲自回乡采药，后来

稍有储蓄，方才拜托来往中国及槟城的水客代为采办。至20世纪50年代，仁爱堂发展至最辉煌的时期。彼时的仁爱堂一度执东南亚中药界操盘叫价的牛耳，它不只在商业史上以传统行业的架势创造了老招牌的神话，其历史之悠久也盖过了马来西亚绝大多数的公司。

出洋的广东人往往会举行一场隆重的仪式。潮州市潮安县彩塘镇宏安乡有座元山古庙，供奉着"北极真武玄天大帝"，当年村民离乡下南洋前总会在这里举行一场重要的仪式。掷过"圣杯"，获得玄天大帝的"同意"后，远行人恭敬地将印有"北极真武玄天大帝"字样的符纸折叠成三角形，在香炉中兜起一撮香土，包好带走……

"过番三件宝"对下南洋的人来说是必须准备与随身携带的。在汕头澄海樟林古港博物馆中，陈列有当年潮汕子民下南洋时的三件宝：市篮、甜粿、水布。这有当时的"过番歌"为证："背个市篮去过番，樟林港嘴泪汪汪。钱银知寄人知转，父母妻儿切勿忘""无可奈何炊甜粿，伴个'角毕'往暹罗"。市篮是竹编的圆柱形提篮，高约及膝；甜粿是直径一尺有余的糖年糕；水布则是大约宽二尺、长六尺的一块花格子布，颜色或红，或绿，或蓝。除了三件宝，还有一些物品对当时长时间出海的人来说也是必备的，比如冬瓜。冬瓜可以提供水分，船小载不了很多淡水，解渴就靠冬瓜，万一船翻了，还可以抱着冬瓜在海上漂一下。"过番三件宝"向人们展示了一种生活经验，也揭示出下南洋辛酸的一面：蒸一大块甜粿，切开放入市篮，再用水布包些换洗衣物、符纸香灰甚至神主牌。大量的潮汕先民就这样在前途难卜中简装登程。

近代身处异乡的华侨心里期望的是"从哪里来回哪里去"，即便生时不能衣锦还乡，身后也要落叶归根。香港曾经是近代海外华侨归葬原籍的骨骸转运枢纽。有档案显示，香港的东华医院从19世纪70年代便开始从事华侨骨骸临时存放和转运业务，并开办有东华义庄专供存放骨骸、棺木。有港史研究者估算，经停义庄再转运回粤的华侨骨骸数量"当以十万为单位计"。归国的骨骸大多会被家人认领下葬。无处投放的，各处善堂会觅义山安葬，这些义山至今仍留存在广州各地。江门新会金牛山华侨义冢，埋葬了1500

多具20世纪40年代从海外运回的华侨骸骨。在中国人的精神世界中，落叶归根是一个难以割舍的情结。

并非每个漂泊的人都能飞鸟返乡，落地生根就成为许多迁移者的最终选择。或者说，勇于开拓其实也是中国人精神内核的一部分。事实上，立地开宗在传统中是被鼓励的。在广府、客家、潮汕等民系的宗族族谱中，常常刊刻着版本不一但大体相似的《迁流诗》："驿马匆匆过四方，任君随处立纲常。年深异境犹吾境，日久他乡是故乡。"在筚路蓝缕中，这样的字句显然亦赐予开枝散叶者更坚定、饱满的精神力量。

广东移民聚居的地方多在港口城市。后随着所在国家经济的发展，去的人越来越多，居住点变得越来越分散。如广东人在缅甸主要住在仰光附近，到越南主要住在西贡、南越一带，在泰国是以曼谷为中心的周边地区，后来才向北部发展，在马来西亚也主要是在几个港口城市。

东西方航路的扩展以及后来出现的轮船，对扩大移民的分布范围起到了重要作用。鸦片战争可算作广东移民由区域走向世界的一个分水岭。16世纪，随着东西方航路的开通，西方人来到东南亚。1511年，葡萄牙人占领了马来西亚的马六甲。后来，荷兰人占领了印尼的雅加达。马六甲和雅加达之后都成为当时东南亚重要的贸易站点，吸引了很多中国人去从事贸易和其他方面的工作。

鸦片战争后，19世纪70年代左右，轮船开通了。轮船开通的意义意味着有定期航班，不像以前靠季风来回，故更加方便移民到海外去。轮船介入后，木帆船作为载人工具被淘汰。鸦片战争后，美洲横跨太平洋航路建立起来。广东人在鸦片战争前主要移民东南亚，鸦片战争后大量广东华工被运到中南美洲、北美洲、大洋洲、非洲，少数去了欧洲，即鸦片战争后广东人从东南亚走向世界。整个中国就属

拥挤在甲板上出洋的苦力

当时广东移民走的地方是最多的。

由陆上丝绸之路至海上丝绸之路,落叶归根的念念不忘也好,落地生根的生生不息也罢,华夏民族迁徙的脚步从来没有停止过。时至今日,依然有大量民众越海谋生。未来,等待这个民族的,不仅仅是大海,更有星辰。

契约华工——华侨史上最黑暗的一页

1295年,意大利人马可·波罗回国。他的《马可·波罗行纪》一书在欧洲引起轰动,欧洲人开始沿着新航路东向进入亚洲。为了弥补劳动力的不足,西方殖民者开始寻求华人劳工。1553年前后,荷兰侵略者强占澎湖列岛,掠取广东、福建等沿海地区的1500名中国人筑城。每日仅给半磅米,饿死或虐待而死的有1200人,不久把剩下的300人运往爪哇的吧城贩卖,途中又有非正常死亡者被抛下海,到达吧城时仅剩130人。这是有记载以来第一次把华人当作奴隶贩卖出洋。17世纪上半叶,庞德古在《难忘的东印度旅行记》中记下了他的见闻:殖民者把中国人送到澎湖,两两绑在一起,胸脯上分别烙上字母("C"——运往古巴,"P"——运往秘鲁,"S"——运往檀

修太平洋铁路的华工乘坐自己编织的竹篮被从崖顶放下来,在亚美利加河边的峭壁间施工

香山,"A"——运往南非等)印记,再集中拉到巴达维亚卖出去。

华工们乘着卫生设施极差的海轮远渡重洋,开饭时一起进食,水手叫他们吃饭时用英语 HELLO 招呼,音译为"哈罗",这和中国人呼猪相似,故广东又将充当"苦力"的华工称为猪仔。1860 年签订的《北京条约》,明确英法可以在华合法从事劳务输出。猪仔的升级版——"契约工人"从此大行其道。契约工人名号是西方殖民者为掩盖其贩卖人口的罪恶勾当而制造出来的,却打着华人自愿签订了契约的幌子。

1845—1875 年间,英国在厦门、汕头、香港、澳门开设德记洋行,招募华工 50 万人,分为"契约工"和"债务工",统称"猪仔工"。他们被运往古巴、秘鲁、夏威夷、圭亚那和东南亚等地区,转卖给各地英国农场主和矿主。契约工签 8 年卖身契,每人预付 800 元,以 2~3 倍价格转卖给雇主。债务工每人预借 100 元,运至海外义务劳作 3 年后逐年偿还。1888—1931 年的 40 多年间,荷兰在广东等地招募猪仔工 30 万人,运往印尼诸岛做苦工,死亡率高达 50%。有史家说:"若非华工之力,雅加达几不存在。"

1849—1882 年美国招募债务工 30 万人去旧金山,其中 10 万人派往修建中央太平洋铁路最艰难的中西段,该铁路 1869 年建成通车。大量华工在工地死亡,中央铁路公司承认:"倘无华工参与,美国实无胆略去完成如此艰巨的工程。"然美国国会却于 1882 年通过《排华法案》,禁止华工入境。加拿大于 1880 年招募 15000 名华工修太平洋铁路中西段,死亡 3000 人。时任首相麦唐纳报告国会"倘无华工之助,该路无法按期完成,西部资源无从开发。"1890—1920 年,英国从广东、福建招募华工 20 万人,到马来半岛上的矿山、农场做苦工,后留下定居,致闽、粤移民成风。史学家说:"马来半岛之有今日之繁荣,皆华工劳力肇赐。"

装运华工的海轮被称为"浮动地狱",水手荷枪实弹,华工们被驱赶到潮湿阴暗的船舱中,拥挤不堪,空气污浊,饮食不足,疾病丛生。1847 年至 1859 年,仅运往古巴的华工就有 116 船次 5 万多人,15.21% 的人在途中死亡。侥幸到达的华工,在"人市场"拍卖时,被剥光衣服,任雇主们挑拣。华工到种植园或矿山后,每日工作 18~21 小时,被打死、病死或是受不了

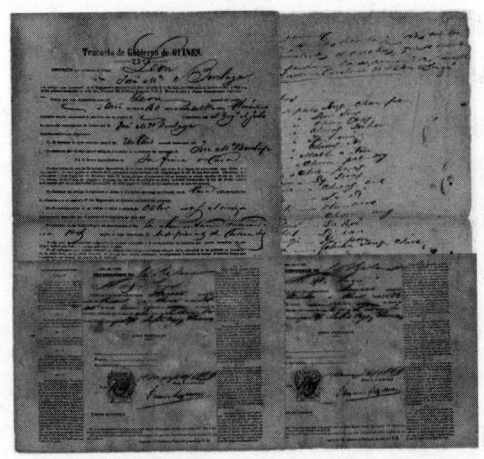

1869年，清代华侨历史文献4件，其中2件为广东东莞人何亚头氏"卖猪仔"合同，另2件为古巴华侨国籍证明书

虐待自杀事件不断发生。自18世纪至19世纪百余年间，契约华工有近百万人被折磨致死，30万人致残，这是一部血腥的契约华工史。

玛丽·罗兹号事件——罪恶贸易的潘多拉盒盖被打开

1872年6月，玛丽·罗兹号（Marialuz）帆船由澳门而来，目的地是卑鲁国（秘鲁）鸟粪岛，因避台风停泊日本横滨，对外宣称是装货往金山，实则是贩卖人口，载有猪仔工230余人。船上有一名来自广东的"猪仔"叫莫应，在澳门时由朋友推荐到船上做水手，上船后却被禁锢。莫应自思与其在"浮动地狱"熬煎，最终成为"海岛死鬼"，不如赴海一死。只是他没有想到，他的这一跳不仅没死成，还让一桩悲惨事件浮出海面，迅速成为全世界关注的焦点。

莫应被英国兵船救了上来，移交日本当局。其后此船的跳海事件接二连三发生，引起英国及当地华侨的注意，华侨介入并延请英国律师代为诉讼。最终，日本当局判决西班牙公司将230余人用火轮船载往上海，送回原籍。玛丽·罗兹号事件像打开了潘多拉盒盖，将西班牙等国进行的苦力贸易罪恶行径公之于天下。

到1873年，海外华工受虐情形不断曝光，古巴尤甚。清政府决定委派刑部主事、留美学生监督陈兰彬（1816—1895年）为调查委员，并派江汉关税务司英国人马福臣、天津关税务司法国人吴秉文陪同前往。他们于1874年3月抵达古巴夏湾拿城（今哈瓦那）后，会见古巴当局的官员及各国领事，巡视华工集中的各个城镇，查看各处工所、卖人行、制糖厂和官方监狱，询问华工，收集到证词1176份和1665人签名的诉状85份。当年 10 月，调查团向总理衙门递交调查报告，认为到拉美的华工十分之八是被拐骗去的，船上数月打伤、自尽、死亡者已不止十分之一。到夏湾拿发卖为奴，被棍棒、皮鞭、锁链殴打、囚禁等属家常便饭，每年被打死、打伤、缢死、刎死、服毒死、投水死、投糖锅死者不计其数。

报告列举的累累罪行，震惊了国际社会。在舆论压力下，1877 年 11 月，西班牙最终与清政府签订《会订古巴华工条款》十六条，明文废止契约工制。这次外交胜利，标志着大清海外华工政策的变化，西方侵略者在广东等地猖獗达二三百年之久的苦力贸易也逐渐敛迹。

陈兰彬

自由出洋——迁徙海外人数呈井喷式增长

光绪十九年（1893 年），是清政府华侨政策的分水岭，经过出使英法意比四国大臣薛福成的奏请，光绪帝批准取消海禁旧例，听民出国。广东人出洋呈井喷之势，以赴印度尼西亚、马来西亚、新加坡、菲律宾、泰国、越南、老挝、柬埔寨、缅甸和印度等南方国家为多。

当这些侨民在海外的业务获得发展后，又急需管理者和劳动力，于是顺理成章地把家乡的亲朋好友带到海外。如五华人李桂和在马来西亚开采锡矿获利后，1922 年从家乡招集 100 多位亲朋好友出洋。1872 年，中国成立了留学生事务所，第一批学生开始留学美国，开创了求学出洋的新路。粤东客家人多取道韩江直达柏林、樟林等港口，再搭乘"红头船"出海。梅州松口成了出洋者与亲人离别的驿站。不论是出洋者还是站在码头上送别的亲友，都强忍眼泪依依惜别，直到彼此看不到，才回过头来号啕大哭。而这一别，有的竟成为永诀。

当时婚配出洋很普遍，一是华侨原来在家已经有了妻子，因要出洋，只

好留下妻子侍奉双亲、操持家务，待有能力时再带他们出去；二是华侨回家乡娶亲，度完新婚佳期先回南洋去，待有经济基础时再带妻儿出洋；三是有些华侨后裔，与家乡亲人联系物色姑娘，由华侨或者委托水客带出成亲。

最催人泪下的是"隔山娶妻"。由于出洋者常年寄居他乡，为了在家乡有"接班人"，他们略有积蓄便寄钱回家，委托父兄在素未谋面的情况下，找一位姑娘作自己的新娘。因新郎不在家，入门拜堂时，一般用一只公鸡代替，新娘与公鸡拜堂成亲。"隔山妻"实际上是在守活寡的日子里煎熬，如沈从文在《边城》结尾的一段话："这个人也许永远不回来了，也许明天回来！"

200多个儿子一个爸，听起来让人咋舌，但在"买纸"出洋时确有其事。1849年，美国加利福尼亚州发现金矿，大批中国人去"金山"掘金。金矿挖尽后，华人又在美国西部修建铁路。但美国国会通过的《排华法案》，却阻断了华人的移民之路。天无绝人之路，1906年，加利福尼亚州发生大地震，引发的大火烧毁了当时市政厅的全部档案纪录。鉴于华人的出生与移民纪录无迹可查，美国当局只得给了华侨公民身份，而华侨则趁机将在中国的子女接来美国。如此也给其他地区的华人带来了移民的机会。只要付一笔钱购买"出生纸"，就可以美籍华人儿女的身份进入美国，这些人被称作"买纸仔"。

"买纸"出洋的价格是根据年龄计算，每1岁要付100美元，再加上交通和其他费用，把一个18岁的孩子带到美国要花两三千美元。以当时的物价和华人的生活条件，这是个天文数字。广东台山水步镇西岐村因此而出名。据美国司法局1958年的调查，华侨许炳济在50多年内，将西岐村几乎所有男性村民（超过250人）以自己儿子的身份移民至旧金山。详情刊登在1958年1月20日的美国《时代》周刊上，引起轰动。

2

海水波及处必有南粤人

鸦片战争后，大约有200万名广东人被贩卖到海外，另有200多万名广东人自由出洋。他们千辛万苦到达海外后，经常受到歧视和迫害，面临的往往是饥饿、失业、凌辱甚至杀戮，谋生与生活方式的选择也受到种种限制。英属非洲殖民地曾规定华侨只能与驴马同道行走，不能与当地人同行。19世纪末，美国、加拿大、澳大利亚、新西兰实行排华政策，禁止华侨申请为本国公民，限制或禁止华侨从事某些职业，排斥、打击华侨的暴力事件时有发生。

尽管如此，生生不息的广东人还是慢慢地在迁入地站稳了脚跟，将足迹遍布到东南亚各国和美国、加拿大、法国、澳大利亚等100多个国家和地区。有道是：客家人开埠，广府人旺埠，潮汕人占埠。他们敢于冒险、开拓务实的精神，为居住国经济、文化的发展和繁荣做出了巨大的贡献。

唐人街——故乡情结的展示与凝聚

早期广东移民和其他华人一样多聚集而居。他们在聚居地摆摊设店，经营小餐馆、客栈、杂货铺，按照祖籍家乡的习俗建起宗祠、寺庙，成立各种宗乡会馆、私塾或华文学校，逐渐使居住地发展成为富有中华文化特色和传统习俗的华侨、华人活动中心。当地人通常称这些地方为中华街或华人区，美国人则称之为Chinatown，被译为唐人街或华埠。

最早的唐人街出现在日本江户时代（1603—1868年）。当时不少中国人移居日本，因为日本和中国的交流在唐朝时最为密切，且唐朝制度对其影响最大，因此日本人习惯称中国人为唐人，而中国人所居住的街道，则被

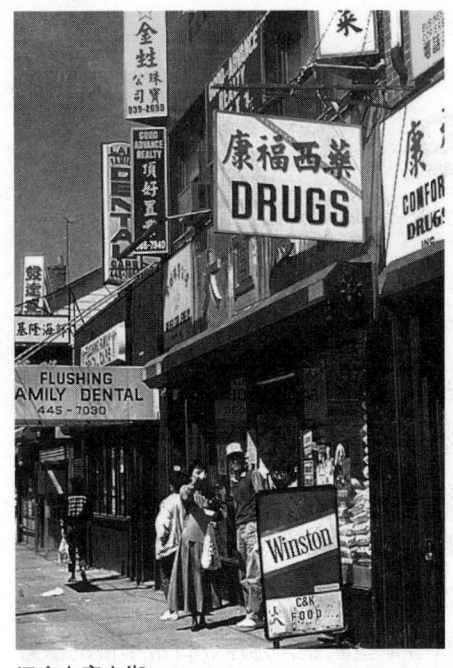

旧金山唐人街

称作"唐人町"（町，日语"街道"之意）。后来移居他国的中国人也都沿用这一称呼，只是将"唐人町"改为"唐人街"。

华侨、华人社区大致有两种形态：一种是整个都市中心商业区为唐人街，如新加坡、曼谷、马尼拉、雅加达、槟城、堤岸等；另一种是集中于都市的一个角落，或由一条主要街区及与其相交的几条小街组成，或由相邻的数条街道组成。目前世界上唐人街约有60个，分布在26个国家。加拿大温哥华唐人街望乡亭的楹联"遥望中华数千里，不知何日返回家"，饱含着海外华人漂洋过海所经历的辛酸苦难，诉说着他们为谋生计尝遍的酸甜苦辣。

美国旧金山唐人街被视作旧金山市政府的肇始之地。1846年，美国战船"钵士茂"号在现唐人街花园角处登陆，升起第一面美国国旗，六个月后，旧金山市政府正式成立。在此之前，广东人已在这里繁衍生息。1807年，广东商人到达美国，将中国的丝绸、陶瓷、海味、烟草等销往美国。这个了不起的举动，标志着华人迈向美洲大陆的第一步。1872年，志刚在《初使泰西记》一书中说，中国广东人来此贸易者已达数万。开埠以来，唐人街一直是海外华人生存与发展的根据地，唐人街规模不断壮大。

旧金山唐人街是美国西海岸最大规模的唐人街，也是亚洲之外最大的华人社区，历史悠久，有近10万名华侨居住。唐人街长宽约1千米，有16条街口。唐人街入口的大门是座中国式牌楼，门框上方有孙中山先生的"天下为公"四个大字。这里的人都会讲汉语，粤语是这里的主要语言。有超过200个由华人开设的会馆、同乡会、协会、耆英服务中心、华人服务社等,是华人联谊交流、了解家乡、支援家乡的信息中心。每逢中国传统节日,唐人街就会摆街会,有舞龙、舞狮、粤曲表演等,一时万人空巷。从空中俯瞰唐人街熙熙攘攘的人群,就像一条刚刚苏醒的东方巨龙在蜿蜒游动,极为壮观。

1848年,两男一女共3位广东台山人乘坐"流浪之鹰"号帆船到达美国,这是最早移民美国的中国人。到1851年,移入美国西海岸的江门五邑人已达2.5万人。这些先侨在矿山、农场、雪茄厂、木材厂做美国白人不肯做的工作。可惜加利福尼亚州后来排华,于是大批华人向美国东海岸迁移。首先进入纽约的华人在曼哈顿下城东南区的勿街(Mott Street)、柏克街(Park Street)落脚。随着人口的逐步增加,1890年唐人街形成。今天的纽约唐人街,已扩展为45条街道,面积超过4平方千米。到2017年,纽约华人已达80万人之多,形成4座中国城和10个华人社区。纽约中国城已成西半球海外华人的最大居住地和商业区。

会馆——同一个文化传统的认同组织

广东人几乎都会加入会馆组织,海外最出名的有广府人的广东会馆或者广肇会馆,潮汕人的潮州会馆,客家人的崇正会馆。如广东客家人在越南堤岸有嘉应会馆,在印尼巴达维亚有中华会馆、华侨公会等。从1801年至1900年,广东人在马来亚建立了马六甲惠州会馆、星洲应和会馆、槟城增(城)龙(门)会馆等70间客家会馆。这些都是和衷共济、谋求共同利益的组织。

广东江门最早以新会籍为主体的五邑籍华侨主要居住在东南亚。后来,美洲成为一个新的迁移方向,以台山籍为主体的五邑籍华侨构成美洲尤其是美国华人的主体。海外的第一个五邑籍华侨社团是1822年台山籍华侨在新加坡成立的宁阳会馆("宁阳"一说是台山的古地名)。五邑籍华侨利用隋唐时期的"冈州"名称于1840年在新加坡成立了"冈州会馆"。1849年,五邑籍华侨在美国旧金山成立"四邑会馆"。1854年,澳大利亚墨尔本"四邑会馆"建立。这四邑指新会、新宁、恩平、开平。新会、新宁属广州府,恩

印尼华人文化公园,集中展现中华文化风采(钟伟荣 摄)

平、开平属肇庆府,可以看出这是基于同一个文化传统的民众之间所具有的一种认同感与亲和力,它并不为行政区划所削弱。四邑观念的凸现,也改变了冈州的内涵。1854年由于鹤山籍华侨的加入,美国"四邑会馆"复名为"冈州会馆"。1860年在秘鲁,台山、新会、开平、恩平、鹤山籍人组织的"古冈州会馆"成立,证明了冈州内涵变化的必然。这样,冈州就由一个行政区域名称向五邑人的心理观念靠拢,完成了一个行政区域名称向一个心理文化区域名称演变的过程。

衣冠礼俗——龙的传人永不改变

广东人在遥远的异国他乡始终以炎黄子孙、龙的传人自居,他们的衣食住行、风俗习惯、语言始终保留着中国特色。19世纪80年代,西贡华侨"衣冠风俗皆守旧"。直到1920年,印度尼西亚部分华人的"衫裤式样,俱属华装",是用中国产的蓝黄绉条布制作而成的。

华侨的饮食也保持着国内的习惯，1866年西贡醉乡楼饭庄，所有菜蔬肉食果面皆中华味。在19世纪末的菲律宾，华人住宅和在国内一样，雕刻飞龙、彩云，悬挂匾联，穷人家门口也贴对联，富人家花园多有中国园林的假山、水池。男性华侨在南洋和国内一样梳辫子，三宝垄华人在20世纪初才有人剪掉辫子。拥有清廷职衔的人，在一定场合还穿起官服。1866年出访西欧的官员斌椿路过新加坡，侨商陈鸿勋因有都司虚衔，故"翎顶补服"地去拜会他。

广东华侨大多使用汉语，沿袭汉人称谓，读书人喜作诗文，迎来送往也多保留中国人的习俗。1921年出版的一本图书中这样写爪哇华人："土生华人，从他们的祖先算起，已是中国人和土著居民的混血种了，但他们仍然持久不变地保留着中国人的风俗习惯。"西贡有粤人剧团，白天黑夜开演，上演的是三国戏。新加坡的戏剧则由广东人演出。19世纪70年代，印度尼西亚出版爪哇文译本《薛仁贵》《杨宗保》《狄青》，随后印行了马来文译本《乾隆君游江南》。《三国演义》《水浒传》的故事也在华侨中流传，并成为人们分析事情、做出判断的依据。

在新加坡和马来西亚等地，土生华人称"峇峇娘惹"，即华人与马来人通婚后生下的子女，"峇峇"为男性，"娘惹"为女子。关于其由来，有人说始于郑和下西洋。新加坡位于亚洲大陆最南端，虽然郑和七下西洋都途经这里，但未作停留。在邻近的马六甲，有一批士兵没有跟随郑和回国，他们留了下来，并与当地人结婚。通婚后诞生的"峇峇娘惹"，分布在如今的马来西亚、新加坡一带。

"峇峇娘惹"不仅在家说中文，还保留了许多中国习俗。在旧时的新加坡，"娘惹"的生活与中国待字闺中的大小姐无异：她们在家学习刺绣、礼仪及烹饪，穿着打扮保留了中国的古风，十分讲究。清朝时，新加坡成为清政府第一个在海外设置领事的地方，包括李鸿章在内的许多晚清官员都曾到过此地。

当时的土生华人通晓中文、马来文、英语甚至荷兰语，他们周旋于各国人群之间，做起了中间商生意，逐渐成为经济实力雄厚、社会地位较高的群

体。他们重视保留和传承传统中华文化，在新加坡开设第一间华人学校、创办第一份华文报纸，甚至首创用英语教授中文的教学方法。

1819年，英国人莱佛士在新加坡设立商港，开始招收海外劳工，其中有不少来自广东、福建的"红头巾"。她们头戴鲜红色头巾，每天早出晚归在大小建筑工地上工作。和洋灰、挑砖块、搬木料都是这些女性的日常工作，却只能换得极其微薄的工资。牛车水原貌馆是新加坡纪念早期华人移民的纪念馆，是一栋三层楼的老式洋楼经过翻修而成。里面昏暗、破旧的装修与楼外熙熙攘攘的大街形成了鲜明对比。不少"红头巾"的自白被书写在斑驳的墙壁上。这幢位于宝塔街的小楼并不起眼，却记录着早期华人移民在新加坡生活的点点滴滴。他们大多以店屋里用木板隔开的一个个小空间为"家"，艰难而顽强地开始在异国他乡的生活。19世纪后期，中国移民开始大量涌入新加坡。当时，中国社会经历了鸦片战争等动乱，再加上连年不断的天灾，使得成千上万的老百姓不得不远走他乡，寻求生计。彼时南洋蓬勃发展的采矿业与种植园经济为他们提供了谋生机会。

初来乍到的移民被称为"新客"，他们聚居在新加坡河出海口一带。因没有自来水设备，全市所需要的水都得用牛车自市郊载运到市中心，再由市中心转往市内各地。华人聚居区恰好位于中心位置，于是这个以牛车载水供应城市用水的区域就被叫作"牛车水"。在牛车水，"新客"第一次接触到不同的方言，看到了印度人、马来人、阿拉伯人、欧洲人和犹太人。他们在这个炎热又陌生的地方开始了新生活，在日复一日的劳作中，渐渐融入当地社会。

信仰——南粤文化的八方扩散

广东沿海居民多崇信天后、妈祖，建造祠宇拜祀，而南洋华侨也到处建立天后宫。马来西亚客家人是天、地、鬼、神、仙、佛等的多神信奉者，在天神方面，有玉皇大帝等；地神有阎罗王等；鬼神有姜太公、关帝、岳王爷等；随物命名的神有屋之龙神、门之门神、塘之塘神、井之井神等；仙方面有太上老君、三清圣祖、吕太仙、张天师等；佛方面有佛祖、观音、四大金刚、十八罗汉等。把乡土信仰带到一个新的地方，可以缩短新居留地与故乡间的地理与精神差距。神明世界所代表的伦理道德，又可以巩固社会秩序和影响个人价值取向。一间庙宇，既有维护故乡传统的功能，又扮演了共同信仰中心的角色。它其实也是加强异地同乡人团结的组织力量，扮演着凝聚社会力量的中心角色。

水月宫观音崇祀是广东人在开拓矿区时代引进的乡土神兼保护神。马来西亚新古毛的岳山古庙，藏有一块1897年的"水月宫"匾。金宝务边街的"金宝古庙"留下的一个光绪三十年（1904年）的香炉，上面也刻有"水月宫"，信众包括新会、东莞、新安、四会、惠州、增城、广宁、南海、番禺、顺德人。至于水月宫的香火来源，据说来自揭西河婆镇4千米外的天竺岩。"水月"本是佛教用词，大乘十谕其中一谕，即以水月譬诸圣之无实体。一心观水相入水定的水月观音，是中国流传极广的一种观音造型。漂洋过海的人们冒险迁居他乡，以水月观音为心理依从及祈求保护，折射出南来广东人的辛酸。

广东华侨把信仰佛教的虔诚用在海外寺庙的建设上。马来西亚槟城的白鹤山极乐寺原本是1891年建在山上的一座主祀观音的古庙。三年后古庙"草架茅舍"的破败有了改变，广东籍张弼士等人领导扩建。他们支持妙莲禅师任"钦命方丈"，建立东南亚第一所正规佛寺。妙莲是福建明溪人，是东南亚佛教史上唯一曾往北京请得《龙藏经》，并获赐紫衣殊荣的东南亚寺院住持高僧。

极乐寺坐落在槟榔山上，全寺建筑依山布局，重楼叠阁，气势雄伟。院额大匾有

极乐寺（凌美清 摄）

慈禧太后"海天佛地"的御笔，一处花坞莲池中央大石块上刻着"勿忘故国"四字，系1900年康有为手书。全部工程历经15年完成，总计建筑费179万两黄金。六位主要倡建助缘人都是来自广东的客家人，除了张鸿南，张弼士、张煜南、谢荣光、戴春荣、郑景贵皆曾出任信托寺产的大总理。五人中除郑景贵，其他四人还是历任清廷驻槟领事。极乐寺发展成福建鼓山寺的海外别院，时至今日成为东南亚最大且最富丽堂皇的寺院，广东侨领可谓厥功至伟。

水客——侨居地与家乡的联络人

水客（移居海外的人，自称唐人）是往返祖国与南洋之间，专门替华侨和侨眷带信、代写书信、带银钱、捎物品，甚至捎带人员出洋的人。水客的活动，俗称走水。从时间上说，一般一年走两趟或三趟南洋，有"大帮"和"小帮"之分。出国时以农历一、三、五、九月为大帮，二、七、十一月为小帮；回国时，则以五、八、十一月为大帮，二、六、十二月为小帮。所谓大、小帮之分，主要以水客走水时间对侨眷、华侨的作用大小而定，如五、八与十二月分别为中国传统的三大节日端午、中秋和春节。这既是人们喜庆欢乐之时，亦是最需要用钱之际。水客一年中最多走三趟水。水客每次走水并非只帮一两个人带钱物书信，而是要广泛搜集，等待积聚到一定数目才动身。路途遥远险恶，路上需花费不少时日。从南洋回来后，要整理发放东西，需要较长的周期。水客来回一趟，需要较长一段时间。

水客多为华侨，趁返唐山（回乡）之便，到亲友处辞行，亲友包"顺风"（红包，是付给水客的酬劳费）并托带款项回家。有些水客将托带之"外汇"款项作为本金做生意，牟利后，回家乡解汇，利润丰厚。于是，就有一部分华侨专门从事这种职业。他们将家乡土产物品带给南洋亲友，替南洋亲友带款带物带信回家，沟通海内外关系，形成了水客这一行业。水客解决了海外华人社会的一大问题，深受广大华侨和侨眷的欢迎，一经出现，便遍布于国外大小商埠。水客都有自己的服务范围，划地为界。水客回乡后远近的侨属纷纷前来接信、领款、领物,此时水客家中热闹非常。水客业也成为一个从业人数众多的行业,直到20世纪五六十年代仍活跃在我国东南沿海的广大侨乡。据1940年出版的《梅县要览》记载,梅县出洋水客达451人。兴宁人王才,以水客身份先后到过荷兰、新加坡、马来西亚、印度尼西亚、老挝、泰国等地。

广东四大侨区潮汕、梅州、广府、海南地区,水客十分活跃。因水客而生的组织叫作侨信局,又称侨批局,因福建方言把"信"叫"批"。侨批局会详细登记一些华侨的家乡地址、亲属姓名,并编列专用的通信号码,以便联系。侨批局的信使称作"批脚"或"侨批员",也就是水客。在当年侨胞集中的东南亚各国,金融邮政机构尚未建立或极不完善,海外侨胞捎回家乡的款项和信息,由水客和海内外的侨批馆递送。在汕头侨批文物馆收集的侨批中,有父亲为刚出生却不曾谋面的孩子取名的,有儿子问候年迈双亲的,有父母鼓励儿子发愤读书的……一封封侨批,就是一个个说不完的亲情故事。

侨批局服务十分周到,且守信誉,因而深受侨胞欢迎和信任。期间,虽然中华邮政曾多次下令侨批局停办,但都没有实现。广东侨批局源于咸丰八年(1858年),比1897年设立的广东邮政总局还早了近40年。侨批业在抗

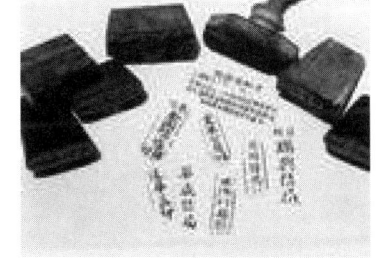

侨批局及使用过的印章

战前曾经有过极盛时期，1933年，广东省的侨批局数量达到了157家之多。据1934年统计，全国侨批局有300处，分局2300余处。1973年，广州市侨批局的业务被并入中国银行珠江分行，有着120多年历史的侨批业才在广州画上了句号。

3

谱写海外传奇

郑信——在异国开创不朽基业

郑信（1734—1782年），祖籍广东澄海华富村，泰国吞武里王朝的建立者。他生于泰国阿瑜陀耶城，史称"达信大帝"或"吞武里大帝"。郑信的父亲郑镛，清雍正年间从家乡南渡暹罗，居阿瑜陀耶城（大城）。娶暹罗女为妻，生郑信。郑镛去世后，郑信被暹罗国大臣收为养子，接受泰国传统教育。长大后从政，官居甘碧府府尹，封爵为披耶。

1763年，缅甸入侵暹罗，郑信率部防卫暹都。四年后，缅军攻陷暹都，大城王朝灭亡。郑信在泰国东南沿海地区建立根据地，组织反抗军，光复大城，并迁都吞武里。1767年12月28日登基为王，史称吞武里王朝。随后消灭各地割据势力，统一暹罗全国，又多次对周边国家进行军事行动。他致力发展与清朝的经贸关系，派使臣到北京，入贡于清廷。

1782年4月，在一次宫廷政变中，郑信被杀。从柬埔寨前线率大军回都城的却克里将军掌握政权，建立曼谷王朝。泰国政府规定每年12月28日为郑皇节。

还有两位潮州人在海外功业不凡，值得后人铭记。一位是潮州人张杰绪，明朝末年在纳土纳群岛建立王国，自任国王。纳土纳群岛位于南中国海南端，由272个大小岛屿组成，面积2110平方千米，20世纪80年代末人口约1.5万人，华人占八成。据一些华人家谱记载：清兵入关后消灭了明朝政权，在广东沿海岛屿上坚持抗清的几百名残兵和几百家不服清朝统治的渔民逃到了纳土纳群岛。当时那里不过是蛮荒之地，华人们披荆斩棘，

将它开拓成一方乐土。张杰绪去世后,内部发生纷争,荷兰人乘机灭了张氏王国。

另一位是潮州人张琏。潮州府饶平人张琏,明嘉靖年间(1522—1566年),因不满朝政腐败,投奔大埔郑八、萧晚义军。郑八死后,被推为首领。起义失败后,率余部由云霄河引航出海,联合海上武装力量,辗转南下,夺占三佛齐岛,建立飞龙国,自立为国王,占有旧港、柔佛、马六甲等地,海外华裔移民多依附于他。1563年,逝于当地。在三佛齐岛、旧港等地后来出现了很多古碑,上镌记"飞龙"年号,就是张琏当时的国号。梁启超《三佛齐国王张琏》一文盛赞张琏。如今在潮州饶洋镇盘石楼建有飞龙庙,以纪念张琏。

罗芳伯——成就百年兰芳壮举

罗芳伯(1738—1795年)在家乡广东嘉应州生活了30多年,科考屡试不中,毅然出海闯番。

清乾隆三十七年(1772年),他率同乡从虎门一帆高挂,飘到被华侨称为"金山"的婆罗洲岛。当时的婆罗洲到处荆棘丛生,仅有少数来自广东的华侨采矿和垦荒为生。罗芳伯加入十八兄弟会,很快成为这个新会的老大。经过东征西讨,该会势力日益强大,土著首领苏丹将东万律的弟恩、猪打崖、坤日、龙冈、沙拉蛮和山心等地划给他管辖。当时的西婆罗洲华人移民基本上来自粤东,他们多数人怀着淘金发财的愿望而来。罗芳伯与众不同,在他的意念深处,南海还是中华文明传播的区域。根深蒂固的儒家思想与藩国观念使他试图建立一个"小中国"。他成立兰芳公司,统一了茅恩。当时茅恩有老、新两埠头,老埠头有店铺200多间,居民主要来自潮阳、揭阳、海丰、陆丰,

罗芳伯

首领黄桂伯为总大哥；新埔头有店铺 20 余间，嘉应州客家人居多，其组织兰和营，以江戍伯为首领，号称"功爷"。之后，他又征服了原住民戴雅克族部落。

兰芳公司人口接近百万，面积几乎占了婆罗洲的一半。1777 年，罗芳伯将"公司"改为"兰芳大总制"，一个有土地、人民、组织及主权的共和国自治政府。罗芳伯任大唐总长，在他统治的 19 年间，他的政府介于民主和"开明的专制"之间。首府设在坤甸附近的小镇东万律。总长以下设有副总长一位，总长和其他重要官员由人民推选出来，倘若选民认为他们无能或失职，可以提出弹劾。总长有权向人民推荐数名候选人，作为他的继任人选。大总制共有多位元首，其更迭就是采用这种介乎于民主选举和禅让之间的形式。中央建有"公班行"，分设司法、军事、财政、经济、教育五部门。罗芳伯把西婆罗洲划分为几个行政区，称为省，省下有府，府下有县。兰芳公司是超时代的民主共和政体。

罗芳伯派人回国觐见乾隆皇帝，请求称藩，想把西婆罗洲纳入大清版图。乾隆皇帝不理睬这些"天朝弃民"，罗芳伯为此郁郁而终。荷兰殖民者早在 1596 年就侵入印度尼西亚，1602 年成立了具有政府职权的"东印度公司"，对兰芳虎视眈眈。罗芳伯向清朝称藩的愿望虽未实现，但清政府同意开展贸易，他便向外宣称已是清朝藩国，此举果然唬住了荷兰人。1884 年中法战争之机，荷兰人认识到清朝已经衰弱，无力再顾及境外之事，于是在 1886 年入侵，存在了 100 多年的兰芳共和政府被荷兰灭亡。

罗芳伯的影响力仍存，各种纪念庙宇遍布坤甸一带，东万律还有"兰芳公学"。

叶亚来——一个猪仔的不凡人生

19 世纪中叶，当第一波中国移民浪潮涌向英属马来亚时，一个来自广东惠州的平凡小子顺势南来，开始了他在马来亚的奋斗历程。他就是叶亚来。叶亚来 1837 年生于广东惠州，曾读了两年私塾，因家贫辍学，后被卖到南洋淘金。1856 年，叶亚来来到芦骨，认识了当地华人甲必丹盛明利的

1884年，甲必丹叶亚来（前排右四）身着清朝官服与吉隆坡市政官员合影

随身护卫刘壬光。由于都是惠州客家人的关系，叶亚来获得刘壬光的信任，受邀加入盛明利所领导的海山派帮会。1861年，叶亚来继任华人甲必丹，因为他在华人两派间的战斗中表现出超凡的英勇，且善于管理矿工和维持秩序，十分具有领袖才能。

叶亚来在担任双溪乌绒华人甲必丹一年后便卸任，接受老长官刘壬光邀请，到吉隆坡协助发展矿业。1868年，叶亚来继任吉隆坡第三任华人甲必丹，其后卷入雪兰莪内战。这场内战是由于锡米征税权的利益问题导致马来皇族中的两个集团发生冲突。第一阶段的内战双方是拉惹玛蒂和拉惹阿都拉。结果叶亚来支持的拉惹玛蒂取得胜利，拉惹玛蒂以苏丹代表的身份于1869年6月正式册封叶亚来为甲必丹。在庄严盛大的授封仪式上，32岁的叶亚来入乡随俗，身穿马来皇族服装参加庆典。当地华人、马来人兴高采烈，一连四天欢宴游乐。

可惜不到一年，拉惹玛蒂就被苏丹的女婿东姑古丁击败。叶亚来迫于形势，转而与东姑古丁结盟，卷入第二阶段的雪兰莪内战。拉惹玛蒂不甘失败，除了重新组织马来军队，还拉拢叶亚来的仇家华侨张昌武装。双方在瓜拉雪兰莪、安邦、万挠、古毛和吉隆坡等地展开争夺战。1872年8月，吉隆坡因为东姑古丁阵营内马来同盟军的倒戈而失守，1500名华工战死。叶亚来认为，这个由华侨建设起来的城市不能轻易放弃，遂派兄弟叶德凤回国组织力量。惠州、嘉应州叶氏及邻村民众纷纷响应，渡海助战，叶军军威大振。1873年3月，经过三昼夜的激战，敌军伤亡甚众，退出吉隆坡。叶军入城时，万人空巷相迎。

1873年五、六月间，执政东姑古丁按华人习俗，重新任命叶亚来为华人甲必丹，授权叶亚来管辖吉隆坡。自1862年至1885年，叶亚来经营吉隆坡24年，终于将原来不满千人的矿区吉隆坡建设成繁荣的大市镇，奠定了吉隆坡以后作为马来西亚国都的基础，人们称叶亚来为吉隆坡王。

叶亚来一跃成为马来亚雪兰莪州最大的矿业主，在吉隆坡拥有超过1100英亩（1英亩≈4046.86平方米）的矿场，雇用华工12000名。1878年至1884年间，叶亚来拥有锡矿的产量占了整个雪兰莪州锡矿产量的50%～65%。他捐出市中心地段，作为仙四师爷的庙址，把仙四师爷奉祀为吉隆坡的保护神。他捐拨土地兴建拿督庙和惠州会馆等，使其成为凝聚惠州乡亲的力量，使人们在精神上有宗教的寄托。创办唐文义学，教授《三字经》《增广贤文》《千家诗》《千字文》之类的中国传统文化。叶亚来原本计划回国探亲，因病未果，1885年4月病逝于吉隆坡。吉隆坡政府部门为表哀悼，在叶亚来病故当天和出殡之日都停止办公。全体高级公务员参加殡仪行列，以示感激叶亚来对吉隆坡的贡献。

司徒美堂——从帮会大佬到爱国侨领

司徒美堂，字基赞，1868年4月生于广东开平的一个农民家庭。他4岁丧父，由母亲艰难抚养成人，只读过4年私塾，因经常受人欺侮，便暗自研习武艺，从小养成了爱打抱不平的性格。1880年，年仅12岁的司徒美堂抱着闯"金山"的梦想，随乡亲在香港登上开往美国的轮船。经过1个多月的漂泊，他踏上了美国旧金山码头，但

司徒美堂

1925年,中国致公党成立于美国旧金山

被美国流氓抛了一身马粪。他到旧金山一家中国餐馆"会仙楼"当帮厨。1883年,他阅读了《扬州十日记》《嘉定屠城纪略》等书,基于义愤,加入"洪门致公堂"。"洪门"是明末抗清群众性秘密组织,太平天国失败后,许多人逃亡海外,美国华侨的洪门组织开始发展起来。当时有些美国流氓欺侮华侨,常到中国餐馆吃"霸王饭",不仅不给钱,还要摔碗扔碟,甚至动手打人。司徒美堂富有正义感,加上又学得一身格斗武术,每每遇上此类流氓,就毫不犹豫地挺身而出,把对方打翻在地。20岁时,司徒美堂因把流氓打伤致死,被捉去坐牢,幸亏华侨及洪门人士募款相救,10个月后获释出狱。从此,司徒美堂其人其事就在华侨中传开了。

早在1894年冬,司徒美堂就感到致公堂组织散漫,若要为华侨做点事还得另立"山头"。于是,便与阮本万、李圣策等人商量,在波士顿另行组织"安良工商会",简称"安良堂"。安良堂以"锄强扶弱,除暴安良"为号召,拥司徒美堂为"大佬"。从此,司徒美堂担任安良堂总理长达44年之久。安良堂也由小到大,安良大厦遍布美国东部各城市,成员达两万人之多。1904年夏,孙中山从檀香山到美洲进行革命活动,司徒美堂热情接待,聆听了许多革命道理。孙中山对他的组织能力深为赞许,给予指导,使洪门组织带上了革命色彩。1905年,司徒美堂从波士顿到纽约,成立了安良总堂。影响所及,华盛顿、芝加哥等31个城市先后成立了安良分堂或安良支

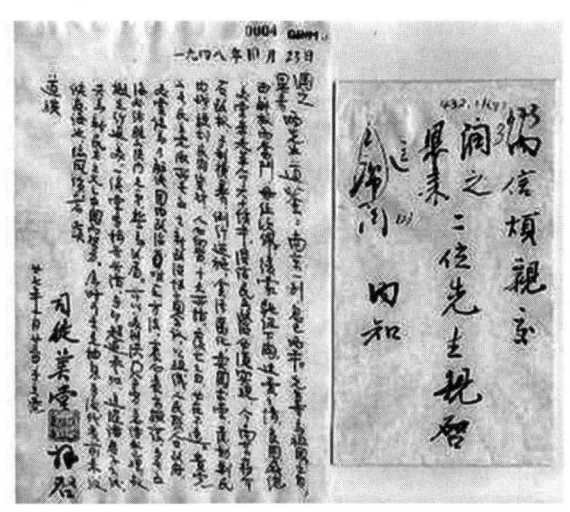

1948年10月23日，司徒美堂致毛泽东、周恩来的亲笔信

堂，入堂人数骤增。1911年4月，广州起义失败后，国内同盟会电告孙中山，急需经费15万美元。司徒美堂毅然将加拿大多伦多、温哥华、维多利亚三地的4所致公堂大厦典押出去，及时筹足款项。武昌起义后，孙中山归国所需旅费也全由司徒美堂与阮本万、李圣策等人提供。

司徒美堂热心公益事业，在美国华侨社团中，小至排忧解难，大至抗日募捐等爱国活动都亲力亲为，深得华侨拥戴。1937年全面抗战爆发后，司徒美堂与旅美进步人士共同成立"纽约华侨抗日救国筹饷总会"，发动华侨捐款支持抗战，并与宋庆龄所领导的"保卫中国同盟"保持密切联系，积极支持八路军和新四军。1941年冬，司徒美堂因被聘为华侨参政员，自美国返回祖国，途经香港时，太平洋战争爆发。日本侵略者企图利用司徒美堂的声望，组织香港帮会。司徒美堂拒绝了敌人的威逼利诱，在爱国洪门人士的帮助下化装逃脱。他因跛足而手执木杖，步行200多里进入广东东江游击区，经曲江、桂林，到达重庆，经历了惊险的一幕。

1945年3月，"美洲洪门恳亲大会"在纽约举行，决定将洪门致公堂改组为"中国洪门致公党"，司徒美堂被选为全美总部主席。1946年4月，司徒美堂回上海召开"五洲洪门恳亲大会"，看到蒋介石正忙于准备内战，"四大家族"则忙于"劫收"发财，老百姓处于水深火热之中，大失所望。1946

年11月,国民党"伪国大"开锣前夕,蒋介石只给五洲洪门"伪国大"一个代表席位和特别费3000美元。司徒美堂拒绝接受。1948年10月,中共华南分局委员连贯在香港设宴为他返美饯行,司徒美堂即席写了《上毛主席致敬书》,表示接受中国共产党的领导。司徒美堂返回美国后,到美国各城市唐人街去访问演讲,对于团结爱国洪门人士、澄清思想、打击蒋帮在洪门中的活动都起了积极作用。

中国人民政治协商会议开幕前夕,司徒美堂被推为美洲华侨代表。1949

司徒美堂(前中)与家人在介寿堂合影

年9月初,81岁高龄的司徒美堂回到祖国。9月,他带着美洲华侨对祖国的热爱,出席了第一届中国人民政治协商会议。1949年10月1日,在红旗似海的天安门广场上,首都50万人民举行庆祝中华人民共和国成立大会,司徒美堂光荣地出席了这个庄严隆重的开国盛典。会后,司徒美堂被说服并留了下来,一直住在北京北池子83号的一个四合院里。他曾任中央人民政府委员,第一届全国人民代表大会常务委员会委员,第一、二届中国人民政治协商会议全国委员会委员和华侨事务委员会委员等职。他亲自到广东侨乡视察土地改革运动,经常向国外华侨发表讲话,激发广大华侨的爱国热情。

1955年5月8日,89岁的司徒老人在北京辞世。5月9日,灵柩移到中山公园中山堂,灵前摆着毛泽东、朱德、刘少奇、周恩来送的花圈。周恩来、陈云、邓小平、陈毅、李济深等亲视含殓。周恩来亲自主持公祭大会。先生的遗体在北京八宝山革命公墓安葬。入殓时,先生穿戴中山装和干部帽、布鞋,殉葬品有黄兴夫人赠给他的特制大手杖、私人印章和玉器。何香凝女士为之亲撰800多字的墓志,勒石于墓旁。侨联主席廖承志在悼词中说:"他一生所走的道路,反映着国外爱国侨胞从鸦片战争以来所走的道路。"如此隆重的公祭仪式,新中国成立后罕见。这是党和国家对这位"洪门元老,一生爱国"的华侨老人的最高褒扬。

李光耀——新加坡开国之父

李光耀(1923—2015年),原籍广东大埔县高陂镇党溪乡,其曾祖父李沐文在兄弟五人中排行最小,聪慧过人,16岁独自离乡,远渡重洋。他先到婆罗洲的兰芳公司谋生,在兰芳被荷兰殖民者吞并后迁到新加坡定居。李沐文生有云龙、见龙二子,在新加坡创业立家,发展成为船王。李云龙传下二子三女,其长子进坤,先任职于洋行,后经营钟表生意。进坤育有四子,长子便是李光耀。

李光耀早年在英国留学,1954年10月,与一些从英国回来的华人、当地受华文教育的左派学生和工会领袖筹组新加坡人民行动党。同年11月,新加坡人民行动党宣告成立,并参加次年举行的首届选举。李光耀当选立法议院议员后,为新加坡争取自治地位而奔忙。1959年6月,英国被迫同意新加坡成为自治邦。新加坡自治邦成立,李光耀出任自治邦政府总理,人民行动党也在自治邦政府的首次选举中成为立法议院第一大党。

新加坡一景

面对殖民时代遗留的"烂摊子",李光耀从政治、经济和文化教育等方面着手,徐图振兴。考虑到新加坡的自然环境和经济环境,1963年9月,他接受马来西亚首任首相拉赫曼的建议,宣布新加坡与马来西亚合并。由于新加坡与马来西亚各方面矛盾激化,1965年,李光耀毅然宣布新加坡退出马来西亚联邦,并于8月9日宣告独立。

新加坡独立后,李光耀积极推动经济改革与发展,在其任内推出了开发裕廊工业园区、创立公积金制度、成立廉政公署、进行教育改革等政策。在他的领导下,新加坡政府决定改变工业化的策略,使经济发展起来。正当新加坡经济较快发展之际,1971年,英军从新加坡海、空军基地撤走,不仅造成新加坡防务上的真空,而且使新加坡蒙受巨大的经济损失。李光耀很快做出反应,解散国会,进行大选,人民行动党赢得胜利,其振兴国家的"反经济衰退计划"得以通过,新加坡转危为安。

1979年7月,新加坡政府又提出"第二次工业革命"的宏伟计划。李光耀以其政治魅力在世界上享有盛誉。他成功地使新加坡在30年内发展成为亚洲最富裕繁荣的国家之一。今天的新加坡政府以高效率、廉洁而闻名,人民生活水平较其他大多数亚洲国家高出许多。1990年,李光耀辞去总理职务。他不仅被誉为新加坡国父,也是新加坡经济建设的主导者,逐步引导新加坡走向国富民强的道路。

李光耀才华出众,精通多种语言。其长子李显龙为现任新加坡总理,小儿子李显扬曾任新加坡电信的总裁兼首席执行官。

他信兄妹——创造泰国政坛兄妹总理的神话

清迈是泰国第二大城市,位于南古丝绸之路的一个分支点上。萍河从城市中穿过,通过这条水路把中国和缅甸的货物运往暹罗海湾。他信家族在清迈有着相当的影响力。

他信的曾祖父邱顺盛(邱春盛)本是广东丰顺县埔寨镇人,于1878年前后移民泰国。邱春盛原名士盛,父亲邱志勤,大哥士忍,二哥士情。春盛12岁时,父母留下大哥在家,带着二哥和他到泰国谋生,因二哥到泰国即患病，母亲身体又不好，四口人难以生活，幸得早年旅泰创业的梅县松口镇梅教村人黄子伦（父黄桐秀）家的同情和帮助。双方商定，春盛留在泰国给黄家当帮工，黄家先支付邱志勤一家三口返乡路费。临别，父亲怕春盛日后忘祖，把他名字中的"春"字改成"顺"字（即丰顺人）。

邱春盛后来到泰国东部尖竹汶府经商，与当地女子娘通里成婚后生下他信的祖父邱阿昌。邱阿昌移居清迈，被当时政府聘为税务官，后开始经营泰丝生意，业务加速发展，对当地经济发展贡献很大。

他信父母曾在清迈开了3间电影院。他信的父亲奔历·秦那越既是当地成功的商人，也是一名成功的政治人士，曾发起建立"独立党"，多次当选清迈地区议员和泰国下议院议员。1939年，他信的伯父投考军官学校时，按需要改用泰姓"西那瓦"。

他信的外祖父黄铨成，清末由梅县松口镇梅教村移居泰国清迈，白手起家发展成当地富商，两房妻室都是泰国人。他信的母亲叫黄金鲤，"二战"期间曾回到故乡梅县松口住了两年，10岁时回到泰国。

1949年他信出生于清迈，兄弟姐妹9人中排行老二，中文名叫邱大新。他于1969年考入曼谷警官学校，以全校第一的成绩毕业，之后在警界工作，后弃警从商。1973年获政府奖学金，赴美国东肯塔基大学和休斯敦州立大学攻读犯罪学，先后获得刑事司法硕士学位和博士学位。1982年，他信创办了西那瓦电脑服务与投资公司。1990年公司上市，基本上垄断了当时泰国的电视卫星天线和移动电话业务。到20世纪90年代中期，他已拥有4家上市公司超过50%的股份。他信一度成为泰国首富，是《财富》杂志评出的世界500位"大亨"中唯一的泰国人。

1994年，他信开始从政，同年10月出任泰国外长。1998年，创建泰爱泰党并任主席。2001年2月，他信当选为泰国第23任总理，成为泰国史上第一位任期满四年的总理，也是第一位通过选举连任的总理。

据他信的老同学皮亚蓬回忆，50多年前，只有七八岁的他们在清迈府一个寺庙玩耍，一名僧人问他们长大后想做什么，他信回答说："我长大后想当总理。"这段回忆体现的并不仅是一个孩子的胸怀大志，而是一个家族

的雄心。他信带领这个源自中国广东的西那瓦家族,从"外来人口"到当地望族,再到泰国政坛显赫的政治世家,历经四代人的奋斗,完成了这一个"泰版肯尼迪家族"的梦想。

在总理任期内,他信将泰国带出亚洲金融危机,铁腕禁毒,对泰国南部的分离运动进行严厉打击。他信没有一般政客的官僚作风,雷厉风行,办事果断有魄力,工作务实有效率。他主张进取性灵活外交,致力于区域合作,大大提升了泰国的国际地位和形象。2006年9月19日,泰国军方发动政变,他信被迫下台,流亡海外。

2005年初,他信携家人访问中国,展开寻根之旅。2005年5月,他信在中国驻泰国大使和广东省、梅州市政府有关部门的帮助下找到了其母亲当年在梅州的故居和亲戚。2005年7月3日,他信应时任中国总理温家宝邀请到中国进行友好访问。期间,他带着儿子潘通帖·西那瓦回到梅州寻根问祖,并访问了潮州。2007年10月,他委托三位堂兄猜也实、巴威和乌泰回到塔下村认祖归宗,祭拜祖祠、祖墓,圆了他信家族多年的寻根梦。2014年10月,他信携妹妹英拉在北京旅行,去了八达岭长城,参观了北京故宫和北京市规划展览馆,称赞了北京的城市规划。然后回到祖籍梅州探亲、祭祖。

英拉是他信最小的妹妹,中文名邱仁乐,长相甜美,性格谦和,2011年8月到2014年5月任泰国第28任总理。

钟亚瑟——圭亚那首任总统

圭亚那的首任总统钟亚瑟(1918—2008年)是广东大埔人的后裔。圭亚那合作共和国位于南美洲北部,面积21.5万平方千米,人口70多万。1831年正式成为英国殖民地,1966年独立,1970年2月成立圭亚那合作共和国,钟亚瑟出任国家元首,直到1980年退休。他也是首位亚洲国家以外的华裔总统。其祖父于1853年随一群华人乘坐高桅帆船,本想从大西洋直接冲滩登陆,但被汹涌的大潮卷进了内河,触礁搁浅。他们的登陆点便是圭亚那现在首都乔治敦城郊20多千米外的德默拉拉河畔。钟亚瑟曾留学英国。1977年4月钟亚瑟访华,说自己从幼年就渴望访问父亲出生的这个国家。在结束官方活动后,还特意安排了寻根之旅。2008年6月23日于家中逝世。

圭亚那发行马年(2014年)生肖邮票

4 情系桑梓故土

有人将远渡重洋的华侨比喻为中国"嫁出去的女儿",无论走得再远,心里永远惦记着妈妈——祖国母亲。海外广东人在融入侨居地的过程中,不仅传承弘扬中华文化,大量吸收西方文化精髓,还将西方的思想观念、科学技术、生活方式等传入故乡,使南粤民风率先开放。

广东侨乡——倚南洋为外府

我国在18、19世纪人口大增,几百万华侨到南洋谋生,解决了自身的衣食问题,给国内减轻了压力。他们还以每年上千万两的银钱赡养亲属,使得相当部分的侨眷得以温饱,如潮州仰赖侨汇为生的人口占到全部人口的40%~50%。1890年薛福成就新加坡一地而论,说在此前13年内,华侨携寄回国的钱财有一二千万两。驻德大使杨晟于1906年估计,南洋侨民每年寄给亲属的银钱都在一千万两以上。

嘉应州(今梅州)的印度尼西亚华侨李步南在家乡修桥,筑路,设茶亭,捐钱给松口育婴堂、梅安书院、李氏私塾。光绪二十年(1894年),嘉应州接连遇灾,米价飞涨,南洋华侨立即从暹罗、安南、缅甸运回大米,平价出售,遏止了米价的上涨。反观1832年大灾,那时华侨少,无人进行平粜,嘉应州人吃了大苦头。

梅县松口每年由水客带回巨额侨汇,地方殷富闻名于岭东。松口侨眷大部分家庭都是以侨汇为生,富者建居室,辟园圃,动辄十万八万;修房屋,营祖墓,亦以三千五千计。

南洋华侨的生活方式基本上还是中华式的,潮州商人针对潮州华侨日常生活所需进行贸易，建立了南商公所等专门机构。光绪二十四年（1898年），在三宝垄佐哈尔市场，有240家商摊，大多是华商，出售碗碟、布匹、杂货、铁器等。

侨汇和因华侨而开展的对外贸易，使中国外汇收入增加。光绪年间编修的《嘉应州志》中说，梅州已"倚南洋为外府"。其实倚南洋为外府的不止梅州一地，其他侨乡也大抵如此。

孙中山尊华侨为革命之母

1901年《辛丑条约》签订，清政府成为帝国主义统治中国的工具，海外华侨蒙受更为难堪的屈辱和迫害。他们对祖国的前途和命运忧心如焚，急切期望推翻腐朽的清政府，建立一个自由、民主、富强的新政府作为坚强的后盾。孙中山领导的资产阶级民主革命，得到粤籍华侨的热烈拥护和积极响应。

华侨是孙中山革命事业的积极追随者。檀香山兴中会是孙中山组织的"第一把革命的火炬"，追随孙中山点燃火炬的25人全部是粤籍华侨。至1896年，兴中会成员286人，其中粤籍华侨259人。

1895年初，孙中山在香港与江门华侨陈少白、香山华侨陆皓东等筹建兴中会总部，制定了第一个革命纲领"驱除鞑虏，恢复中国，创立合众政府"，东莞华侨杨衢云为首任会长。之后，粤籍华侨赵明乐、赵峰琴等在横滨，陈少白在台湾，黄隆生在河内创建分会。

1905年8月，孙中山在日本东京成立第一个革命政党——中国同盟会，正式提出"驱除鞑虏，恢复中华，创立民国，平均地权"的革命目标。粤籍华侨冯自由、梁慕光等参加大会，表达海外华侨支持同盟会的心声。梅州留日学生谢逸桥、谢良牧等成为首批会员。

1906年4月，孙中山在粤籍华侨张永福、林义顺等支持下，创建新加坡同盟会分会，林义顺还创建槟榔、吉隆坡分会，并介绍爱国侨领陈嘉庚结识孙中山并加入同盟会。新加坡同盟会分会成为南洋同盟总机关和孙中山向南洋华侨宣传革命道理、组织革命和筹资集款、策划武装起义的重要基地。

孙中山在晚晴园与新加坡同盟会分会成员合影

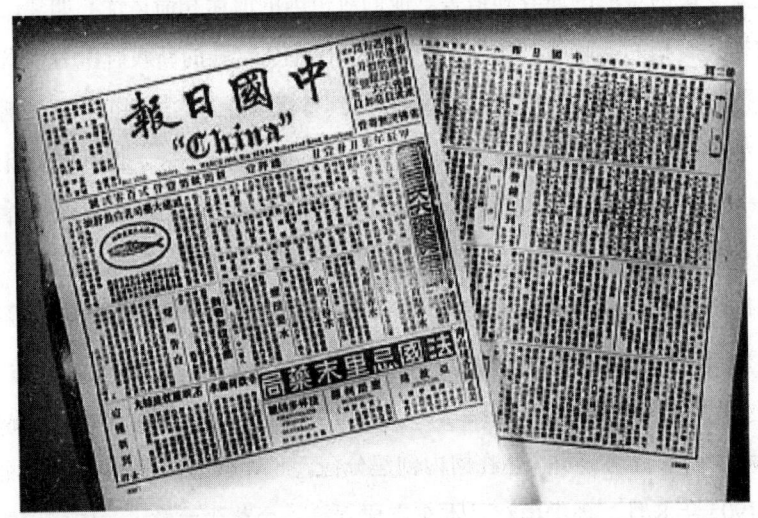

陈少白当时创办的《中国日报》

1910年,美洲旧金山中国同盟会总会成立,台山华侨黄魂苏任会长。冯自由在加拿大秘密组建同盟会,并利用温哥华中华会馆换届选举之机,成功掌控该会。

华侨是孙中山革命事业的热心倡导者。1900年,江门华侨陈少白在香港创办第一张宣传民主革命的报纸《中国日报》。1902年,香山华侨程蔚南等人在檀香山创办《檀山新报》,与保皇党大开笔战。旧金山《大同日报》在黄三德等人支持下易帜,成为美洲洪门机关报。1906年,香山华侨陈景华等人在暹罗创办《湄南日报》《华暹新报》，以犀利的笔锋开创暹罗华侨革命之风。鹤山华侨陆佑资助创办《星洲晨报》。台山华侨黄伯度等人在加拿大创办《新国民报》。梅州华侨谢英伯与孙科等人在檀香山创办《自由新报》，刘思复、潘达微等在香港主持《中国日报》。粤籍华侨与保皇派的论战，使广大民众认清保皇派的真正面目。1909 年，陈孟瑜等成立古巴三民阅书报社。张永福、林义顺等成立新加坡同德书报社，免费提供宣传革命的华文报刊和书籍，促进了海外华侨的觉醒。1911 年 8 月，清政府最大军舰"海圻"号访问古巴，鹤山华侨李铁夫带领同盟会会员冒死登舰，成功说服舰长程璧光等全舰官兵加入同盟会。当"海圻"号回航上海时，武昌起义宣告成功。"海圻"号同时也宣告起义，引起巨大反响。

华侨是孙中山革命事业的无私支持者。他们不图丝粟之利，不慕尺寸之位，一团热诚，只为救国。1895 年，孙中山在广州发动第一次武装起义，其兄孙眉积极筹饷，之后数十次变卖地产，直至破产。开平华侨邓荫南为革命用尽了所有钱财。新会旅港富商李纪堂是为支持革命毁家纾难的富商第一人，他拥资百万，加入兴中会后，为革命献出全部家产。1909 年，梅州华侨梁鸣久受命为新军起义筹款，当时爪哇霍乱流行，梁鸣久冒险只身前往，短时间内筹款折合港币 5 万元。在返回新加坡时，不幸遇难。

1912 年，旧金山华侨游行庆祝孙中山就任中华民国临时大总统

1912年元旦，孙中山宣誓就职，宣告中华民国成立

辛亥革命推翻了数千年封建帝制，使中国发生历史巨变。广大华侨表现出高度的爱国热情和英勇的献身精神，功绩斐然，被孙中山尊为"革命之母"。

毛泽东赞海外华侨是全民族抗战的重要力量

从1931年九一八事变开始，到日本帝国主义被赶出中国，海外华侨一直以高涨的爱国热情投入抗日斗争，关注祖国命运，支持祖国抗战。

1941年3月，菲律宾华侨洪光学校儿童剧团抗日义演《郑成功》

加拿大华侨集会,募集款项支持祖国抗日

九一八事变使南洋华侨义愤填膺,他们强烈抗议日寇的侵略行为。新加坡中华总商会召集了新加坡侨民大会,有1000余人参加,代表当地118个华侨团体,定9月23日为"国耻日",停止娱乐活动,华侨商店下半旗,每个华侨佩黑纱致哀。会上成立了"南洋华侨筹赈祖国难民总会"(简称"新加坡筹赈会")。华侨叶玉堆先生认捐10万元巨款。南洋华侨迅速掀起了抵制日货运动,他们断绝与日商的关系,不买日货,不卖日货。在菲律宾,以马尼拉中华商会为中心,发动捐款,抵制日货。在泰国,曼谷中华总商会召集各同业公会开会,讨论决定抵制日货和向祖国捐款。泰国对外贸易额因此急剧下降,1931年日本对泰国的出口额比上一年减少了一半。

欧美华侨也迅速行动起来。旧金山市中华会馆、侨团、留学生、同源会、教会纷纷通电声讨日本侵略,促请停止国共内战;并组织华侨拒日救国会、妇女拒日救国会等,举行反日示威。旧金山"旅美中国战事救济联合会"联合华侨各社会团体,开展民间外交活动,争取美国的支援。该会曾促请美国国会授权罗斯福总统禁止向日本运送军火,并向美国友好人士募集救济款100多万美元。美国纽约华侨成立了接济东北抗日义勇军筹款会,并通过非官方途径把款项汇回祖国。1936年9月,巴黎成立了"全欧华侨抗日救国联合会",参加的有英国、德国、法国、比利时、荷兰等国家华侨团体代表。

大会向国内同胞发出《立即武装抗日》的通电,创立了全欧抗联会刊——《联合战线》,出版了西文半月刊《中国与世界》,及时介绍国内抗日斗争的真实情况。

据国民政府统计,至1940年底,世界各地组织的大型救亡团体达到649个。这些救亡团体再加上原有的数以千计的各类华侨社团,在海外团结着数百万侨胞,在抗日救国的旗帜下组成浩浩荡荡的抗日大军,成为支持祖国抗日的强大力量。他们开展各种形式的募捐活动,美国密歇根州华侨简夫人,丈夫早逝,孀居养大两个孩子,经济并不宽裕,但在抗战消息传来时,立即捐献了辛勤积蓄的15000美元,此后多次捐献,并卖掉自己住的房子作路费,到美国的10多个州去宣传演讲,发动侨胞捐款。华侨捐款,购买公债款以及侨汇是国民政府外汇收入的主要来源,是支持抗战的重要财源。据国民政府财政部统计,华侨在十四年抗战期间的捐献,以国币计算远超13.26亿元。

抗战爆发后,中国沿海重要港口基本失陷,昆明成了大后方。国民政府于1938年底修建了一条从昆明至缅甸的公路,直通缅甸的仰光港。滇缅公路成为当时中国和外界联系的重要纽带,不仅是抢运军事物资,还是运输工业生产原料和大后方人民生活物品的生命线。东南亚华侨领袖陈嘉庚

南侨机工

先生得知祖国需要大量汽车司机和修理人员后，发出了《南侨总会第六号通告》，号召华侨中的年轻司机和技工回国参加抗战，与国家一同战斗。包括广东侨胞在内的众多爱国华侨青年踊跃报名，有的甚至放弃了优越条件，有3192人志愿回国援助，被称为"南洋华侨机工回国抗战服务团"，分9批先后回国。

1939—1942年，滇缅公路一共抢运了50多万吨军需物资和15000多辆汽车，还有一些无法统计的其他物资及用品。据统计，抗战中中国军队的物资和装备几乎有一半是通过滇缅公路运进来的。而运输这些物资的汽车，正是由南侨机工和其他司机一起驾驶的。南侨机工有1000多人因战火、车祸和疾病为国捐躯，1000多人在战后回到居住国，1000多人则一直留了下来。1985年，在昆明西山为南侨机工修建了一座"南洋华侨机工抗日纪念碑"。2005年在原滇缅公路中国段的终点——畹町，建成"南洋华侨机工回国抗日纪念碑"，以纪念那些为祖国抗战服务的华侨赤子。

十四年抗战中，海外华侨购赠了大量药品、衣物、粮食以及飞机、坦克、弹药等军事器械，既支援补充了抗日战场的需要，又救济了战火中的伤兵、难民。广大侨胞还亲自回国投入抗日洪流。据广东省侨务委员会统计，抗战期间归国参军参战的粤籍华侨4万多人，其中南洋各地约4万人，美洲和大洋洲等地约1000人。海外华侨表现出的热烈爱国之情和英勇行为，成为全国军民抗战的宏大精神力量和物质力量，被誉为"中国对日抗战的四大支柱之一"，毛泽东也称赞说，海外华侨是全民族抗战的重要力量。

邓小平说海外关系是个好东西

中华人民共和国成立后，海外侨胞踊跃参加国家成立之初的各项建设。在祖国的经济建设进入新的历史时期，邓小平提出要珍视与华侨华人、港澳同胞的关系，他说："我们现在不是关系（海外关系）太多而是太少，这是个好东西，可以打开各方面的关系。"

1979年7月，党中央、国务院批准广东、福建在对外经济活动中实

行"特殊政策、灵活措施";1980年8月,第五届全国人大常委会批准深圳、珠海、汕头、厦门建立经济特区。这些举措为广东创造了一个良好的投资环境,增进了海外侨胞与家乡的相互联系,激发了他们建设家乡的热情。

广东侨乡的大量侨汇、侨资以及国外先进的生产技术和设备的引进,为侨乡注入了生机和活力。华侨、港澳同胞成为投资祖国大陆的先驱,是联系中国与各国经贸关系的"红娘"。海外侨胞给祖国大陆亲人的汇款和对祖国、对家乡公益事业的赞助,是广大海外华侨华人帮助祖国大陆建设的传统形式。

改革开放40年间,海外乡亲捐赠物总价值达数百亿元人民币,兴办了大量公益事业。大量的侨汇在广东还转化为生产性资金,转化为企业的启动资金。许多技术设备无偿转让,侨乡企业像雨后春笋般建立起来,侨乡面貌焕然一新、欣欣向荣。

华侨、华人及港澳台同胞捐资在家乡兴办文教及其他公益福利事业的活动获得空前的发展。1979年,国务院侨务办公室主任廖承志在一次接见华侨华人代表时,倡议筹办汕头大学。香港同胞李嘉诚(祖籍广东潮汕)表示响应并捐款5.7亿港元。

霍英东、曾宪梓两位先生各自设立的教育基金,为中国教育事业做出了贡献。广东籍侨胞及港澳台同胞捐巨资创设了为数众多的各类事业发展基金或社会福利基金,对中国社会的发展进步贡献巨大。尤其是一些偏僻的侨区农村及山乡,华侨华人捐办各类学校,使这些地区的办学条件得到了极大改善。

中国经济能有今天的成就,得益于众多海外华人的大力支持。这是中国经济呈现充沛活力的一个重要因素。美国前总统经济顾问莱斯特·瑟罗也说:"海外华人对中国大陆改革的最大贡献不仅是外资,而且是教会了他们的民族同胞运用市场经济的游戏规则。"

从辛亥革命到抗日战争,从解放战争到中华人民共和国成立,为了挽救民族危亡,为了振兴中华,广东海外侨胞同国内人民一道历经艰险,上下求索，为中国近代民族资本主义工商业的建立和发展、为祖国大陆的改革开放事业和社会经济的发展立下了汗马功劳，他们的功绩值得世人永远铭记。

第五章 精神王国深植『和』的智慧

广东的宗教文化源远流长，除中国本土的道教外，佛教、伊斯兰教、天主教、基督教都有分布，见证了"海上丝绸之路"要埠的开放包容。外来宗教加上本土的民间信仰，经历了碰撞与磨合，成为岭南思想的组成部分，也成为岭南文化的特色。南粤宗教文化，本质上是一种"和"的智慧。

禅修致和 慈悲济世

岭南——中国的南方佛国

佛教于公元前后，经丝绸之路从中亚传入新疆龟兹、于阗等地。汉哀帝元寿元年（前2年），佛教确信已传入中国。岭南是佛教从海路来华的第一站。西域僧人支疆梁接，于东吴孙亮五凤二年（255年）沿海路到达交州（治番禺）传扬佛法。

泛海来华的僧人，或传教，或译经，或建寺，推动了佛教在中国的发展。天竺人迦摩罗，西晋武帝太康二年（281年）泛海抵达广州，建起了三舨寺和仁王寺，是为广州建寺之始。南天竺的菩提达摩，梁朝（520年前后）时"跨水逢羊"，登岸羊城，故广州现有"西来初地"胜迹以纪念他。达摩后来北上河南，驻锡少林，被尊为中国禅宗初祖。

岭南高僧大德云集。历代不少高僧大德心仪岭南，安世高、强梁娄至、康僧会、迦摩罗、求那跋陀罗、真谛、金刚智、不空等西域大师，将佛教的种子播撒在岭南大地。

在南北朝之前，罗浮山吸引了许多高僧向它集聚，成为一个佛教较集中的所在。中国禅宗六代祖师中，初祖菩提达摩在广州传教，三祖僧璨在罗浮山活动，六祖慧能长期在岭南弘法。唐宋时期的石头、大颠、鉴真，明清时期的憨山、大汕、天然，近当代的虚云、印顺、本焕、佛源等大师，都是不同时期振兴南宗祖庭、中兴中国佛教和传播中国佛教的巨擘，他们推动了岭南本土佛禅文化的萌发和前行。

广州是中国早期译经中心之一。佛经的传入，不管是从陆上传来的陆经

还是走海路的海经,到达中国后均要经过汉译方可为广大信众所认识。译经是早期来华僧人的一项重要任务。被称为中国佛教史上四大译家之一的真谛(另三位是鸠摩罗什、玄奘、不空),在华历南朝梁、陈两代23年,其中寓居岭南10余载,共译出佛经40部2万余卷,大部分在广州译出。

"佛"在印度梵文中写作"Buddha",最初汉译为"浮屠",东汉献帝时岭南人牟子撰《理惑论》,首次把"浮屠"转译为"佛"。"佛"之最初本义是看不清楚的神秘之人,即《山海经图赞》所载岭南土著部族之一的"万"人,后来演变为山越的祖先神。牟子在广信选这名字用来表述梵文Buddha,开创了佛教文化与世俗信仰沟通的思路。以"佛"字来表述和称谓梵文Buddha,始于岭南,渐及全国,遂成定例,历近2000年而不替。

岭南著名寺院有广州光孝寺、华林寺、六榕寺、海幢寺、大佛寺,韶关南华寺、别传寺、云门寺,肇庆庆云寺,潮州开元寺,梅州灵光寺等。

始建于唐代的古刹梅州灵光寺(何日胜　摄)

南派禅宗——从广东开始的佛教平民化革命

南派禅宗的创立者为六祖慧能,他世居范阳(今河北涿州),父亲卢行被贬岭南,因此举家南迁。唐贞观十二年(638年),慧能生于新州(今广东云浮新兴),3岁不幸丧父,与母李氏相依为命,家境贫寒。有一日担柴去县城卖,在金台寺听一过路客诵经,虽目不识丁的慧能却有感悟,问所诵为何经,那人说是《金刚经》,弘忍禅师教的。慧能于是求得客人资助,安置好母亲,北上湖北黄梅,拜五祖弘忍为师,时年24岁。

弘忍大师有弟子500余人,其中翘楚当属大弟子神秀。弘忍渐渐老去,要在弟子中找个继承人。据说他让大家做一首偈子(有禅意的诗),看谁做得好就传衣钵给谁。神秀很想继承衣钵,但又怕因为出于此目的而去做偈子,违反了佛家的无为而作意境,于是他半夜在院墙上写了首偈子:"身是菩提树,心如明镜台。时时勤拂拭,勿使惹尘埃。"其意是要时时刻刻去照顾自己的心灵和心境,通过不断的修行来抗拒外面的诱惑。这是一种入世的心态,强调修行的作用。

第二天早上众僧看到这个偈子,都猜是神秀做的,甚为佩服。但弘忍看后没做任何评价,暗自叹息神秀没有顿悟。

和尚们的谈论,被在厨房里做了8个月杂役的慧能听到。他说那人还没有领悟到真谛,于是自己也做了一个偈子,央求人写在神秀偈子的旁边:"菩提本无树,明镜亦非台。本来无一物,何处惹尘埃。"这首偈子表达了一种出世的态度,世间万物无不是一个空字,心本来就是空的话,根本无所谓抗拒外面的诱惑,任何事物从心而过,不留痕迹。这是禅宗的一种高境界,领略到了就意味着开悟。

弘忍看后叫人找来慧能,当着众人的面说,写得乱七八糟,胡言乱语。亲手擦掉了偈子,临走前在慧能的额头上敲了三下。

慧能理解到了五祖的深意,半夜时分独自去了弘忍的禅房。弘忍向他讲解了《金刚经》要义,密授禅宗信物袈裟钵盂,说:"汝为第六代祖,善自护念,广度有情,流布将来,无令断绝。"说完即送他到九江渡口,火速南去。神秀第二天得知传法衣钵被一个还未剃度的火头僧拿走了,马上派人去追,但无功而返。

慧能归隐岭南后,闲居四会、怀集等地十余年。唐高宗仪凤元年(676年)正月初八,他来到广州法性寺(今光孝寺),恰逢印宗法师讲经。但见风吹幡动,两位僧人由之而起辩论,一说风动,一说幡动。慧能朗声说道:"非风动,非幡动,仁者心动。"大家闻之惊诧。印宗忙请他至上座,慧能于是向众人出示了衣钵。知慧能得黄梅弘忍真传,印宗欢喜过望,马上召集众人为他正式剃发。

转眼又一个万物复苏、百花盛开的春天到了,六祖辞别众人,由广州北上韶州(今广东韶关),在宝林寺讲经,度过37年光阴。宝林寺位于曲江曹溪河畔,当年天竺人智药三藏见此地"山水回合,峰峦奇秀,叹如西天宝林山也",遂倡议建寺。南朝梁天监三年(504年),寺庙建成,一心崇佛的梁武帝亲赐门额"宝林寺"。六祖慧能来此说法,南宗禅法大播于天下,宝林寺故有南禅祖庭之称,与嵩山少林寺并称为禅宗祖庭。韶州刺史韦璩十分崇仰慧能,仪凤二年(677年),亲率同僚来请慧能入州城,在大梵寺为信众说法。宝林寺一时僧俗云集,多时逾千人。

《六祖坛经》书影

慧能对传统佛法进行了较为深入的创新,如宣扬"佛在我心,净心自悟,见性成佛",强调"人本"而不是"佛本";提倡"顿悟",主张简易修行,提倡人人可修,达官显贵、平民百姓乃至贩夫走卒皆可成佛;佛面前人人平等,"自性若悟,众生是佛"。他的佛理简单务实,为社会各阶层特别是普罗大众所接受,促成了佛教的世俗化、平民化,使其真正具有了生命力。慧能使佛教在中国得以发展,促成了佛教的中国化。

唐中宗神龙元年(705年),中宗派遣内侍薛简往曹溪召慧能入京。慧能以年迈风疾推辞不去。薛简恳请说法，将记录带回复命。中宗因赠摩纳袈裟一领及绢500匹以为供养；改称宝林寺为中兴寺，由韶州刺史重修；并以慧能新州故宅为国恩寺。

延和元年（712年），年事已高的慧能回到了朝思暮想的家乡，第二年圆寂于国恩寺，世寿76岁。据说慧能圆寂前断绝饮食，打坐入定，坐化圆寂。门人将遗体放在两个对盖密封的大缸中，成为坐式肉身，然后再进行塑造，使其塑像保持了生前形象与精神气韵。传说广州、韶州、新州争占六祖真身于本地敬奉，争论难决，后来由三方代表决定在一小山岗处点灯燃香，香烟指向，便属师之所归。当时烟指韶州方位，即定由韶州人接回宝林寺（今南华寺）。慧能真身至今还供奉在六祖殿中。

慧能的主张被称为"南宗"，他的同门师兄神秀在北方势力颇盛，号称"北宗"。慧能成就较大的弟子有43个，法海、令韬留在韶州南华寺。法海等弟子录其法语而成的《六祖坛经》，是佛教史上唯一出自中国的经书。毛泽东曾盛赞岭南有两大伟人，一位是孙中山，另一位就是慧能，说《六祖坛经》是"劳动人民的佛经"。令韬日夜护卫着六祖的真身，虽皇帝诏请入宫供养也婉辞不赴。

慧能的大部分弟子走出岭南，到各地弘法。唐玄宗开元二年（714年），弟子神会禅师孤身北上，在滑台（今河南滑县）开"无遮大会"，与北宗弟子展开论战，辩倒了神秀门人崇远、普寂，揭开了南禅北传的序幕。在后世的发展中，南禅衍为临济、沩仰、法眼、曹洞、云门五大支系，生机盎然，呈"一花开五叶"和"五家七宗"的格局。南禅刹宇遍布大江南北，"南宗"日渐成为中国禅宗正统。

禅宗之学远播海外。朝鲜佛教中影响最大的是南禅各宗派。日本镰仓时代（1185—1333年），南禅临济宗、曹洞宗和黄檗宗相继兴盛，带动了20多个流派的勃发。禅宗影响了日本文化和大和民族的日常生活，如茶道、花道、武士道、服饰等无不闪烁着禅光。南禅的临济宗和曹洞宗在越南占主要地位，如明末清初的曹洞宗第29世、广州长寿寺主持石濂大汕禅师于阮氏王朝时去安南（越南）传教，信众达2000余人，得阮王礼敬，赠金帛无数。

1893年，日本僧人释宗演参加世界宗教大会，推动了禅宗在美国的发展。但后来，美国善信发现，经日本而来的禅宗已变了味，于是又纷纷前来南禅发祥地——广东，以求得原汁原味的南宗顿教禅法。南禅从岭南走向世界。

佛寺圣地——千年名刹信众广泛

广东古刹名寺众多。南华寺位于韶关市曲江曹溪河畔，常年青山滴翠、云雾缭绕，风景秀美。智药三藏发现这里是风水宝地，"可于此建梵刹，一百六十年后，当有无上法宝于此演化，到达者如林"，于是创建了宝林寺。可惜隋末毁于兵灾，继由比丘尼无尽藏发动乡绅予以重建。15年后，六祖慧能来此说法，南宗禅法大播于天下，故有南禅祖庭之称。

寺名曾改为中兴寺、法泉寺，宋开宝三年（970年），宋太祖赐额"南华禅寺"，南华之名始传。南华寺殿堂飞檐斗拱，其大雄宝殿是广东省最大的寺庙建筑。祖殿中央三座仿阿育王式木塔佛龛分别供奉着三具肉体真身菩萨，左为明代丹田和尚真身，右为明代憨山德清和尚真身，居中者则为六祖慧能真身。六祖真身像高80厘米，结跏趺坐，双眼微闭，嘴唇稍厚，颧骨略高，历来被视作镇寺之宝。寺内珍藏国家一级文物327件，二级文物165件，是研究中国古代建筑、雕塑、绘画、文学乃至历代社会风貌、生产生活等最具体真实的史料。

六榕寺位于广州越秀区，始建于南朝刘宋时期，初名宝庄严寺。梁大同三年（537年），沙门昙裕法师从扶南（今柬埔寨）请得佛陀舍利回广州，刺史萧誉请得梁武帝诏许，于大殿前修建舍利塔。此佛塔为一座四角形的六层木塔，下瘗佛舍利，木塔内外绘着佛典图解，梁武帝赐寺名"宝庄严寺"。六榕寺以"六榕花塔"为特色标志，曾是禅宗道场，与海幢寺、光孝寺、华林寺、大佛寺并称为广州佛教五大丛林。寺中宝塔巍峨，树木葱茏，文物荟萃。六榕寺与唐宋两位著名大文豪有着深厚渊源。唐上元二年（675年）春，初唐四杰之一的王勃离开家乡绛州龙门（今山西河津），南赴交趾（今越南）探父（其父王福畤任交趾令），于十一月到达广州。适逢宝庄严寺开设法会，

第五章　精神王国深植"和"的智慧

韶关南华寺

王勃受寺僧托请，挥毫写下了3000余字碑记《广州宝庄严寺舍利塔碑》。可惜他随后在南海溺亡，碑文竟成绝笔。北宋元符三年（1100年），大文豪苏东坡由海南贬所北归，路经广州到该寺游玩时，应寺僧道琮之请为寺题字。他见寺内六株榕树绿荫如盖、盘根错节、气势不凡，欣然书下"六榕"二字，六榕寺自此始得名。六祖堂内的六祖座像是北宋端拱二年（989年）按六祖真身铸造的紫铜像，为宋代雕铸之杰作。

光孝寺位于广州光孝路。初为南越王赵建德之故宅。寺名曾几次更改，南宋时改成今名。寺内始建于东晋的大雄宝殿，南朝时达摩开凿的洗钵泉等，都是珍贵的佛教遗物。成于唐代的瘗发塔和风幡堂，是为纪念六祖事迹而建。六祖堂建于北宋真宗年间，慧能的雕像神态安详，表情充满了智慧。光孝寺始终秉承禅宗，僧众发愿"弘法利生"，引导"和谐世界，从心开始"，清净人心，开发智慧。大雄宝殿的两侧有两座铁塔，西铁塔建于南汉大宝六年（963年），东铁塔是南汉大宝十年（967年）建造，铸造精细，是国内目前发现的最大、最古老的铁塔。

定光寺位于陆丰市河西镇清云山下，原称清云寺，初建于明崇祯四年（1631年），为东江地区闻名的佛教古刹。寺内保存有明清两代的碑记、石刻木雕、石雕等历史文物。寺内大殿气势宏伟，大雄宝殿占地700平方米，

广州光孝寺

匾额由原中国佛教协会会长赵朴初所题。1996年,广东省宗教局批准定光寺设立佛学院,两年后改称广东尼众佛学院。学院由最初的几十人发展到目前的20多位法师和300多名来自全国各地寺院的尼众学生。学院开设六年制课程,分预科班两年、本科班四年和三年制研究生班,是国内规模最大、学员最多、教学设施比较完善的单一的尼众佛学院,也是岭南宗教旅游胜地。

2

道法自然　济世利人

葛洪——把岭南道教推向全国

自张道陵创五斗米道至今，道教已有1000多年的历史，早已深深地扎根于中国人的文化生命之中。美国著名物理学者卡普拉曾如是评论："在伟大的宗教传统中，道家提供了最深刻和最美妙的生态智慧的表达之一。"道教所提供的既是一种生态智慧，更是一种"和"的智慧——和谐、和顺、中和之道。

在岭南开道教一派风气之先的里程碑式人物非葛洪莫属。

葛洪是魏晋以来神仙道教最杰出的代表和集大成的理论家，也是历史上的一个传奇人物，是著名的道教理论家、医学家和炼丹家。葛洪出身江南世家贵族，13岁时父亲去世，从此家道中落，306年，为避中原战乱南迁广州。他自幼喜读经史，熟读《论语》《诗》《易》等儒家经典，还学习"望气""卜、卦"，有传世名作《抱朴子》内外篇70卷。早年师事岭南地区道教名士郑隐和南海太守鲍靓，后入罗浮山炼丹，终其一生。

葛洪提出通过修炼可以获得长生，身体不伤是最大的孝道。葛洪一方面沿用《老子》的哲学范畴，将玄学与道教神学、方术与金丹、丹鼎与符、儒学与

葛洪

仙学统统纳入一体之中，确立道教神仙理论体系；另一方面把道教理论融入儒家的纲常名教，宣扬道教徒应以忠、孝、仁、信等儒家纲常为本，以修德行。葛洪的道教思想后为全国道家子弟推崇，其弟子众多，今能查考的就有腾升、安海君、望世、黄野人等。黄野人被后世称为"黄大仙"，至今在港澳等地影响很大。

东晋以后岭南道教发达。隋唐时期修道于罗浮山的苏元朗是道教内丹学的创始人之一。如今广东流传最广的道教宗派是由王重阳创立于金代，倡导道、儒、释三教合流的全真派。在道观里，孔子、释迦牟尼和老子等儒、释、道三家圣人被同时供奉。清初的杜阳栋建立了全真道在岭南地区的道场。岭南道教重地以罗浮山冲虚观、广州三元宫最为著名。

在中国近现代史上，道教通过广东对港澳台和东南亚地区均产生了巨大影响。香港的道教最初即主要来源于广东迁香港的道教信徒。改革开放之后，港澳地区开始以独特的方式对广东道教发挥积极影响，如捐款捐物、修缮庙宇道观等。香港圆玄学院先后出资修缮了罗浮山冲虚观，兴建了广东圆玄道观，而梅州赞化宫宗教活动的恢复则与泰国华侨回祖庭参拜、支持分不开。

而今道教养生文化在全国方兴未艾，太极拳更是风靡全球。太极拳讲究静态与动态的平衡，基本八法（掤、捋、挤、按、采、挒、肘、靠）和"五字要诀"的（心）静、（气）敛、（神）聚、（身）灵、（劲）整，使演练者明白"立身需中正不偏，方能八面支撑""舍己从人""随曲就伸""粘连黏随"的道理，培养人宽容谦和的心态。受道教影响的太极拳修炼，其所追求的阴阳平衡的气血、清静温和的心态、以柔克刚的方式，对人生启发和人生修炼的意义不可忽视。

三元宫——一年四季烟火鼎盛

三元宫位于广州应元路，乃东晋南海太守鲍靓始建。依道家所说，天、地、水为三元，生成人伦，长养万物。又有上元天官（尧）、中元地官（舜）和下元水官（禹）之说，三官神在道教中享有崇高的地位，而民间又普遍信奉天官能赐福，地官可赦罪，水官会解厄运。三元宫一年四季香烟缭绕，到了三元诞的日子，这里更是人声鼎沸、香火旺盛。

三元诞中以正月十五的上元诞最为热闹隆重。一早，来自四面八方的善信香客就聚集三元宫门前，希望能烧"头炷香"，获得天官保佑赐福。农历七月十五的中元诞是赦免人间罪恶的日子，进香礼拜者络绎不绝。十月十五的下元诞是三元诞中最后一个诞日，是下元水官的诞辰。道教认为这天是水官救难解厄运的日子，许多善男信女会聚集到三元宫来朝拜三元大帝。

三元宫有"值年太岁"，春节期间有数以万计的人来这里摸太岁。原来有一种说法，人的年庚若与值年太岁相同，民间称为"犯太岁"；年庚对冲者，则叫"冲太岁"。相传无论是哪一种，在那一年里必定百事不顺，因此务必拜奉太岁星君以保平安。

三元宫还因葛洪、鲍姑这一对善于治病救人并为岭南百姓世代尊敬的"神仙"情侣而人气很高。葛洪自幼好寻养生之术，年未过四十，便著有《金匮药方》《肘后备急方》等著作。他在书中记载了天花的症状和恶性传染特性，比西方医学史家原来认为最早记载天花的阿拉伯医生雷撒斯的记载早了近500年。

在鲍姑18岁那年，父亲鲍靓将她嫁给了葛洪，婚后两人琴瑟和鸣，志同道合。他们一生的大部分时间都在采集药草药石，行医济世。

鲍姑擅长针灸和艾灸，是我国医学史上第一位女针灸学家。相传她采集越秀山和白云山上的红药艾，晒干后配合穴位针灸，治疗各种疾病，往往能药到病除。她还在三元宫内开凿了一口称作虬龙井的井泉，用此泉的水煮药为百姓治病，药效非常灵验。相传当时广州曾发生严重的瘟疫，鲍姑和葛洪就曾经用泉水配药分发给百姓，驱除瘟疫，造福人民。鲍姑为了采药、行医，足迹遍及南海、番禺、博罗、惠阳等地，老百姓亲切地称她为"女仙""鲍仙姑"。南粤大地的人民一直都在怀念着她，在越秀山下建"鲍姑祠"纪念她。她用过的井被称为"鲍姑井"，又叫"虬龙古井"。三元宫内建有"鲍仙姑殿"。

广州纯阳观

纯阳观朝斗台——广东最早的天文观象台

纯阳观是广州市最大的道教宫观，位于海珠区漱珠岗。汉代杨孚、宋代崔菊坡等名人曾在此设帐讲学。清道光四年（1824年），岭南高道李明彻在两广总督阮元资助下，开山建纯阳观。纯阳观将文化、建筑、雕塑、石刻、书法等艺术熔铸于一炉，无论是建筑风格，还是供奉的道教其他神仙人物，或是其儒雅韵味积淀的人文氛围，无不具有浓厚的岭南文化特色。

中国古代道士不少又是优秀的医学家、天文学家和化学家，李明彻（李青来）（1751—1832年）即为优秀的天文学家。李明彻是广东番禺人，曾在京师钦天监求学，博学多才，博古通今，研究天象。其著作《圜天图说》是古代广东唯一的一部天文学专著。

《圜天图说》对太阳系诸星位置及运行状况、日食月食的成因、昼夜节气的变化都有详细的说明，同时对季节、天象、海洋、火井、温泉、潮汐的成因，以及日月食之周期进行了科学的解释。全书收入有关地球、日月星辰及雷雨、地震、潮汐等方面的文章81篇，对京都顺天府、江宁府、苏州府及山东、安徽等16个府地的日出、日入、二十四节气时刻的测定记录做了详尽的记载。书中还配有插图，特别是全国地图、京城地图及全国大部分省的地图。《圜天图说》成书于嘉庆二十四年（1819年），两广总督阮元对此书大为赞赏，认为"道士精于天文而有成就者，六朝张宾、傅任均而后，唯有李明彻一人"，并欣然为之作序。《圜天图说》一度失传，纯阳观经过艰苦征集，终于从民间收藏家处找到一本复制品，将书内80幅广东天象图雕刻出来，陈列在天文台旁边，供人们参观。

观内的朝斗台是广东最古老的天文台，比香港皇家天文台的建立还早几十年。它是一座四方形的碉楼式建筑，建于清道光四年（1824年），全部用青灰色石块构筑而成。朝斗台位于漱珠岗的最高处，台高8米，楼顶是一个10多平方米的平台，有石梯直达，四周有石栏。李明彻在编纂《广东通志·舆地略》时曾指出，朝斗台是为便于观测气象和星辰变化而修建的观象台。由于它建在山冈的最高处，登台远眺，云山珠水、穗城风物尽收眼底。朝斗台后有墓葬，内有三元宫开山祖师杜阳栋、纯阳观开山祖师李明彻等道长的墓。

纯阳观也是文人墨客聚会之所。光绪二年（1876年）起，两大绘画名家居巢、居廉曾在纯阳观借居创作。两居高徒高奇峰、高剑父、陈树人承继师业，长期在纯阳观作画和研究，最终成就岭南画派。作画之余，画家还在纯阳观中遍植梅花，并号其"梅社"。每当梅花盛开时，无数善信、附近居民、游客和慕名而来者，络绎不绝。如遇梅开二度，更是景色非凡。当年的纯阳梅社赫赫有名。现在，纯阳观已经重新种植梅树，梅社也已重建，漱珠岗上将重现梅花碧连天的动人景象。

黄大仙祠——最受老广追捧

黄大仙在珠三角及港澳一带可谓家喻户晓、妇孺皆知。广州黄大仙祠始建于1899年。据传，黄大仙本名黄初平，晋代出生在浙江兰溪，隐居在赤松山修道后，南下广东。因为常有治病救人、行医施药的善举，在民间又被称作"药仙"。

清末民初，黄大仙祠香火鼎盛。新年伊始或是农历八月二十三日的黄大仙庙会，南海、顺德、中山等地都有不少善男信女来此上香，求医者、求财者、求子者、求福者众多。黄大仙是最受广州人欢迎的"外地人"。黄大仙祠庙会期间，正门外会摆开戏台，一连3～7天通宵演出粤剧，每晚都有数千观众前来捧场。还有醒狮队、腰鼓队、杂技队等表演节目，民间手工艺人也摆开摊档，扎草蜢、做面粉公仔、剪纸等。黄大仙祠会举行一系列慈善活动，免费为前来祭拜的人派米、送药等。

由于战乱，广州黄大仙祠于1912年迁至香港，后来成为九龙有名的胜迹。1999年广州黄大仙祠重建完工，沿袭了以前的传统。逢庙会活动，照旧是游人如织，香火缭绕，各项表演好戏连台，喝彩声此起彼伏，煞是热闹。

3

宗教西域　影响后世

7世纪，唐朝的崛起标志着中华文明进入一个鼎盛时期。而在欧亚大陆另一端，不断建造的清真寺和阿拉伯商人带着伊斯兰文明的种子传到四方。两大文明曾碰撞出相融的火花。在西域，怛罗斯之战被写入世界军事史，加快了域外文明的东进步伐；在广东，伊斯兰教传入后，逐渐与传统社会相适应。

唐宋时期，大批信仰伊斯兰教的蕃客沿着海上丝绸之路进入广州从事贸易活动，使广州成为伊斯兰教传入最早的中国城市之一。广州城南的珠江古航道北岸形成了他们集中居住的"蕃坊"，一些富甲一方的伊斯兰商人居住在这里，沟通着东西方的物质和文化。在唐代，这里还建造了第一座清真寺——怀圣寺。

怀圣寺坐落于广州市越秀区，由看月楼、东西长廊、礼拜殿、藏经室、光塔等组成。怀圣寺与泉州圣友寺、杭州凤凰寺、扬州仙鹤寺一道，并称为伊斯兰教传入中国后最早创建的四大著名清真寺。在一块异域文明的土地上，怀圣寺正如其标志性的光塔一样，成为穆斯林群众的导向标，商贸的往来和文化交流借此得以展开。清真寺前即为当时的珠江航道，从满载货物的中外商船远望寺内高达35.46米的灯塔，就能知道如何驶入广州的码头。据专家考证，光塔可能是世界最早的伊斯兰教唤礼塔之一，顶部装有金鸡信风仪，实属世界罕见。每天五个不同的时刻，伊斯兰教拜礼的唤礼声就从光塔响彻整个蕃坊，让忙碌的商人停下来，获取心灵的宁静。

怀圣寺由当时的穆斯林商人捐资建立，也有人推测是由名震一时的蒲寿庚家族出资建立。在这些人的心目中，怀圣寺的第一任伊玛目（领拜人）宛

葛素阿訇是蕃坊里的精神导师。

传说唐朝初年,穆罕默德派遣"四大贤人"来中国传教,其中有一位叫宛葛素的人成为广州怀圣寺的伊玛目。宛葛素去世后,其墓葬被称为先贤古墓,他的故事则成为广州伊斯兰民众集体记忆中最重要的符号。唐代末期,蕃坊已发展到相当大的规模,怀圣寺的影响力也与日俱增。蒲寿庚家族于南宋年间北迁,热闹一时的怀圣寺方才冷落下来。

元代,怀圣寺毁于火灾,元顺帝至正十年(1350年)由中顺大夫同知广东道宣慰使司都元帅府副都元帅马合谋重修。明成化四年(1468年),外省回族军士入居广州后,达官指挥阿都刺等17家在怀圣寺居住,怀圣寺遂成为明代回族军士的活动中心。中华人民共和国成立后,怀圣寺被列为广东省重点文物保护单位。现在,怀圣寺是广州市伊斯兰教协会所在地。每逢"主麻"日及古尔邦节、开斋节等,广州及外地来的穆斯林群众都聚集到该寺做礼拜及聚会。明成化年间入居广州的第一批回族军士,亦以这一地段为居住中心,同时在周围地带建造了濠畔、南胜、小东营三座清真寺。此后,这四座清真寺的四周,便成为广州回族的主要聚居地。

唐宋时期留居广州的蕃客,为使自己的子弟学习文化知识,在广州设立

广州怀圣寺

了供其子弟就读的学校。乾隆年间（1736—1795年），族人捐助，在怀圣寺内开办了全市第一间经学堂。光绪二十年（1894年），在南胜里清真寺办起了另一间经学堂。此后在南胜里可竺巷十一号又办了一间女子经学堂。宣统元年（1909年），在南胜里东约办了一间男子经学堂，专门招收回族男生。经学堂的教师由阿訇兼任，除少数为本地阿訇，大部分是自外省入粤的阿訇，还有从国外远道而来的伊斯兰教学者。如乾隆十五年至十七年（1750—1752年），土耳其的墨克目德罕治到穗传教，住在先贤古墓礼拜寺内。光绪十二年至十五年（1886—1889年），西域满克（今沙特阿拉伯麦加城）的尔卜道拉喜，也在广州经学堂传授经学及介绍阿拉伯文化。

  清代至民国时期，在广州传授经学的外籍阿訇及伊斯兰教学者人数之多，在国内其他城市是罕见的。究其原因，主要是市内建有中国最古老的清真寺怀圣寺，又有宛葛素先贤古墓等伊斯兰教的名胜古迹。出于宗教感情，他们慕名而来。此外，广州地处中国的南大门，交通方便，便于中西方进行文化交流活动。

4

海上天风　浸润东土

天主教——从广东传入中国大陆

广东是西方传教士沿海路进入中国大陆的首站。明嘉靖三十年（1551年），耶稣会西班牙籍传教士方济各·沙勿略随西方商船在广东台山的上川岛登陆，不幸第二年去世。1576年，天主教澳门教区成立，作为天主教向

澳门大三巴牌坊为圣保禄大教堂的前壁，因貌似中国牌坊而得名。圣保禄大教堂是当时远东最大的天主教石建教堂，1835年惨遭大火焚毁，仅遗石阶及前壁

内地传播的据点。万历七年（1579年），意大利传教士罗明坚随葡萄牙商船由澳门向广东腹地传教，他是明代第一个进入中国内地的天主教传教士。

天主教的传播如同一股海风，很快吹进教徒心中。由于传教士的宣教策略建立在尊重中国传统、感化士人阶层的基础上，很快在中国立足。徐光启、李之藻和杨廷筠被称为明末天主教三大柱石。

传教士带来《几何原本》和有关"日心说"的书籍，相当于把当时西方先进的科学知识传入中国。在西洋科技制造方面，望远镜在发明仅仅20多年后，中国市场上就已经有国产货卖了。还有一位叫金尼阁的传教士，在欧洲募集了7000部西洋科技书，涉及天文、地理、文化等方面，来华后对当时社会产生了重大影响。

鸦片战争后，天主教的传播被解禁，各修会的传教士大批进入广东，深入城乡腹地。有文献可考的修会有耶稣会、多明我会、奥古斯丁会、方济各会、遣使会、外方传教会、圣言会等。除广州外，汕头、梅州、湛江等地，均成为天主教的布道中心。

天主教传教士不仅带来了迥异的信仰系统，而且传递了域外新知。他们仿佛是东西方两个世界的"中间人"，三百年间将中方和西方文化交通传递，介绍到中国的不仅有数学、天文、地理、兵器、医药、植物等可以经邦济世的科学技艺，还有印记着强烈域外色彩的音乐、绘画、美学、神哲学、伦理学。这些域外新知改变了清朝国民知人论世的眼光，明白世界的中心不再是自己，士大夫的视域从中国转移到一个更广阔的世界。

晚清时期，各国传教士大批进入岭南，深入广大城乡进行传教活动，偏远的地方也有他们的足迹和教堂。然而，中国的老百姓原先多信佛信道，要让他们改拜洋人模样的耶稣，光靠洋神父讲道念经是不够的。当时的教会就一方面大建教堂，一方面大办慈善或救济活动来吸引百姓，招徕教徒。他们建立了老人院、孤儿院、男校和女校，对来参与礼拜的人赠送食品，因此入教的以劳苦大众占多数。至1949年，广东全省已经有天主教徒约10万人。

慈善文化是天主教的一大重要内容。在清朝，不少西方医生受教会派遣，来广东既传教又行医。不管如何，他们为极度缺医少药的百姓送来了帮助。梅州的梅江桥，由法籍神父龚善传设计，教会还捐助了部分资金。另外，教会还在教区开办学校。20世纪三四十年代，天主教在全国兴办学校多达2000所，其中还有3所大学。江门的多默学校招收学生100多人，露德女子小学则招收女生200多人，免收书费、学费，课程有国语和算术及社会课程。这促进了中国现代教育的形成。

利玛窦——从肇庆开始的在华神奇经历

明万历十一年（1583年），传教士罗明坚迎来了一位同乡后辈——利玛窦，并一起到了两广总督府的所在地——肇庆。从此，利玛窦在中国开启了以科技和文化开路的传教之路，成为西学东渐和东学西渐的先驱，并最终实现了他踏进紫禁城的梦想。利玛窦在肇庆和韶关共居住了12年，穿汉服，讲中文，周旋于士大夫中间。他与罗明坚用中文编写了一部《天主圣教实录》，广为散发，还建起了中国第一所西文图书馆，展示其制作的地球仪和其他新鲜事。1585年，他在肇庆建起了中国内地第一座天主教堂仙花寺，名号极具中国特色。他还在肇庆举办中国第一次西洋画展，使国人第一次接触西洋画和西洋画法。后来，他携带大量西方珍宝、科技仪器，以及西洋画进京觐见万历皇帝，令中国上层社会对西方印象有所改观。

在利玛窦带来的各种器物中，《坤舆万国全图》的影响尤为卓著。以前，国人深受"天圆地方"思想的束缚，致使郑和下西洋到了非洲东海岸就不再前行。《坤舆万国全图》让广东人率先见识到地球的真貌，也激起了他们与世界交往的探险精神。利玛窦在肇庆知府的要求下，绘制了中国历史上第一张标注经纬线的世界地图。有意思的是，他所绘制的地图受到知府的质疑：中国为什么不在地图中央？利玛窦只得改变

利玛窦与徐光启堪称中西交流的典范

第五章　精神王国深植"和"的智慧

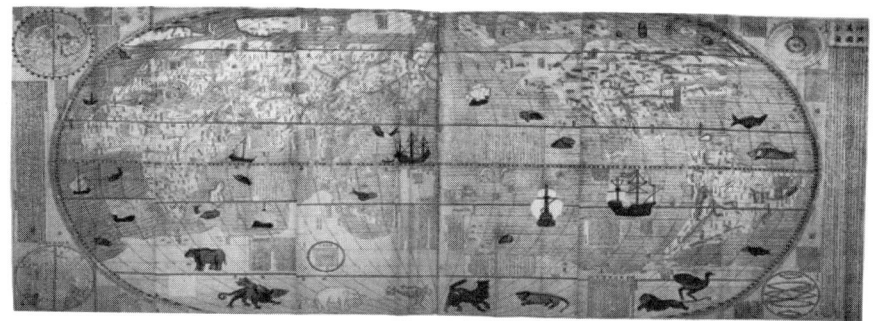

将中国置于世界地图的中央是利玛窦为传教方便而修改的

了欧洲人的画法，将中国画在中央。

广州石室圣心大教堂——百岁教堂的悲吟喜唱

在广州城的一德路有一座巨大的石制建筑，这座东南亚唯一由纯花岗石构筑的哥特式天主教堂，已经在广州的骑楼群中伫立了120多年。教堂大门东西两侧的角石上，分别刻有"Jerusalem，1863""Roma，1863"，取义为天主教创立于耶路撒冷，而兴于罗马。

两次鸦片战争后，洋教在中国的传教活动便长驱直入。英法联军将两广总督府夷为平地。法籍主教明稽章经过向拿破仑三世申请，并迫使清政府同意，在清政府两广总督旧址的废墟上建造洋教堂。于是，法国教会自耶路撒冷及罗马各取来泥土奠基。教堂以法国一座教堂为蓝本设计，所用的花岗岩产于广东，而彩色玻璃窗则从法国运来。它先是由一位法国设计师负责指挥施工，但进展并不顺利，后揭西石匠工头蔡孝接手这项工程。他在施工过程中加入不少中国元素，门屏刻上广式浮雕和图案，将建筑排水口雕刻成中国风格的狮子头造型……这使得教堂既有欧洲文艺复兴时期的哥特式风格，又具有中国传统建筑工艺的细节。由于工程难度较大，这座教堂耗资50万法郎，在经过整整25年后才以2754平方米的建筑面积呈现在世人面前。1888年，有"远东巴黎圣母院"美誉的教堂正式落成。

石室圣心大教堂将一份建筑艺术的瑰宝、一幅宗教历史的画卷深深地嵌入羊城的气质中。不管是否信教，人们望着教堂高耸的尖顶和斑斓的花

文化纵横行

广州石室圣心大教堂

窗，或者走进有强烈升腾感的长厅，即使不曾聆听上帝的声音，也会静思自己的心语。

教堂内外与巴黎圣母院等欧洲许多著名教堂相似，都属于哥特式风格的建筑，只是修建较晚且体积要小得多。这种建筑艺术风格于12—15世纪风行于欧洲。当时，为了顺应信奉向往"天国"的市民思想，教堂设计者和建筑者在风格和技术上进行了一系列改革，通过造型、结构和装饰细节强化了向上升腾的动感，表达出强烈的宗教情感。

顺着大厅往里走，人会觉得自己很渺小，这与它的结构有关。殿堂平面呈十字形，象征耶稣奉献精神；东西宽35米，南北长78.69米，厅的长度是宽度的两倍，而中厅则高达28米；拱顶上，呈交叉形拱券的骨线向外凸，而米色的三角形部分向内凹，使大厅的顶部呈现向上升腾的感觉；16对束状柱子，将中厅与两旁的侧廊相隔，加上许多狭长的窗户的衬托，大大加强了空间的纵深感和高远感。这种效果显示出向往天国、弃绝尘寰的虔诚，把人们的注意力导向前方的祭坛。

人们一走进静谧的教堂内部，就置身一种奇妙的光和影之中。这里四周没有多少墙面，上上下下几乎让50多扇玻璃窗占据了。大片的彩绘玻璃上绘着《圣经》故事，被窗棂隔成许多小窗格，与室外的阳光相映照，令室内增加了几许神秘气氛。正面墙上那个圆形大花窗，精雕细琢的大花瓣和小花苞，以及小十字，纤巧华丽。据说，哥特式艺术的创作者认为，如同连环画一样的玻璃画，可以让教徒特别是那些不识字的教徒领会基督的精神，人们也更易受到感染。我国最早出现的彩色玻璃画，就是利玛窦献给明朝万历皇帝的礼物，而大规模地用于教堂镶嵌就是始于石室圣心大教堂。

石室圣心大教堂的精美和魅力超越了为宗教服务的范围。1938年和

1949年，日军和国民党军队先后轰炸广州，教堂多处设施被焚毁。后来，广州市政府对教堂进行了全面维修，于2006年完工，教堂从筋骨到外貌都犹如重生。如今每周日，教堂都会举行礼拜活动，分普通话、粤语、英语和韩语四个专场。

马礼逊——为传播新教在广东奔忙

基督教在中文里有广义和狭义之分，广义的包括天主教、新教、东正教，狭义的仅指新教。中国所说的实为新教。向中国传教，被很多传教士认为传的是写在《圣经》里的话语，是每个基督徒的使命。基督教在中国本色化的演变与发展，体现了基督教在近代中国传播与发展的内在趋势和现实需要。本色教会的成长与教会融入国家社会生活的过程具有非常紧密的联系。

广州是基督教进入中国内地的第一站，也是传教的实验之地。清嘉庆十二年（1807年），伦敦传教会年轻的英国传教士罗伯特·马礼逊登陆广州，成为第一个到达中国的新教传教士。

马礼逊在华25年，屡有首创。在中国境内首次把《圣经》译为中文出版；编纂第一部《华英字典》；创办《察世俗每月统记传》，为中国近代第一份中文月刊；开办"英华书院"，开传教士创办教会学校之先河。广东高明人梁发后来接受马礼逊助手米怜的洗礼，成为第一个中国基督教宣教师，其撰写的《劝世良言》对洪秀全影响很大。

今天的广州东南角黄埔村，200多年前是繁盛的黄埔港，琶洲塔是此地的标志性建筑。1807年9月7日，马礼逊乘坐"三叉戟"商船行至珠江航道，在此登陆。代表英国政府商业利益的东印度公司为避免触及清政府禁令，对传教士非常敌视；

马礼逊

马礼逊翻译的《圣经》

而清政府更规定,只有洋行里的商人才能留驻广州,马礼逊只能隐瞒身份,向东印度公司的中文翻译斯当东学习中文。此后多年,马礼逊往返于广州和澳门,翻译基督教读物。1811年,伦敦传教会收到他寄来的一封信和3本《使徒行传》中文样本,在整个海外差传世界引起轰动。没过多久,中文版《四福音书》和《使徒行传》相继问世。同年,伦敦传教会找到第二位愿意前往中国的传教士米怜,孤军奋战的马礼逊欣喜地迎来同道。同时,他娴熟的中文也越发赢得尊重和赞誉。

说到这里,不得不再次提起印刷匠梁发。1810年,已练就一手漂亮刻字功夫的梁发接待了一位金发碧眼的客人。客人能说一口流利中文,提出印制宗教印刷品的要求,"这对梁发而言,是要命的买卖,梁发却选择了冒险,在接触的过程中,他也产生了信教的愿望"。马礼逊为他施洗后,梁发成为第一位华人牧师。被后世视为中国近代新闻史开端的基督教中文月刊《察世俗每月统记传》的出版,离不开他的努力。

在梁发的帮助下,马礼逊翻译的《使徒行传》《教义问答》和《四福音书》等中文布道书相继出版,并在广东地区秘密传播。此时,米怜也得到差会的批准来华传教。但此时,处处风声鹤唳。嘉庆帝颁谕全国,严禁传教士刻书传教。因有人告密,马礼逊精心制作的《华英字典》印刷活字被官府没收,传教工作接连遭到打击。

马礼逊开始考虑转移阵地。他在马六甲建立了传教基地以创办学校、出版图书及培训当地华人为传教士,希望等中国再次打开大门时将他们派到中国。期间,米怜和梁发夜以继日地工作,翻译出版了大量基督教书籍,成为马礼逊传教事业的重要支点。

1815年8月5日,由马礼逊、米怜、梁发等人撰稿和主编的《察世俗

《每月统记传》出版。封面印刻着"子曰：多闻，择其善者而从之"。他们创造了"孔孟加耶稣"的独特模式。也在这个时候，经过马礼逊不断地申诉抗争，被官府没收的《华英字典》活字也回到他的手中。据介绍，1823年第一部中文全译本《圣经》——《神天圣书》出版，史称马礼逊译本。同年，马礼逊编撰的全6册《华英字典》问世，这也是中国第一部中英大字典，被后世学者称为"西方认识中国社会和制度的一把钥匙"。

兴医办学——西学东渐最主要的载体

广州沿江路中山大学孙逸仙纪念医院，前身是1835年美国传教医生伯驾创办的眼科医局，为中国首家西医院，其许多手术都是中国内地首例。1840年4月，《中国丛报》发表了目前内地保存下来的最早西医病历——时任钦差大臣、湖广总督林则徐的病历。史料记载，伯驾曾为他治疗疝气。早期教会医院一般不收费，大部分依靠外国差会捐款维持。1900年前，由基督教医药传教会所属的医院及诊所有40余所，大部分为小型诊所，分布在广东、广西、浙江、江苏等地。除广州博济医院，著名的还有英兰长老会于1863年在汕头开设的福音医院，美北浸礼会于1881年在汕头开设的益世医院，在广州还有美北长老会于1896年开设的夏葛妇孺医院和1899年开设的柔济医院。1866年开始，博济医院附设了南华医学校，传教士为中国训练出一大批西医和护士。

岭南大学开创了广东近代高等教育先河，培养了大批优秀学人，这所高等学府的前身就是一所教会学校。1952年院系调整，岭南大学与中山大学及其他院校的文、理科合并，组成现在的中山大学。广州市基督教三自爱国会主席冯浩牧师说，1888年，按美国式大学创办的格致书院，在广州沙基金利埠（现六二三路）由美北长老会和美国基金委员会合办，这就是岭南大学的前身。

学校开办之初，规模不大，还缺乏开设完整大学课程的条件，仅办大学预科四年和本科一、二年级，开设了英文、格致、理化、算术、地理、生物等西学课程。民国初年，岭大就开设了完整的大学课程，时任省长廖仲恺在财政困

汕头福音医院

难的情况下,拨出30万元给岭大作开办费。1918年正式易名为"岭南大学"时,学校的规模、师资、设备、教学在广东高等院校中处于领先地位。

美北长老会的办校宗旨很明确,即通过西方科技、医学和宗教的教育,培养一批有教养的基督教牧师、教师和医生,使教育服从于传教事业。不过,岭南大学的学生只有一部分是基督徒。学校传播新知识的同时,也传入了西方先进思想。学生受到很大影响,积极参加反对列强侵略的运动。1906

孙中山先生1912年5月莅临岭南大学演讲,与钟荣光先生及员工学生合影

年反对美国排华的罢课和1925年广州沙面工人举行反英反帝的罢工游行轰轰烈烈，让创办人始料未及。

其实，在教育方面，早期传教士在马六甲、港澳地区开办的教会学校已为后来者树立了榜样。1818年，马礼逊和助手米怜在马六甲开办了英华书院，主要培养华人学生。这是传教士开办学校的先声。马礼逊去世后，在广州的美国人和英国人于1836年发起成立了马礼逊教育会，目的是鼓励在中国开办学校，并提供资助。1839年美国耶鲁大学的毕业生塞缪尔·布朗来到澳门，创办了马礼逊学堂。

岭南大学

19世纪末20世纪初，广州地区教会学校如雨后春笋般涌现。如今的真光中学，前身是真光书院，可谓中国最早的女校之一。1879年创办的安和堂，只招收男生，1888年改名培英书院，后又改名培英中学。

据不完全统计，在旧中国的最后20余年里，全国各高等学校的毕业生共约18万人，从教会大学毕业的约占1/10。

民间信仰　与神为邻

妈祖——大海无情，神女有心

岭南自古海事活动活跃。海洋生存环境的风云变化使得民众迫切需要寻求护佑的神灵，以获得精神上的寄托和内心的安定。岭南民间信仰也由此被打上了独特的沿海烙印，渗透到老百姓的日常生活中，其倡导爱国爱乡、族群认同、地方认同、善待自然等。

人总是在不断寻找精神寄托，运用各种民俗形式表达愿望和需求。那些牵系着美丽传说的民间信仰，就像璀璨的容器，容纳了期盼、夙愿、祝福、欣喜、愉悦与各种酸楚。这些民间信仰没有完备的义理系统和高远的精神追求，表现为用香火和祭品换取现世的实利——求财、求官、求平安、求子、求寿、求婚姻顺利等。凡是现实中遭遇到的困难和不幸，都可以通过许愿的

广东妈祖庙

形式，向神乞求庇佑。费孝通先生解释中国人的信仰特征时说："我们对鬼神也很实际，供奉他们为的是风调雨顺，为的是免灾逃祸。我们的祭祀很有点像请客、疏通、贿赂。"民间信仰与其他宗教不同，没有系统性、排他性，但讲求"灵验"，"现世感"很强。生病了，找药师佛；要考大学了，找文昌帝君；想生儿子了，就拜"金花夫人"或者"送子观音"。一派"众神和谐"景象。

民间信仰最深的文化内涵，是孕育于其所崇奉神灵的人格魅力中的。换言之，其文化内涵首先是从道德人格层面上为人所理解的。在千百年的嬗变过程中，信众不断丰富着神祇的完美道德品质。

每年农历三月二十三日是妈祖生日，到福建湄洲岛祭祀妈祖海神的人摩肩接踵，水泄不通。岛上香烟缭绕，人声鼎沸。湄洲岛渔民每逢三月二十三日的前后数日内，为了表示对妈祖的尊敬绝不下海捕鱼或垂钓。常常有人疑惑，为什么西方的海神波塞冬是个手持三叉戟的壮年男子，而中国人却选择女性为海神？研究中国民俗的专家认为，中国人一直认为世界是天地阴阳二元合一的，大陆为阳，海水为阴，大地的主宰是具有阳刚之美的雄健的男性神，而海洋之神就应是具有阴柔之美的温和女性——妈祖。

拥有全球庙宇5000座、信众2亿人，妈祖的传播地域非常广，影响范围非常大。妈祖信仰发源于福建莆田湄洲岛，历经1000多年。相传生于宋朝的妈祖，原名林默，因出生到满月不会啼哭，故取名"默"。据说妈祖"能预知人祸福"。在其短暂的生命中，妈祖除了"孝"名远扬，还热心扶危济困、救助海难、治病救灾，相传其逝世后仍经常显灵护佑过往船只，故被渔民视为航海保护神。

从宋元到明清，妈祖多次被统治者褒封，称号节节升级，从夫人、妃、圣妃、天妃、天后，直到被尊为"天上圣母"。妈祖，既是一个普通的海边民女，又是法力无边的女神；既是一个鲜活生动的少女形象，又是一个饱含祈求出海平安寓意的抽象符号。在妈祖的身上，忠义孝悌、救民疾苦、扶危济困、乐善好施、见义勇为、无私利他这些情操形成一股巨大的精神力量。认同了妈祖，就认同了妈祖所代表的真善美价值观和道德观。

现在，妈祖已不只是一种民间信仰，还是中国海洋文化的缩影。"妈祖文化节""妈祖文化旅游节""妈祖文化学术研讨会"等纪念妈祖，恢复、整理、讨论妈祖文化的活动方兴未艾，规模越来越大。单在粤东汕尾百余里的沿海地带，就有近百座妈祖庙。在这些妈祖庙里，不只是供奉妈祖一位神祇，还要供奉"海龙王""开山大伯""观音"等神。这也算是妈祖文化在粤东的特别之处。妈祖在港澳台和海外都有很大的影响，台湾自大陆传入的妈祖宫庙就超过 2000 座，信众达 1600 多万人，占台湾人口的 2/3。而从闽粤移居海外的华侨又将妈祖信仰传播到世界各地。起初这些华侨经济力量薄弱，只能盖简单的"亚答屋"供奉妈祖，随着财富的积累，他们感恩妈祖的庇佑，于是建起了座座巍峨壮观的妈祖庙宇。

三山国王——潮汕人的图腾

每年农历二月二十五日，揭西乡镇就会像过节一般沸腾起来。这一天是民间神祇三山国王的生日。在潮汕各地，三山国王还扮演着"地头爷"的角色。村民有儿女新生或亲人病故，都进庙向国王禀报。"三山国王"得名于揭西县河婆镇耸立的三座大山：独山、明山和巾山。隋初，当地人便在巾山之麓建庙奉祀此三山之神。宋太宗北征太原时，在城下见金甲神三人，操戈驰马，冲锋在前。有人以潮州三山神奏告太宗，宋太宗遂"诏封明山为清化盛德报国王、巾山为助政明肃宁国王、独山为惠威宏应丰国王"，自此三山神便被统称为"三山国王"。宋仁宗年间，三山国王经皇封，提升为国家神。明清以后，三山国王的香火随粤东移民被带往台湾及东南亚各地。

2009 年 10 月，广东三山国王祖庙会香祈福交流团赴台湾开展祈福活动，三山国王祖庙神尊绕境会香，途经台湾屏东、嘉义、彰化、丰原、宜兰等五地。祖鸾驾所经之处，民众敬备鲜花素果，奉香接驾。三山国王承载了粤台两地深不可分的缘分，成为粤民渡台垦荒、生存发展的历史见证。三山神所弘扬的文化内涵是护国庇民、国泰民安。人们把其作为教化子孙后代和弘扬民族精神的榜样来敬奉。

第五章　精神王国深植"和"的智慧

冼太夫人——巾帼英雄第一人

广东人有崇拜民族英雄的传统。广东省茂名市电白区电城镇北 7.5 千米处有个山兜丁村，村南有座娘娘庙，为当地冼氏的宗祠。在娘娘庙后约 50 米处有座冼夫人古墓。它位于一片宽阔平地上，周围有土墙遗迹，边长 92 米，总面积约 8500 平方米。其规模之大、文物遗存之丰富都十分罕见。墓区保存有一块清代嘉庆年间竖立的墓碑，上有"隋谯国夫人冼氏墓"等字样。

冼太夫人出生于南北朝时期梁朝古高凉郡的一俚人大首领家庭，与高凉郡太守冯宝结婚后协理政务。夫妇二人着手改造俚人社会，推行国家政令。冼太夫人丈夫病逝后，岭南大乱，冼太夫人召集首领，一面发兵保护地方，一面配合朝廷大将章昭达平定了叛乱，保障了岭南地区的安定。隋朝建立时，冼太夫人的势力已遍及粤、湘、赣南、桂、琼直至越南全境。隋文帝杨坚想和平统一中国南疆，遣使岭南。冼夫人以全中国大一统为重，义无反顾地归顺了隋朝，结束了东晋以来 270 多年的分裂局面。之后，冼太夫人多次戴盔披甲，骑巡十余州，收拾余乱，安定民心。

590 年，隋朝番禺将领王仲宣造反，年届古稀的冼太夫人再次出兵平定番禺王叛乱。后护卫隋朝派员巡抚诸州，各地首领都来拜谒和受爵，岭南地区从此完全安定下来。隋文帝对冼太夫人大为赞叹，为表其功，册封其为"谯国夫人"。602 年，冼太夫人阅尽三朝，以 80 岁高龄逝于海南。按俚人女死后回葬娘家的习俗，运回故乡，葬于电白山兜之原。

后人为了纪念冼太夫人功绩，在两广的高、雷、化、钦、廉等州县建造了很多庙宇，其中粤西茂名、电白等地一县就有冼庙一二十处。庙内冼太夫人的雕像气势不凡：身披盔甲、跨着骏马、手持利剑、英姿飒爽。不少信奉冼太夫人的民众，到冼庙总是不忘带上自己的子女，一起亲手摸摸冼太夫人及其坐骑的雕塑，一则希望可以沾点"仙气"，二则希望冼太夫人护佑平安。1400 多年的风雨尘埃，没有湮没冼太夫人的光华，她至今仍生动地"活"在广东人民的心中。每年冼太夫人诞辰和忌辰期间，各地善男信女都要会聚娘娘庙中，举行"冼太夫人回娘家"纪念活动。粤西的后人对她的墓地及各

海口荣山村冼夫人庙壁画

种相关遗迹都自觉加以保护,并自发组织各种祭祀、纪念和庆祝活动。这一切形成了一种浓郁、独特的冼太夫人民俗文化。

北帝——北方之神佑南粤

北帝全称北方真武玄天上帝,传说是太上老君第82次变化之身,由善胜皇后梦中吞日,猛醒怀孕,怀胎14个月,才生下北帝。北帝长大后离家入武当山修道42年,最终功成果满,白日升天,被封为太玄,威震北方。佛山民众崇拜守北方的民间神祇,是因为珠三角自古为水泽之乡,水患频发,而北方属"水",北帝为"司水之神",专门管理水务。老百姓为了防患水灾,对北帝顶礼膜拜,保佑平安。还有一说,古时民众相信北方五行属水,佛山是岭南著名的冶铁中心,要防火,北帝司水,水又能灭火。祭拜北帝既能防涝又能防火,百姓自然将其奉为主神献祭。宋代以后,珠三角一带兴建了许多北帝庙。作为广东最早的北帝庙,佛山祖庙成为珠三角一带的民间信仰中心和祭祀圣地。

每年农历三月初三的北帝诞,是佛山祖庙一年中最隆重的日子。乡民自子夜起,纷纷进入祖庙参拜,列队从北帝像前走过。到了初三上午,要抬北帝神像出游，四日在村尾会真堂更衣，然后回宫。佛山祖庙明代设嘉会堂教育子弟，清代设立的大魁堂还利用学费收入创办了多所义学。为了协调各宗族的关系，在祖庙成立了专门的"庙议"机构，管理乡事。如今，祖庙（大魁堂）配合处理社区事务、主持慈善公益活动、协调民间纠纷的机构职能已经深入人心，成为佛山社区整合的精神维系。

龙母——诚代上天济苍生

龙母祖庙坐落在肇庆德庆县悦城镇三江水口汇流之处，背靠金鸡岭，左有青旗山，右有黄旗山，两峰相护，整个建筑群与周围的山水和谐相契，浑然一体。德庆龙母庙与广州陈家祠、佛山祖庙并称岭南古建筑的"三瑰宝"。

古代中国人素有崇拜"龙"的习惯：农历正月舞龙，二月杀猪祭龙，五月赛龙舟。龙母的出现，与中国人敬"龙"爱"龙"的情结分不开。龙母一称，得名于其豢养五条小龙的传说。传说龙母出生于战国时期楚怀王末年的广西梧州，葬于今广东悦城。龙母原是战国时秦的劳动妇女，为人善良淳朴，勤劳勇敢，胸怀利泽天下宏愿，为民排忧解难，除恶扬善，受到人们的尊敬和爱戴。自唐宋之后，历代皇朝都给龙母以封号，兴建和修缮庙宇来祭祀她，以求"保障五谷，步步丰登，万民安泰，保我玉京"。

在各地龙母的祠堂里，一般都设有龙床和梳妆台，充满了生活气息。老百姓既敬她为神，又亲切地称她为"阿嬷"，把拜龙母称为"探阿嬷"。从这个角度看，龙母文化其实也是一种母亲文化，对每个人来说都是亲切的，拜龙母其实是寻找一种认祖归宗的情怀。龙母代表的是一种温柔的力量，引导人们向善、向美。

而今，产生于珠江流域西江上下游，远播我国东南沿海、东南亚一带的龙母崇拜，产生了大量诗词、楹联、传说、戏曲；由龙母崇拜产生的一些独特古建古坛、民风民俗；由龙母崇拜促进和发展的文物旅游，一同构成了龙母文化。从每年五月初二起（每月初一、十五为约定俗成的拜神日），肇庆德庆各乡镇便开展跑旱龙、划龙舟等娱神竞技活动。到五月初八，祭祀活动达到高潮。有古人曾这样描述祭祀盛况："花舫楼船，填江塞岸，夜间灯火

烛天,水光十里。"

岭南人崇尚自然、唯实的价值观,这使岭南原始宗教和民间信仰较多地传承了下来;岭南文化对外来文化的兼容性,又使外来宗教得到比较顺利地传播:它们共同建立起岭南丰富多样的宗教文化殿堂。深植于岭南人精神王国深处的"和"的智慧,以宗教为桥,以信仰为媒,在和谐人与自然、社会及自身的过程中闪耀着特有的光芒,在抚慰心灵、扶贫救灾、保护环境、维护民族团结与祖国统一等方面发挥着特有的作用。

第六章 「欧风美雨」来 花先为我开

当大清王朝经历农耕时代"康乾盛世"的辉煌之后，国力日趋衰落。而地球另一端的英国正大步迈向"日不落帝国"，以其为代表的西方列强借着坚船利炮，开始在全球抢占殖民地和掠夺资源。当他们的身影掠过大海到达中国时，广东首当其冲——鸦片战争爆发了。立于时代潮头的广东人，开始了艰难的探索，南粤文化由此经历了一个在全国由"得风气之先"，到"开风气之先"，再到"领风气之先"的变化过程。广东从当初的学习传播西方的制度、经济、文化，到学习西方的船坚炮利，发展民族工商业，再到引进西方的制度和文化。这一切，由游走海外的广东杰出乡贤，或国内先进的知识分子和革命者所践行。

1 开启新的时代

中国近代史的开篇，以广东虎门销烟为标志。以利润最大化为目的的英国资本家，为改变对华贸易逆差，牟取暴利，开始向中国大量走私鸦片。清道光十八年（1838年）11月15日，林则徐以"苟利国家生死以，岂因祸福避趋之"之豪情，受命钦差大臣，赴广东禁烟。虎门有幸，见证一代民族英雄的不朽功业。

虎门在珠江出海咽喉的穿鼻洋，古称虎头门，以洋上有大小虎两岛而得名。销烟池位于东莞市太平镇镇口，南临珠江，背靠牛背山。两个正方形大池每边长45米，池底铺有石板，四周栏桩钉板，池旁开一涵洞，池后通一水沟。1839年6月3日至25日，林则徐用这两口大池子销毁缴获的鸦片20283箱，共2376000多斤（1斤=500克）。销烟方法是先蓄水入池，撒盐到水里，成为浓盐卤水，将鸦片切碎投入池中，再加石灰搅拌，使鸦片分解销蚀，然后引海水入池冲走。

虎门销烟浮雕

虎门销烟是我国近代史上反帝国主义的光辉一页,是中国人民禁烟斗争的伟大胜利,显示了中华民族反对外国侵略的坚强意志。不久发生的鸦片战争,帝国主义用枪炮打开了古老中国的大门,中国自此进入多灾多难的近代。后来,联合国把虎门销烟的翌日——6月26日定为"国际禁毒日"。

广东人民以其特有的坚忍决绝与不畏强暴精神,向西方列强展示了进入近代后的国人形象。道光二十一年(1841年)5月,鸦片战争在持续,英国侵略军侵入虎门,进犯广州,调遣军舰在广州西北郊登陆,并盘踞四方炮台为司令部。5月29日,一小股英军窜到三元里抢劫调戏妇女,三元里菜农韦绍光等怒击淫掠的英军,当场打死敌人数名。为防报复,村民聚集于三元古庙誓师,共商抗英大义。他们一致同意全村16岁以上、60岁以下的男子一律上阵杀贼,并向萧冈等乡求援。第二天,在103个乡村民的支持下,三元里村民同1000余英军在牛栏岗展开激烈战斗,20多乡民在战斗中英勇牺牲,英军在暴雨中溃逃。次日,数万民众包围了四方炮台,从化、增城等地的农民纷纷驰援,英军被迫撤出炮台,乘舰船逃离广州。

三元古庙本为创建于乾隆帝以前的道教神庙,因道教以天、地、水为"三元"而得名。三元里人民抗英斗争的胜利揭开了近代中国人民反侵略斗争的序幕,在中国革命历史上写下了光辉的篇章。1961年,"三元里平英团旧址"(三元古庙)成为国务院公布的第一批第一号全国重点文物保护单位。

2 引领思想启蒙

郑观应——传播资产阶级改良主义思想

郑观应（1842—1922年），广东香山（今中山）人。他一生奔走于外国洋行、洋务企业和民族资本企业之间。1858年弃科举学商于上海。此后，相继在英商宝顺洋行、太古轮船公司当买办。19世纪80年代后，栖身于洋务派，先后被李鸿章委任为上海机器织布局总办，轮船招商局帮办、总办，上海电报局总办。90年代后，与盛宣怀过从甚密，入轮船招商局任帮办，兼任汉阳铁厂总办。他曾自己经商，先后投资于轮船招商局、开平煤矿、上海机器织布局、上海电报局等。此外，还联合盛宣怀等人集资开采山东登、莱、青、莒四府和东北锦州等地五金矿藏，并主持集股开设造纸公司等。

郑观应出生在鸦片战争后，一生经历了整个旧民主主义革命时期。外国资本主义的侵略、洋务集团的腐败、中国的贫困落后和民族危机，时时激发着他强烈的民族意识和爱国热忱。为此，他怀着"杞忧忠愤"的心情著书立说，以"危言"启迪世人。著作有《救时揭要》《易言》《盛世危言》等。其中《盛世危言》是他的代表作。此书据统计已有20余种版本，是近代中国出版史上版本最多的一种书。

郑观应

《盛世危言》书影

郑观应的资产阶级改良主义思想归结起来，就是"富强救国"反侵略的爱国思想。在他看来，要救国必须使国家富强起来；要使国家富强，必须发展民族工商业；只有国家富强，才足以同外国资本主义抗衡和竞争。郑观应的思想最为突出的有两点：一是反对外国资本主义经济侵略的"商战"思想；二是学习西方的代议制，主张实行君主立宪。郑观应认为，要使中国富强以达救国目的，必须同外国资本主义进行"商战"。他认为商战是"本"，兵战是"末"。其商战思想是以"商战"为主导的全面发展资本主义工商业的思想体系，在与外国资本主义进行"商战"的同时，强调"有工以翼商"。他认为只有本国有发达的近代化工业，生产出物美价廉的产品，方能竞胜于外洋。为使民族工商业得到迅速发展，他主张在学习外国先进技术和购买机器的同时，还必须兴办教育，大力培养人才，发展本国的机器制造业。

几十年的社会实践使他认识到，清政府之所以在两次鸦片战争中失败，签订一系列不平等条约，致使外国侵略者在中国土地上胡作非为，其根源在于清朝政治的腐败。因此，他在19世纪70年代提出了"君民共主"的要求，提出仿英、日实行君主立宪制的主张，实行与议院制相适应的一系列政治改革，诸如吏治、教育、用人、刑法、盐务、漕务、治河、救灾等。他认为只有这样，民隐才能上达，实业才能兴盛，国家才能久安。

郑观应不仅在政治、经济、军事、文化教育诸多方面提出了改革中国社会的一整套方案，还积极投入反侵略的实践活动。例如，中法战争爆发，他应粤东防务大臣彭玉麟的邀请，亲赴前线从事抗法工作。1884年他到西贡、缅甸、新加坡等地侦察敌情，并在那里联络志士"合纵抗暴"。后又至台湾参加军事防御。中日甲午战争期间，他积极向当局条陈，主张用轮船招商局的船只筹防御敌。《马关条约》签订时，他力陈加强海防边防的重要性。当他得知条约允许日本人在中国通商口岸装载机器、设厂自造工业品并免征一切杂税的消息后，极为愤恨，认为由此"华商必至坐困，无利可图"。于是他亲自到拟开各埠购买有利位置的土地，并建议盛宣怀购买矿山，以免为外人所夺。

郑观应的一生，除著述外，主要精力用于发展实业。他三进轮船招商局，多次溯江西上重庆沿途各埠进行巡视，又多次到天津、广州、福建各埠视察，发现问题随时加以整顿。他曾在招商局公学任校董事，负责培养航运人才。在他担任粤汉铁路购地局总办时，积极支持广东绅民收回粤汉铁路自办，被举为商办粤汉铁路公司总办。他积极招股、购地、买器材、选聘人才，为粤汉铁路商办做出了贡献。

黄遵宪——引进推介维新变法思想

黄遵宪（1848—1905年），广东梅州人，清代卓越的外交家、思想家、爱国诗人、教育家。1877年，他乘坐"海安"号兵轮从上海出发，陪伴驻日大臣何如璋赴日本，任参赞官，从此开始了长达21年的仕途生涯。

任驻日本国参赞官时，面对明治维新后日本方方面面的大进步、大革新，黄遵宪感

黄遵宪

广东梅州的黄遵宪故居（刘立强　摄）

受到一种巨大的压力。他广搜资料，写成《日本国志》40卷，是中国人撰写的第一部全面系统研究和介绍日本的通史，全面翔实地介绍了日本明治维新的情况，为维新变法运动提供了蓝本。《日本国志》写就后，黄遵宪曾将书呈送总理衙门。遗憾的是，该书随后被束之高阁。梁启超曾感叹，如果中国朝野早些注意这部书，甲午之战也许就可以避免了。中国士大夫最早也是从《日本国志》了解到人权、民主等概念以及达尔文进化论等思想，书中的维新变法思想，使当时的康有为、梁启超乃至光绪皇帝都受到了很大的启发。

　　黄遵宪积极参与"公车上书"运动，出资在上海创办《时务报》，宣传变法图存思想。他后来任湖南长宝盐法道，署理湖南按察使，辅佐湖南巡抚陈宝箴大力推行新政，在湖南创立了保障社会治安的保卫局，将近代警政制度引入中国，还创办了南学会、课吏馆、不缠足会、《湘学新报》等，使湖南成为当时全国最活跃、最有朝气的省份。

第六章 "欧风美雨"来 花先为我开

黄遵宪故居人境庐（何日胜 摄）

康有为——宣传与践行维新变法思想

到19世纪末，先进的中国知识分子已认识到，与西方相比，中国在制度和文化方面的落后是比经济和技术的落后更根本的症结。戊戌变法就是一次变革政治制度的尝试和实践，康有为被视作这场运动的领导人。

康有为（1858—1927年），广东南海县人，近代著名的政治家、思想家、社会改革家、书法家和学者。1879年他到香港游历，开始接触西方文化，"购地球图，渐收西学之书，为讲西学之基矣"。1882年，康有为到北京参加会试，返回广东时经过上海，又收集了不少介绍资本主义各国政治制度和自然科学的书刊，吸取了西方传来的进化论思想和政治观点，初步形成了维新变法的思想体系。

1890年康有为举家迁往广州，开始讲学，并于1891年开办了万木草堂学馆。学馆最早是租借邱氏书院地址开办的，位于今中山四路长兴里3号。

康有为

他撰写《长兴学记》作为万木草堂学规,以《论语》"志于道,据于德,依于仁,游于艺"为纲,对学生施以德、智、体教育。后因来学者众多,不断迁址,1892年,迁至卫边街的邝氏宗祠(今广卫路附近),1893年又迁至广府学宫仰高祠(今文明路广州市第一工人文化宫内)。康有为开办万木草堂的目的,在于宣传其维新变法思想和培养变法人才,弟子有陈千秋、梁启超、麦孟华、徐勤等。他在万木草堂先后写了《新学伪经考》和《孔子改制考》两部著作,前者利用今文经学与古文经学之争,把神圣不可侵犯的部分儒家经典宣布为伪造的文献,后者则把本来信而好古的孔子改造成具有民主意识和改革精神的人。康有为"托古改制",在社会上引起了反响,开启了民智,为维新变法大造舆论。万木草堂成为维新变法的策源地。

康有为是维新变法的号兵和旗手,他认为只有通过维新变法,像资本主义国家那样走君主立宪的道路才能救中国。1895年4月,正在北京参加会试的各省举人,听说清政府要与日本订立丧权辱国的《马关条约》,极为愤慨。各省举人1300多人联名向皇帝上书,康有为连夜起草了一份14000多字的上皇帝书,这个事件就是有名的"公车上书"。他强烈要求清政府拒签《马关条约》,主张"拒和、迁都、变法"。在这次会试中,康有为中了进士,被任命为工部主事。1895年8月,康有为在北京创办了强学会,并发行《万国公报》(后改名为《中外纪闻》),在上海创办《强学报》,强学会培养了众多维新变法的骨干。

1898年(戊戌年)1月,光绪皇帝令康有为详陈变法对策,康有为呈上《应诏统筹全局折》等。1898年6月11日,光绪皇帝颁布《明定国是诏》,宣布变法。6月16日,光绪帝在颐和园勤政殿召见康有为,任命他为六品衔的总理衙门章京,准其专折奏事,筹备变法事宜。不久,梁启超、谭嗣同

第六章 "欧风美雨"来 花先为我开

1912年，梁启超结束流亡生涯归国，受到各界热烈欢迎，民主党本部立即召开临时大会

也都在朝廷任了职。康有为反复向光绪帝提出改革中国政治体制的建议和实行立宪政体的设想，主张兴民权、设议会、进行选举和地方自治，许多建议都被光绪的新政采纳。1898年9月21日，慈禧太后发动政变，历时103天的戊戌变法失败，史称"百日维新"。

维新运动失败后，光绪皇帝被囚禁，谭嗣同等"六君子"被杀。康有为逃亡日本，1899年4月转到加拿大域多利（今维多利亚），受到当地华侨的欢迎。同年7月，康有为联合加拿大华侨领袖李福基、冯秀石等人创立了保皇会。康有为利用保皇会的经费在海外流亡16年，周游了东西方42个国家和地区，成为当时思想文化界亲历国外事物最为广博的人。作为保皇党领袖，康有为坚定地反对共和制。1917年，效忠前清的北洋军阀张勋发动复辟，康有为积极拥立溥仪复位。

康有为是一位学贯中西的大师，

画作《远去的足音》描绘了戊戌六君子慷慨赴义的情景

他知识渊博、涉猎广泛、著述丰富，在哲学、经济学、历史学、诗文、书法等方面都有独到的成就。中国人民大学出版社于2007年出版的《康有为全集》共12卷850万字。

梁启超——引领近代启蒙运动

中国向西方学习，经历了一个逐步深化的过程。梁启超在《五十年中国进化概论》中对此提出了"三阶段"论：第一阶段，从舰炮器物的较量中发现落后，以洋务派为代表提倡"师夷之长技以制夷"；第二阶段，从制度上感觉腐朽，由技艺的学习转向制度的变革；第三阶段，从文化根本上认识到已经落伍，从文化和心理的层面进行彻底的革新和提升。梁启超这种器物—制度—文化的三阶段论，为很多学者所认同。在梁启超生活的时代，中国向西方学习已经到达了第三个阶段，即提出了学习西方文化，变革中国传统文化，重铸中国现代文化的任务。梁启超引领着中国的近代文化向现代文化的转型和发展。

梁启超

梁启超（1873—1929年），广东新会人，中国近代著名的政治活动家、启蒙思想家、教育家、史学家和文学家。1890年，梁启超在上海看到介绍世界地理的《瀛寰志略》和上海机器局所译西书，眼界大开。同年，18岁的梁启超拜访了33岁的康有为。梁启超对康佩服之至，以举人身份反拜时为监生的康有为为师，接受康有为的思想学说。他协助康有为发动"公车上书"，主笔的《时务报》深得两湖总督张之洞欣赏。1897年，

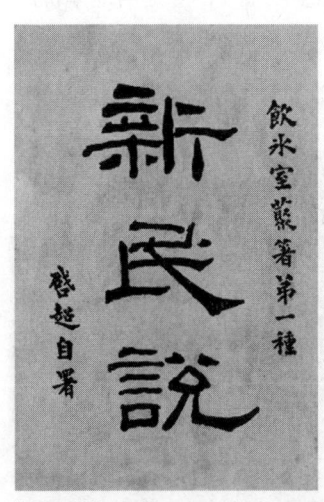

《新民说》书影

梁启超担任长沙时务学堂总教习,在湖南宣传变法思想。第二年,梁启超回京参加戊戌变法,进呈所著《变法通议》。因梁启超只会讲广东白话,不谙雅言官话(普通话),与光绪帝难以交流,让光绪帝大为扫兴,只赏给了他小小的六品衔。

戊戌变法失败,26岁的梁启超追随康有为逃往日本和欧美避难,先后创办《清议报》和《新民丛报》。在改良派与革命派的论战中,梁启超作为改良派的主将,遭到革命派的反对。他在民国初年支持袁世凯,1915年,袁世凯称帝野心日益暴露后,梁启超赴两广地区积极组织反袁斗争。1917年夏天张勋复辟,溥仪登基。梁启超立即随段祺瑞誓师马厂,武力讨伐。1917年7月,段祺瑞掌握北洋政府大权,梁启超因拥段有功,出任财政总长兼盐务总署督办,不久孙中山发动护法战争。11月,段祺瑞被迫下台,梁启超也随之辞职,从此退出政坛。1925年,梁启超在清华研究院担任导师,出任京师图书馆馆长,为清华大学题写了"厚德载物,自强不息"的校训。

梁启超执启蒙之牛耳,引领中国近代的启蒙运动。埃德加·斯诺在20世纪30年代出版的《西行漫记》中,称梁启超是1911年中国第一次革命的"精神之父"。美国专家约瑟夫·阿·勒文森在《梁启超与近代中国思想》一书中说,从1898年的戊戌变法到1919年的五四运动期间,梁启超成为中国理论界的真正领导者。1900年,流亡海外的梁启超在《清议报》上发表《少年中国说》一文,热切希望出现"少年中国",文章振奋了人民的精神,极大地启发了民智,也成为梁启超流传后世的名篇。

1902—1906年,梁启超在《新民丛报》上发表了一系列政论文章,旨在唤起中国人民自觉地从帝制时代皇帝的臣民转化为现代国家的国民,并论述成为现代国民所应具备的条件和准则。这些文章对20世纪的中国起到了启蒙的作用,也标志着梁启超启蒙思想的形成。其启蒙思想体系的核心是"新民说"。"新民"的品格内涵:一是"新民"应具有独立自主的主体意识,根除"奴性";二是"新民"应具有利群爱国的公德意识,国人应有国家意识和公德心;三是"新民"应具有冒险精神,积极进取、开拓创新。他提出了"新民"的培养道路和方法:一方面通过启蒙教育,另一方面强调"新民"

是一种自新，靠主体自觉自为。

梁启超的学术研究涉猎广泛，在哲学、文学、史学、经学、法学、伦理学、宗教学等领域均有建树。他一生著述丰富，达2000万字，主要著述合编为《饮冰室合集》，是古今中外少有的多产作家。梁启超于1901—1902年发动了"史学革命"，撰写了《中国史绪论》和《新史学》等，用西方的史学方法重新整理国故。尤其是欧游归来之后，他的主要精力从史学革命的发动转变到具体实践，侧重于先秦诸子、清代学术、史学和佛学的研究。梁启超在散文、诗歌、小说、戏曲及文学翻译方面均有作品行世，尤以散文影响最大。他引进了西方文化及文学新观念，首倡近代各种文体的革新，他提出的"诗界革命""小说界革命"和"新文体革命"，被称为"三界革命"。他开白话文先河，启新文化运动。这些都是中国近代文化与现代文化交替时期的重大事件。2006年，全国网民参与的"十大国学大师"评选活动中，梁启超入选"十大国学大师"。

3 引来新生事物

铁路——满载西方文明融入南粤山川

中国铁路之父

詹天佑（1861—1919年），生于广东南海县。在詹天佑还在美国留学时，国内第一条投入运营的铁路即吴淞到上海的小铁路建成通车。许多守旧绅士看到庞然大物似的火车，听到火车发出的隆隆声，全都大惊失色，认为这怪东西破坏了风水，于是聚众拆毁铁路，将铁轨投入湖中。后来，中国的铁路全由外国人把控。留学归来的詹天佑打破了只有外国人才能修铁路的神话，负责修建了京张铁路等工程，被尊称为"中国近代工程之父"和"中国铁路之父"。

1887年，中国铁路公司在天津成立，詹天佑成为中国第一位铁路工程师。他负责修筑塘沽到天津的津榆铁路，仅用70多天就完成了铺轨工程。后又参加修筑天津至山海关，津芦、锦州、萍醴等铁路的修筑。1905年，詹天佑被委派主持修筑京张铁路，担任总工程师。

京张铁路自北京至张家口，全长约200千米，是北京通往西北的交通要道。当时，争夺筑路权未遂的外国工程师称中国工程师"自不量力"，詹天佑以大无畏的气概，率领全体建筑人员知难而进，为国争光。他在青龙桥东沟运用"折返线"原理修筑"人"字形线路减少坡度，用两台大马力机车掉头互

詹天佑

相推挽的办法,解决了坡度大机车牵引力不足的问题。1909年8月,京张铁路三段工程全部完工,比原计划提前了两年,节约白银28万多两。京张铁路的竣工,举世震惊,通车典礼万人云集,蔚为壮观。

1911年,詹天佑就任商办广东省粤汉铁路公司总理兼总工程师。辛亥革命后,湘鄂两省粤汉铁路及川汉铁路合并为汉粤川铁路,詹天佑升任督办。

詹天佑也是中国近代工程之父,他创办的中华工程师学会制定的工程技术标准,对推动工程技术的发展起到了基础性作用。1999年设立的"中国土木工程詹天佑奖",是中国土木工程领域工程建设项目科技创新的最高荣誉奖。詹天佑自力更生、发愤图强、不怕困难、勇于创新的精神,永远激励着中国工程技术人员和知识分子发奋努力,报效祖国。

广三铁路

广三铁路

美商华美合兴公司承修粤汉铁路时,提出将广三铁路作为粤汉铁路支线并先修建,得到清政府的支持。广三铁路1901年动工,1903年10月,佛山至三水段建成通车,共耗资4000万美元。时任两广总督岑春煊主持了盛大的通车典礼。

广三铁路当时每日平均运送旅客万人以上,客运量占广东铁路客运人数一半以上。据《中国铁路史》记载,广三铁路虽短,却是清末运输效益颇佳之路。这条铁路穿越富庶的珠江三角洲北部,把中国南方最大的港口城市广州,明清时中国四大名镇之一的佛山,与西江、北江、绥江三江交汇处的三水连接起来。珠江三角洲人烟稠密,工商业发达,盛产稻米、小麦、蚕丝、水果,客货运输终年繁忙。

新宁铁路

新宁铁路的缔造者是广东台山旅美爱国华侨陈宜禧。陈宜禧幼年时失去双亲,1860年由华侨陈宜道带去美国。20岁时,陈宜禧参加修筑太平洋铁

第六章 "欧风美雨"来 花先为我开

路,从杂工升为技术工,再升为管工。后来他在西雅图开办广德公司,从事劳工经纪业务,承包西雅图电缆车和商业区建筑工程,获得丰厚的回报。

新宁铁路

1904年,陈宜禧回国,倡议修筑新宁铁路,得到家乡民众和旅外华侨的大力支持。第二年他自费去香港、旧金山、西雅图和温哥华等地向华侨募集股金,喊出了令侨胞热血沸腾的招股口号:"以中国人之资本,筑中国人之铁路;以中国人之学力,建中国人之工程;以中国人之力量,创中国史之奇功!"华侨为之感奋,他很快就募集了股金2758412元,并于1906年5月动工。陈宜禧耐心地向沿线村民讲铁路的好处,讲科学道理,从而消除了种种阻力。

清廷嘉奖陈宜禧为农工商部四等顾问,官阶由正三品晋升为正二品,尊称为资政大夫。新宁铁路于1920年3月全线贯通。为防止日军进攻,1938年新会、台山两县政府受命拆毁了铁路。巴金1933年6月乘火车经新宁铁路去访问了新宁铁路工人子弟学校校长黎健民,之后写了散文《机器的诗》,使新宁铁路在中国文学宝库中得到永生。

潮汕铁路

潮汕铁路是中国首条由民间资本修建的铁路。南洋侨商认为粤东地区有必要修一条铁路,大家推举张弼士出面,向清廷倡议兴办潮汕铁路。获批后,张弼士动员广东梅县籍印尼华侨张榕轩、张耀轩兄弟投资。两兄弟在棉兰资产达数千万荷盾,是该埠华侨中的巨擘。张氏兄弟为此设立了潮汕铁路股份公司,着手筹股筑路。铁路督办大臣盛宣怀还介绍詹天佑负责铁路工程的设计。

最初预计投资200万元,张氏兄弟认股100万元,吴理卿认股20万元,林丽生认股80万元。没想到吴、林两人所投资的100万其实为日资。后来在吴、林两人的坚持下,铁路最终采用了日本三五公司的设计方案,并由该

张榕轩

张耀轩

公司负责修筑。当工程修至葫芦市时,因征地激起民变,两名日本工头被打死。接着林丽生的股资为日资之事被揭露出来,激起中国留日学生和潮汕学生的反对,最后以两人名义所认的日股不得不退出潮汕铁路的建设。

1906年11月,潮汕铁路竣工并通车,所有外资均以华资赎回,张氏兄弟占股金总额的4/5。铁路总长42.1千米,沿线物产丰富,每年客运量达150万人次,货运5万吨,收入四五十万两白银,给粤东经济带来了新的活力。抗战时期,铁路被拆毁,留下的路基改作公路使用。

民族资本主义工业——历艰难险阻终破茧而生

中国是世界著名的丝绸之国,广府地区有养蚕缫丝的传统,珠江三角洲还有独特的"塘养鱼、堤种桑"的桑基鱼塘传统农副业模式。鸦片战争后,中国传统的缫丝业受西方近代工业的巨大冲击,日渐衰落。广东南海、顺德一带虽盛产蚕茧,但因加工方法落后,所产生丝在国际市场上竞争不过洋丝。时代呼唤中国出一批民族实业家。

陈启沅

陈启沅(1834—1903年),广东南海人,早年与二哥陈启枢到安南(今越南)谋生。两兄弟经营有方,历经十余年成当地富商。陈启沅到暹罗（今泰国）、缅甸等地考察工业，研究利用蒸汽机进行缫丝生产，萌发了回国办工厂的念头。1872年，陈启沅卖掉在越南堤岸广东街的物业，携资数万银圆回国，在家乡开办"继昌隆缫丝厂"，第一次投入的总资产为1万两白银。他亲自主持厂房的设计施工，以及锅炉、蒸汽炉、贮水器、缫丝机等设备的安装调试。继昌隆缫丝厂生产的生丝，同传统的手缫土丝相比，在色彩、捻度、条份、匀度、理绪、净度和装束成形等方面都大为优越，在外贸市场上价格可以高出1/3，并畅销欧洲和东南亚。在他的带动下，南海、顺德的机械缫丝业迅猛发展起来。1881年，仅西樵山下就办起了机械缫丝厂10家。

继昌隆缫丝厂用机械缫丝是中国民族资本经营近代机器工业的肇始，在当时还是个新生事物，陈启沅用非凡的胆识和勇往直前的奋斗精神面对办厂过程中的艰难险阻。当时有人指责机器缫丝厂高大的烟囱妨碍风水，说工厂烟囱太高，一条黑影从高处压下，会破财丧丁；有人说用机械缫丝，操作不熟，机器容易伤人；有人说隆隆的机器声、汽笛声像鬼叫，不吉利，让人烦躁不安。陈启沅耐心地向村民宣讲科学知识，慢慢地平息了他们的疑虑。然而，继昌隆缫丝厂最大的阻力来自官府迎合下层小生产者的保守思想对继昌

近代工厂

隆缫丝厂的联合压制。1881年,他的工厂爆发了上千织机工人捣毁缫丝机器事件,陈启沅无奈之中请求官府派兵平乱,南海知县徐赓陛不但不派兵护厂,反而率兵查封了县内的各缫丝厂,勒令各厂签署"永不复开"的保证书。陈启沅不得不将继昌隆迁往澳门,等到风潮平息后的第四年才再迁回。

自继昌隆缫丝厂开始使用机器缫丝后,广东的生丝出口从无到有,逐年增多,成为全省出口价值最大的商品。到1901年,广东全省缫丝业均用机器,就业女工高达十多万人。

陈启沅是中国民族工业的先驱,他不仅开创了中国的近代工业,也使中国缫丝在国际上的竞争力迅速提高,为丝绸古国的丝业继续立于不败之地立下了奇功。

继昌隆缫丝厂作为中国最早使用机器的企业之一,拉开了中国民族资本主义发展的序幕。

工商实业——侨界领袖内外兼顾奋发而为

在实业救国思潮的影响下,广东海外侨胞回国回乡投资实业热情高涨。他们把近代工业革命成果带入广东乃至全国,张弼士是其中的代表人物。张弼士原籍广东大埔,是中国近代海运业、铁路业、金融业和海外华文教育的奠基人之一。

1858年,17岁的张弼士只身漂洋过海,到荷属巴达维亚谋生,先后在华人办的米店、纸行等商店里当勤杂工。他后来继承岳父的小酒行经营酒类,又获荷兰殖民者批准承办酒税、典当税和一些地区的鸦片烟税,财富日增。他在巴达维亚创办裕和垦殖公司,随后又创办了裕兴、笠旺等垦殖公司。到1868年,他的垦殖公司遍布整个印度尼西亚。张弼士不仅将以种植橡胶、开发锡矿为主的垦殖公司发展到马来西亚、新加坡、文莱等地,还经营药行、银行等业,总资产达白银8000万两,成为南洋地区海外华人中屈指可数的巨富。

他回国兴办实业后,与张榕轩兄弟合办裕昌和广福两个远洋航运公司。悬挂着大清龙旗的4艘海轮航行于东南亚、香港和上海等埠,大大长了民族

第六章 "欧风美雨"来 花先为我开

孙中山为张裕题词"品重醴泉"

航运业的气势。1892年,张弼士投资300万两白银在山东烟台创办张裕葡萄酿酒公司,这是中国第一个工业化生产葡萄酒的厂家,也是当时亚洲最大的葡萄酒生产经营企业。1915年,张弼士率中国实业考察团携酒赴美,公司所产的可雅、雷司令等产品在巴拿马万国商品博览会上获金质奖章和最优等奖状,为中国葡萄酒首次在国际上争得了荣誉。他还投巨资在国内兴办农、工、路、矿、机械、垦殖等企业,先后创办了广州亚通机织公司、惠州福兴玻璃公司、雷州普生机械火犁(拖拉机)垦殖公司等企业,大量引进美国、日本、意大利等国家的先进技术和设备,为近代民族工业的发展做出了杰出的贡献。

1897年,经李鸿章保荐,张弼士参与了中国通商银行的筹办,并出任银行总董。

1915年4月,他应美国总统威尔逊之邀,率团赴美签订《中美银行合约》,并筹备在北京、上海与美国纽约、旧金山成立中美合资的第一家国际金融机构。当时美国《纽约时报》称其为"中国的洛克菲勒"。

4 领导革命运动

洪秀全——将中国历史上的农民战争推向高峰

洪秀全（1814—1864年），广州花县（今花都）人，祖籍嘉应州石坑堡。他读过村塾，屡试不第，在阅读了基督教布道书《劝世良言》后创立拜上帝教，偕友冯云山等往广州和附近各县及广西贵县开展传教活动，要求人们净化思想，信拜上帝，以回到古代"天下为公"的盛世。冯云山在广西桂平紫荆山区传教获得成功，信徒日增，形成"拜上帝会"，他被奉为首领。

1851年1月11日，洪秀全在广西桂平金田村聚众誓师起义，向清王朝宣战，自称天王，建号太平天国。同年，设官封王，建立各项制度。咸丰二年至三年（1852—1853年），统帅所编太平军与清军作战，入湖南进湖北，沿长江攻占南京建都（号天京），统治长江中下游广大地区。洪秀全颁布了《天朝田亩制度》，勾画出他理想中的社会蓝图：实行"凡天下田，天下人同耕"，希望建立一个平均的、自给自足的、公有的小农社会。1859年辅政的洪仁玕提出《资政新篇》，主张兴办交通、银行和矿业等。

1856年9月，天京事变发生，领导人之间的内讧与自相残杀极大地损害了太平天国的实力。第二次鸦片战争后，清政府勾结外国侵略势力，加紧镇压太平天国运动。1860年太平天国攻占苏南等地后，抗击了盘踞上海等地的外国侵略势力。1864年6月3日，洪秀全因病去世。7月19日，清军攻破天京，太平天国运动宣告失败。太平天国运动是中国历史上农民革命运动的高潮，建立了能与清政府分庭抗礼的政权。

天京失陷后，太平军余部由侍王李世贤、康王汪海洋等率领一路南下到达闽粤赣三边地带，1866年2月在梅州全军覆没，太平天国运动至此消亡。左宗棠在给朝廷的奏折中称太平天国"兴于嘉应，灭于嘉应"。

孙中山——中国历史上第一个创建共和政体的伟人

孙中山是封建帝制的掘墓人和民主共和的开创者，历史给予他"中国民主革命的伟大先行者"的殊荣。南粤文化开放包容、务实求新，常得风气之先，深深影响了孙中山的革命理念、革命精神和革命方法。

孙中山（1866—1925年），广东香山（今中山）人，中国近代民主革命伟大的先行者、思想家。1878年，12岁的孙中山随母赴檀香山，在长兄孙眉的资助下，孙中山先后在檀香山、广州、香港等地系统地接受了西式教育。他接触了资产阶级的社会政治学说，丰富了民主思想和近代科学知识。1892年，孙中山从医学堂毕业后，在行医之余，常对民众进行革命理论的宣传，结交反清秘密会社和革命志士。1894年，孙中山北上天津，向当时的直隶总督、北洋大臣李鸿章递交请愿信，提出改革主张，但未被接纳。从此他正式走上了职业革命家的道路。

孙中山最大的历史功绩，就是从西方文化中引来共和的火种，燃起辛亥革命的烈火，并推翻了清政府，结束了中国长达2000多年的封建专制制度，创建了中华民国，为振兴中华奠定了基础。在他近40年的革命生涯中，同帝国主义及封建势力进行了顽强的斗争，仅武装起义就有11次之多。1894年，孙中山第三次来到檀香山，参加了兴中会成立大会，制定了驱除鞑虏，恢复中国，创立合众政府的宗旨，这标志着近代中国第一个资产阶级革命团体的诞生和中国资产阶级革命活动的开始，也标志着孙中山由一个改良主义者转变为一个革命者。

1905年8月，孙中山与黄兴等人在日本东京组建了全国性的资产阶级革命党——

孙中山

同盟会，孙中山被推举为总理。孙中山拟订的"驱除鞑虏，恢复中华，创立民国，平均地权"的革命宗旨被确定为同盟会纲领。在同盟会机关报《民报》发刊词中，孙中山首次系统地提出民族、民权、民生的"三民主义"思想。1895—1911年，孙中山与保皇派进行了激烈的论战，策划了多次反清武装起义。1911年4月27日的广州起义虽然失败了，但这次起义促使了全国革命高潮的到来。湘、鄂、川、粤四省掀起的保路运动风潮，成为辛亥革命的导火线。湖北革命团体文学社、共进会在同盟会的影响和推动下，在1911年（辛亥年）10月10日发动起义，武昌起义后，宣布成立湖北军政府。随后在全国有14个省两个月内相继宣布独立，由此清朝统治土崩瓦解。辛亥革命是中国近代史上伟大的反帝反封建的资产阶级民主革命。辛亥革命推翻了清朝统治，结束了中国2000多年的封建帝制，使民主共和的观念传播开来，推动了近代中国社会变革和资本主义的发展，为中华民族的发展进步探索了道路。

1911年12月，17省代表在南京选举临时大总统，从美国刚刚回国的孙中山当选。1912年1月1日元旦，孙中山在南京宣誓就职，定国号为中华民国，创立了中国历史上第一个共和政体。1912年2月，孙中山辞去了中华民国临时大总统的职务，由时任清政府内阁总理大臣、掌握军政实权的袁世凯继任中华民国临时大总统之位，辛亥革命的果实被袁世凯窃取了。1912年8月，同盟会改组为国民党，孙中山被推举为理事长。1913年3月，孙中山主张武力讨袁，发动"二次革命"。1914年7月，孙中山在东京组织中华革命党。1917年7月，因北洋军阀段祺瑞解散国会并废弃《临时约法》，非常国会于1917年在广州召开。孙中山联合西南军阀，组织中华民国军政

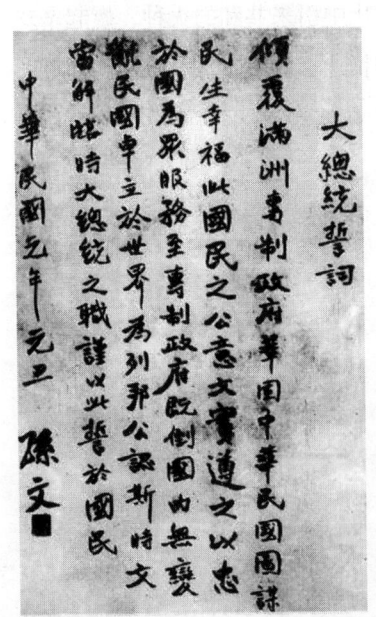

大总统誓词

府,并被推举为大元帅,进行了反对北洋政府的护法军北伐。1919年《建设》杂志在上海创办,中华革命党被改组为中国国民党,孙中山担任总理。1921年,非常国会在广州议定组织中华民国正式政府,孙中山就任大总统,再举护法旗帜。1922年6月,掌握广东军队统率权的陈炯明发动叛乱,孙中山被迫离开广州赴上海。

护法运动的失败、十月革命的成功和五四运动,给了孙中山极大启示,使他看到了中国革命的希望和人民群众的力量。在中国共产党的帮助下,1924年1月,中国国民党第一次全国代表大会在广州召开,孙中山主持了大会。大会通过新的党纲、党章,改组了国民党,选出有中国共产党人参加的中央领导机构。在大会通过的《中国国民党第一次全国代表大会宣言》中,孙中山重新解释了三民主义,充实了反帝反封建的内容,提出"联俄、联共、扶助农工"的三大政策。新三民主义的提出,标志着孙中山实现了他一生中第二次也是最伟大的一次转变,而改组后的中国国民党由资产阶级政党转变为工人、农民、小资产阶级和民族资产阶级的革命联盟。1924年5月,孙中山在广州黄埔长洲岛创立陆军军官学校,为建立革命军队和后来北伐战争的胜利打下了基础。

1924年秋,冯玉祥发动北京政变,推翻通过贿选登上民国大总统宝座的直系军阀曹锟,邀请孙中山北上共商国是。1925年3月12日,孙中山因积劳成疾在北京逝世。今天,每当我们走进翠亨村的孙中山故居,或瞻仰南京中山陵,耳边都会响起"革命尚未成功,同志仍须努力"的"总理遗训"。中国民主革命的伟大先行者孙中山的不朽事迹,将永远激励着中华儿女为中华民族的伟大复兴而奋斗!

叶剑英——中华人民共和国开国元勋

叶剑英是我国伟大的无产阶级革命家、政治家、军事家,长期担任党、国家和军队的重要领导职务。1897年生于广东梅县。20世纪,中国涌现出孙中山、毛泽东、邓小平三位世纪伟人。他跟随孙中山、拥戴毛泽东、匡助邓小平,是一位紧跟时代前进的革命家。从云南讲武学堂毕业后,叶剑英投

1921年叶剑英随孙中山出巡广西

身于民主革命。1922年6月,粤军总司令陈炯明叛变孙中山,炮轰总统府。万分危急之时,叶剑英登上"宝壁"舰护卫孙中山,后改乘"永丰"舰前往黄埔。孙中山蒙难50天,叶剑英始终率部护卫。

1927年,蒋介石发动了四一二反革命政变。叶剑英在蒋介石的嫡系部队第一军任扩编第二师师长,很受蒋介石的器重。但在此革命紧急关头,他毅然放弃了高官厚禄,在江西吉安"通电全国反蒋",奔赴武汉参加国民军第四军。1927年7月加入中国共产党。当叶剑英得知汪精卫等要诱骗叶挺、贺龙上庐山"开会"以解除两人兵权的消息后,不顾个人安危,约叶挺、贺龙到九江甘棠湖,并把消息秘密告诉了叶挺、贺龙,保证了南昌起义的顺利举行。1927年12月11日凌晨,叶剑英创建的教导团打响了广州起义的第一枪。第二天,敌人组织军队反扑,起义军被迫退出广州城,向农村转移,起义宣告失败。

第五次反"围剿"失败后,党中央、中央红军踏上了长征之路。1935年6月,党中央、中央红军与红四方面军在懋功胜利会师。率领左路军的张国焘进行分裂党和红军的活动,拒绝执行党中央的北上方针,并企图危害党中央。叶剑英识破了张国焘的阴谋,立即报告毛泽东。党中央召开紧急会议,决定迅速率领红一方面军主力北上,终于脱离险境。叶剑英回到驻地,以"打粮准备南下"的名义,率领军委纵队脱离险境,赶上红一、三军团。叶剑英在危急关头保护了党中央,毛泽东曾多次提到这件事,称赞叶剑英:"诸葛一生唯谨慎,吕端大事不糊涂。"

1966年夏,"文化大革命"开始了。1971年,叶剑英重新以军委副主席身份主持军委日常工作。1975年1月,在四届人大一次会议上,叶剑英被任命为国防部部长。1976年,周恩来、朱德、毛泽东相继病逝,举国悲痛,10月6日晚,华国锋、叶剑英代表中央政治局,执行党和人民的意志,对王洪文、张春桥、江青、姚文元及其在北京的帮派骨干实行审查。

经叶剑英的积极努力，1977年7月召开的党的十届三中全会上，以全票通过了恢复邓小平职务的决议。叶剑英为确立第二代领导核心邓小平的领导地位，起到了重要作用。

叶剑英于1955年9月被授予元帅军衔。1978年任第五届全国人大常委会委员长，后任中共中央军委副主席等职务。为我国制定党的十一届三中全会以来改革开放的一系列方针政策，为加强社会主义民主法制建设与和平统一大业做出了巨大的贡献。1986年10月22日，叶剑英在北京病逝，享年89岁。他的不朽业绩和高贵品质，将永垂青史。

5
见证历史进程

沙面建筑群——远去租界的背影

广州沙面是新中国成立前英、法等国在广州的租界，本是珠江中由泥沙堆积成的一个沙洲，唐代称之为"拾翠洲"，后因泥沙堆积越来越大，又称"中流沙"。沙面在宋朝以后成为广州对外通商要津和游览地，明代曾设"华节亭"，为管理外商入口的一个要津（码头）。第二次鸦片战争时（1856—1960年），十三行洋行和夷馆均被烧毁。咸丰九年（1859年），英、法侵略者凭着签订的不平等条约，以"恢复商馆洋行"为借口，按一亩地1500钱的所谓租界费，强迫两广总督租借沙面，并在此驻军。

侵略者挖了一道河涌把沙面和沙基分开，他们雇工修护河堤，填土筑基，形成沙面岛，作为外国人居留和经商的区域。沙面东面1/5为法租界，约66亩。西面4/5为英租界，约264亩。沿沙面河涌宽27米，贴近沙面的13.5米范围属于沙面租界，中国船只不能停泊。至19世纪末，沙面租界已成为一个独立于广州城的城区，主要建筑有领事馆、教堂、银行、邮局、电报局、商行、医院、酒店和住宅，另外还有俱乐部、酒吧、网球场和游泳场等，其住户多是各国领事馆、银行、洋行的人员以及外籍的税务官和传教士。租界内各种权力则由英法驻广州领事直接控制。一条贯通东西的主干道辅以几条南北纵横的次干道，将沙面分割成大小不等的12个区。沙面现有沙面北街、沙面大街、沙面南街三条东西走向和沙面一至五街五条南北走向街道。东、北、西三面分别有东桥、西桥、新西桥与今六二三路相通。

沙面保留了近代形式多样的西洋式建筑群，展现了19世纪以来欧洲各

第六章 "欧风美雨"来 花先为我开

种不同的建筑风格。

1924年7月,沙面洋务工人为反对帝国主义侮辱中国人的苛例《新警律》举行罢工。1925年6月23日,广州各界群众为响应上海"五卅"运动举行示威游行,当队伍途经沙面租界对岸沙基时,沙面英、法租界士兵开枪射击,制造了"沙基惨案"。惨案发生后,沙面洋务工人和香港工人一起举行了省港大罢工,罢工持续了16个月,有力地打击了帝国主义的嚣张气焰。第二次世界大战后,沙面租界由我国收回。中华人民共和国成立后,沙面真正回到了人民的怀抱。

广东的革命党人矢志革命,面对敌对势力,愈挫愈勇。1910年秋,孙中山与同盟会骨干集会于庇能(今马来西亚槟榔屿北部),决定在广州发动新的起义。会后,孙中山到各地募款。黄兴、赵声负责筹划起义。次年4月23日,黄兴在广州成立起义指挥部。此时广东当局已有风闻,大肆搜捕革命党人。当黄兴最终决定4月27日起义时,把原计划的十路并举改为四路突击。但当举义时(下午5时30分),实际上只有黄兴率领的一支队伍直扑两广总督衙门。敢死队突入总督署,总督张鸣岐逃走。起义军焚毁总督署后,在东辕门外与水师提督李准的大队亲随短兵相接。无奈兵力不足,起义军失败。

黄花岗起义失败后,黄兴负伤逃回香港,喻培伦、方声洞、林觉民等被捕杀,死难的同盟会会员有名可考者达86人。广州当局严令:已死乱党,不得收尸,曝诸街头,以儆效尤。一位没有暴露真实身份的同盟会员、《平民报》主笔潘达微,恳请广州豪绅、时任清乡督办江孔殷和两粤慈善机构广仁善堂出面,将其中72人的遗骸葬于广州东郊红花岗。当时,保皇势力主办的《国事报》著文质疑潘达微安葬死难烈士一事的动机。潘达微拟文反击,文章写完,又挥毫作画。他最常画的题材是菊花,信笔画了一幅独立于疏篱之外的傲霜秋菊,并题上了"碧血黄花"四字。放下画笔,潘达微突生灵感,把文稿中的"红花岗"改成了"黄花岗",起义也被称为"黄花岗起义"。这次起义振奋了革命同志的斗志,成为辛亥革命的前奏。

黄花岗墓园始建于1912年,墓门牌坊上有孙中山手书"浩气长存"四字。纪功坊峙立墓后,坊额上刻章太炎手书篆体字"缔造民国七十二烈士纪

黄花岗七十二烈士墓

功坊"。坊上屹立着一座高擎火炬和手挟法律书籍的自由女神像。陵园内还葬有史坚如烈士,他在1900年为配合兴中会郑士良在广东惠州三洲田的起义而谋刺两广总督德寿,不幸被捕,英勇就义;有飞行家冯如,他1912年在广州燕塘驾驶飞机表演,不幸失事;有1922年被陈炯明部属暗杀的国民党左派将领邓仲元等人。

中共三大会址——见证国共首次合作

1923年6月12日至20日,广州恤孤院路31号(现恤孤院路3号)一栋独立二层普通民居内,中国共产党第三次全国代表大会在这里秘密召开,第一次国共合作的理论基础及政策在此奠定。

当年,会址是一幢砖木结构的人字形两层民居,房子及室内家具都是广东区委临时租来的,室内没有电灯、自来水、浴室、厕所。楼上为代表宿舍,用长木条支两块板做床,楼下南向的大房为会议室,中间放了一张已褪色的长方形台子,在台子的东西两边放置长条木凳,为代表的席位,台子南北两端各放置一张小方凳,分别为中共中央执行委员会委员长和共产国际驻中国代表的座位。开会时正值暑天,代表们挤在狭窄又没有风扇的房子里,会议条件异常艰苦。

从1923年6月党的三大召开前到9月党中央迁到上海,党的中央机关办公处一直设在这里,并在此召开了中共三大的预备会议和此后的中共第三届中央委员会会议。中共三大不仅敲定了国共合作的方针政策,还选举成立了新的中央委员会。30岁的毛泽东首次进入中央执行委员会,并进入中央局,成为中央领导成员。

农民运动讲习所——播撒农民运动的革命火种

毛泽东同志主办农民运动讲习所旧址,位于广州市中山四路。所址原是番禺学宫,始建于明洪武三年(1370年)。第一次国共合作形成后,国民革命运动迅猛发展。为了配合即将进行的北伐战争,发展全国农民运动,在共产党人彭湃的倡议下,国民党中央在广州举办中国国民党中央执行委员会农民运动讲习所(即广州农讲所),以培养农民运动干部。1924年7月至1926年9月,先后举办了六届,培育了800名农民运动干部。第一、二届所址在越秀南路惠州会馆。第三、四、五届所址在东皋大道1号。

1926年5月,由毛泽东任所长的第六届农民运动讲习所在番禺学宫举办。农讲所教员有萧楚女、彭湃、周恩来、阮啸仙、恽代英、赵自选等,开设了政治、经济、文化、军事、历史等20多门课程。毛泽东讲授了"中国农民问题""农村教育""地理"三门课程,并编辑了《农民问题丛刊》。农讲所学员来自全国20个省区共327名。他们在这里学习革命理论、进行军事训练,还到海丰、曲江等农村考察农民运动。除了第六届规定不招收女生外,一至五届都招收了女生。毕业后,学员分赴全国各地进行革命活动,播下了许多革命火种,在中国革命史上写下了重要的篇章。

黄埔军校——托起中国革命的不朽丰碑

黄埔军校一度与美国西点军校、英国桑赫斯特皇家军事学院、俄罗斯伏龙芝军事学院以及法国圣西尔军校齐名。作为中国现代历史上第一所培养革命干部的新型军事政治学校,其影响之深远、声名之显赫,都是创校伊始所不曾想到的。

黄埔军校建于1924年,是第一次国共合作的产物。1924年1月,孙中

黄埔军校

山命名成立"陆军军官学校筹备委员会",选定在广州长洲岛上的原广东陆军学堂和广东海军学校的旧址上建立军校。5月,蒋介石被任命为校长,廖仲恺为党代表,李济深、邓演达为教练部正、副主任,王柏龄、叶剑英为教授部正、副主任,戴季陶、周恩来为政治部正、副主任,何应钦为总教官。此外还有熊雄、恽代英、萧楚女、聂荣臻、张秋人等共产党人担任教官及负责各方面的工作。当月,从1200名考生中正式录取学生350名,备取120名。建校时的正式名称为"中国国民党陆军军官学校"。因其校址设在广州东南的黄埔长洲岛,又称"黄埔军校"。

黄埔军校校本部是一座三路四进、回廊相通的日字形二层砖木结构楼房。1927年,时任校长蒋介石发动四一二政变,长洲岛上也是风云变幻,一时同学反目。不过,黄埔军校在中国革命史上的地位还是不可撼动的。

东江纵队——广东人民解放的旗帜

在中国的抗战历史中,有一支特殊的部队创下了辉煌战绩。这支孤悬于华南敌后的抗日武装虽然长时间得不到来自党中央的直接支援,困难时期甚至连一部电台都没有,仅靠收音机来收听延安新华广播电台的消息,这支抗日武装,就是英雄的东江纵队。

东江纵队是抗日战争时期党在广东省东江地区创建和领导的一支人民抗

日军队。1938年10月，侵华日军在惠阳大亚湾登陆，东江下游各县及广州相继沦陷。中共广东省委及八路军香港办事处负责人廖承志，根据中央指示，派一批共产党员到东莞、宝安、惠阳、增城等地组织抗日武装。在惠阳周田村成立了惠宝人民抗日游击总队，曾生任总队长；对东莞模范壮丁队等武装进行整编，成立了东宝惠边人民抗日游击队，王作尧任大队长。1940年3月，两支游击队遭到国民党顽固派军队的围攻，被迫向海丰、陆丰转移。8月，曾生、王作尧等率部重返东宝惠地区，将部队整编为广东人民抗日游击队第三、第五大队，分别进入东莞大岭山区和宝安羊台山区开辟抗日根据地。1941年6月，第三大队把进犯大岭山区的600余名日伪军围困两昼夜，毙伤日军50余名。第五大队在羊台山粉碎了日伪军的"扫荡"，毙伤敌人70余名。

1941年12月，日军占领香港。游击队即派出武工队进入香港、九龙，建立了海上中队和护航大队。香港沦陷时，有一大批中国文化界知名人士和爱国民主人士以及国际友人滞留港岛，处境十分危险。游击队根据中央指示，克服重重困难，先后营救了何香凝、柳亚子、茅盾、邹韬奋等700多人；转移部分国民党官员和眷属，遇险的美国航空队飞行员以及港英官兵和荷兰、比利时、印度等国外侨近百人。"省港大营救"轰动全国，被称为"抗战以来最伟大的抢救工作"。

1942年1月，中共南方工作委员会在羊台山成立广东省军政委员会，统一领导东江和珠江地区的抗日斗争，并将广东人民抗日游击队编为游击总队，下辖1个主力大队和4个地方大队。1943年，游击总队向日伪军主动出击，拔除了广九铁路及宝太公路、莞城—太平公路沿线的一批据点，粉碎了日伪军的"万人扫荡"，收复了大片失地。1943年12月，游击总队在坪山改编为广东人民抗日游击队东江纵队，曾生任司令员，林平任政治委员。纵队成立后，广泛开展杀敌竞赛和扩军竞赛。1944年上半年，广九铁路以西的部队歼灭伪军20多个连，港九独立大队炸毁了香港启德机场的油库和九龙第四号铁路桥，全歼广九铁路常平、平湖等站的伪军伪警大队，还组成北上抗日先遣队，一度收复了清远县城。

位于深圳坪山的东江纵队纪念馆

1944年2月11日，29岁的中美联合空军飞行指挥员兼教官克尔中尉，率领第十四航空队20架战斗机从桂林起飞，护卫12架轰炸机袭击日军在九龙的启德机场。激战中，克尔驾驶的战斗机击落2架日机后，不幸中弹起火。克尔弃机跳伞，降落到新界。数千日军为此进行了三个星期的地面大搜捕。危急时刻，港九大队紧急行动，历尽千难万险，将克尔成功救出，这一传奇故事被列入美军十四航空队的教材。

1945年春，东江纵队派出两个支队挺进东江北岸，开辟以罗浮山为中心的江北抗日根据地。8月初，他们又集中主力千余人挺进粤赣湘边区，准备迎接八路军南下支队，开辟五岭抗日根据地。此时，部队发展到9200余人，活动地域由东江两岸扩展到广州市郊区、粤赣湘边区和海陆丰地区。8月15日，日本宣布投降。东江纵队遵照朱德总司令的命令，立即向日伪军展开全面进攻。至9月底，共收复城镇60余处，歼灭日伪军千余名。

1946年6月，东江纵队主力和珠江纵队、韩江纵队以及广东南路人民抗日解放军等部分骨干奉命北撤山东解放区，并在解放战争时期改编为中国人民解放军两广纵队。留下来的人员大多成为中国人民解放军粤赣湘边纵队的骨干。东江纵队在远离中央，难以取得华北、华中抗日根据地直接支援的困难条件下，坚持在华南抗战。他们经历大小战斗1400余次，歼灭日伪军

第六章 "欧风美雨"来 花先为我开

9000余人，建立了大片抗日根据地。1945年，朱德同志在中共七大所做的报告《论解放区战场》中，将东江纵队与琼崖纵队和八路军、新四军并称为"中国抗战的中流砥柱"。东江纵队被中央军委誉为"广东人民解放的旗帜"。

东江纵队老战士一直以"书生扛枪"为自豪。东江纵队早期领导人曾生、王作尧等都是大学生，队伍中留学生比比皆是。据统计，有1500多名华侨子弟和港澳青年回来投身抗战，如大名鼎鼎的文森队、吉隆坡队等，都是以华侨原住地命名。许多人的事迹都广为人知，如泰国华侨钟若潮后来担任大队政委，牺牲时新婚才三天。"小鬼善战"也是东江纵队历史上赫赫有名的一笔。以一当百光荣殉国的东江纵队五少年英雄，威震港九的短枪队队长刘黑仔，后来成为海军战斗英雄的"老虎仔"林文虎，都是被广为传颂的传奇人物。

曾生（1910—1995年）原名曾振声，深圳坪山区石灰陂人。1933年7月入中山大学文学院教育系就读，接触进步书刊，编印《铁轮》杂志，刊载反帝反封建文章。1935年"一二·九"运动爆发后，他被推选为中山大学员生工友抗日会主席团主席、广州学生抗日联合会主席，领导学生抗日救亡运动。1937年自中山大学毕业后不久，曾生接任中共香港海员工委书记，领导香港海员工人运动。1938年，侵华日军在大亚湾登陆后，曾生与周伯明、谢鹤筹等率领在港的共产党员、进步工人及青年学生60多人回到坪山，成立中共惠宝工作委员会，组建抗日游击队，并以坪山为基地，与王作尧领导的游击队并肩战斗。1939年春，中共广东省委成立东江军事委员会，曾生任委员。1941年，他参与组织港九人民抗日游击队，组织香港大营救。历任广东人民抗日游击队第三大队大队长、广东人民抗日游击总队总队长，创建东江抗日游击根据地。1943年12月，广东人民抗日游击队东江纵队成立，曾生任司令员。他率领东江纵队深入港九，挺进粤北，转战华南39县，收复大片国土，为抗日战争胜利做出了贡献。

1946年6月，曾生率东江纵队主力北撤山东，历任华东军事政治大学副校长、渤海军区党委副书记兼副司令员、中国人民解放军两广纵队司令员，参加了豫东、济南、淮海等战役。1949年，他指挥由两广纵队、粤赣

湘边纵队和粤中纵队组成的南路军,解放和平、连平、河源、龙川、惠阳等县。后任中共中央华南分局委员、两广纵队司令员和珠江三角洲作战指挥部司令员兼前委书记。广州解放后,曾生历任广东军区副司令员兼珠江军分区司令员、政委,中共珠江地委书记,华南军区第一副参谋长。1952年率部赴朝作战,任中国人民志愿军第十二军副军长。1955年被授予少将军衔,任南海舰队第一副司令员、中共广东省委常委、中共广州市委第三书记、广东省副省长兼广州市市长、国家交通部部长等职。著有《曾生回忆录》。

在"欧风美雨"的洗礼下,文明之花首先在广东绽放,进而引领着古老的中国踏上了近代化的征程,岭南文化在东西文化交融中不断壮大。广东的有识之士,在学习西方的科技知识、宣传践行改革和革命等方面走在了时代的前列,在历史上留下了浓抹重彩的一笔。

第七章 探寻岭南的历史印迹

人们在岭南这片热土上，不断拼搏奋进，不断开拓创新，把昔日的蛮夷之地建设成弦诵之声相闻的富庶文明之乡，千百年来，创造了一个又一个奇迹，引领了时代的发展。我们沿着这不平凡的历史足迹，分享繁华的快乐，共话成就的感动。

美丽壮阔的身影

广州——中国的南大门

广州位于广东省中南部,濒临南海,背靠白云山,珠江穿城而过。广州是中国的南大门,是很早就驰名世界且历久不衰的东方大港,是2000多年来华南政治、军事、经济、文化、交通和贸易中心。2017年,广州以常住人口1449.84万人,实现地区生产总值21503.15亿元,稳居国家一线城市行列。广州文化特点可概括为古老、进取、包容。

中山纪念堂,广州最具标志性的建筑之一

文化纵横行

"古老"指广州历史文化悠久。公元前214年，秦始皇统一岭南，设置南海郡，郡治设在番禺，任命任嚣为南海尉并建城，此为广州建城之始。三国吴黄武五年（226年），孙权划合浦以北为广州，合浦以南为交州，将州治从原来的广信（今广西梧州）迁到番禺，广州之名即取广信的"广"字。广州曾经出现过南越国、南汉国、南明三个政权，历十个皇帝的统治，前后148年。

"进取"指广州海外贸易的开创精神、近现代革命策源地的革命精神和作为改革开放前沿阵地的开拓精神。广州是我国海上丝绸之路的发祥地，至今还有秦代造船工场遗址、南海神庙、怀圣寺光塔和蕃坊等遗存，以及十三行夷馆等大批古迹。明代这里曾举办我国最早的出口商品交易会——定期市，清康熙年间出现了"十三行"。中华人民共和国成立以后，第一届中国出口商品交易会就设在海珠广场，后迁流花路，最终搬迁到现在的琶洲会展中心。对外贸易的持续繁荣，充分体现了广州人深受海洋文化熏陶、敢于开拓进取的拼搏精神。

在中国近代革命和中国当代改革开放的历程中，这种进取精神同样散发出夺目的光彩。林则徐在广州领导了近代史上轰轰烈烈的禁烟运动；三元里发生了声势浩大的抗击英国侵略军的武装斗争；洪秀全领导了中国农民运动最高峰的太平天国运动；康有为、梁启超领导了资产阶级维新变法运动。

在新民主主义革命史上，广州同样占据了重要的地位。震惊中外的"省港大罢工"和"沙基惨案"在这里发生；毛泽东主持的第六届农民运动讲习所在这里举办；党领导的广州起义，成立了广州苏维埃政府，这是中国第一个城市红色政权，被誉为"东方的巴黎公社"。

改革开放以来，广州作为前沿阵地、排头兵，更是取得了骄人的业绩，经济发展硕果累累，城市面貌翻天覆地，人民生活初步富裕，在基本实现现代化方面走在全国前列。

"包容"指广州对外来文化无论是物质还是思想都能够理解、吸纳并最终融合。这种包容一是体现在建筑风格上，广州不仅有能代表广东民间工艺特色的陈家祠、西关大屋，有沙面岛上的近代欧洲巴洛克式建筑，还有散布在上下九路融合了南欧建筑和广州建筑特色的骑楼、东山花园洋楼。二是体现在对待宗教的态度上，这里佛教寺庙、道教宫观、伊斯兰教清真寺、天主教教堂比肩而立。三是体现在广州人日常的生活方面，如语言、服饰、饮食等。如果今天用广州话读一些古代诗歌，人们会发现比用普通话更为押韵，这是因为广州话中保留

广州一隅

了不少古代中原语音。唐代一位诗人写道："北人避胡多在南，南人至今能晋语。"不仅如此，广州地区方言还吸收了外来语，例如英文的ball、shirt、chocolate、taxi，分别为广州话的波（球）、恤衫（衬衣）、朱古力（巧克力）、的士（出租小汽车）。广州话输出到国外的也不少，如荔枝、功夫，英文是lychee、kungfu。广州语言中呈现了各种语言"你中有我，我中有你"的特色。

广州有"花城"的美誉，西汉时期陆贾出使南越国，就盛赞这里都是"彩缕穿花"之人。清代中叶，这里就有国内首创的迎春花市。"岭南望海苍山尽，美在花城处飘香"。1938年10月19日深夜，尽管是战火纷飞的时刻，巴金先生依然充满留恋地写道："我爱这个城市。的确这个城市是可爱的，甚至在这个时候它还是十分可爱。"

深圳——创新之都

2017年，深圳以22490.06亿元的地区生产总值，雄居中国经济第一大省——广东省的榜首。深圳，是一座现代人以不可思议的速度建设起来的、

拥有1252.83万常住人口的现代化城市。当年,伟人邓小平在南方的大海边画了一个圈,于是昨天的小渔村,变成了今天的国际化大都市。深圳是改革开放后的第一个经济特区,其主流文化——"新客家文化",具有广泛的包容性、积极的进取心和旺盛的创造力。

说它包容,是因为不仅深圳土著不占优势地位,而且也没有任何一个地方的人能主导这座移民之城:怀抱一腔热血的大学毕业生、想闯出一番天地的职场白领、雄心勃勃要大显身手的投资者、带着手艺或梦想的农民工,都可投入到这座全新的城市。来了就是深圳人!

深圳给了无数人一个实现梦想的机会。这里不讲人情背景,不细究身份地位,看重的是个人的能力与进取心。由此,深圳创造了一个奇迹——深圳速度!屹立于深圳市中心的国贸大厦,当年的建设者采用先进的建筑技术,创造了3天建一层楼的奇迹。华润大厦、京基100、平安国际金融中心等高楼大厦,正以最新的姿态展现深圳的速度。

深圳没有积重难返的陈年陋习,没有束手束脚的条条框框,所以创意妙想滚滚而来。国内近半数标志性建筑的设计出自深圳,"设计之都"展现了它极富创造力的一面。

深圳一隅

深圳也是宜居的,早在 2005 年就被评为全国文明城市。华侨城景区集中华传统、中国民俗与世界文化精华于一体,令人流连忘返。深圳也是充满历史气息的,从中英街到大鹏所城,从客家围屋到南宋少帝陵等,处处散发着历史的气息。

深圳,有太多的热烈值得向往,有太多的宁静值得品味。

珠海——浪漫之城

当你乘船去珠海,船到香炉湾,首先映入眼帘的是一尊手擎明珠的 8 米多高的神女雕像——珠海渔女。相传很久以前,有一位美丽的仙女被香炉湾风光迷住了,并与朴实憨厚的打鱼青年相爱。于是她扮成渔女下凡到人间,以 100 多颗明珠作为定情物送给渔郎。这时,突然风雨大作,从海底钻出一群妖魔鬼怪,杀死了渔郎。仙女奋勇迎战,终因寡不敌众,以身殉情,手中的明珠散落海中,成为今天伶仃洋至珠江口外海上 100 多个岛屿,"珠海"之名由此而来。"珠海渔女"雕像已成了城市的象征。

1980 年 8 月,珠海经济特区成立,从此珠海经济迅速发展,从昔日的渔村逐步发展成为以工业为主的现代化城市。在珠海举办的中国国际航空航

珠海一隅

天博览会,每两年一次,每次都云集世界一流的飞行表演队,表演令人刺激的"空中芭蕾",吸引着世界各地的航空爱好者前来观看。

珠海有"浪漫之城"之称。追求个性、追求发展、追求生活的高品位,是珠海人的最大特点。

佛山——岭南重镇

2017年,佛山以9398.32亿元地区生产总值夺得广东经济榜眼,其傲人的建设成就源于其深厚的文化底蕴。佛山早在秦汉时期就已形成颇具规模的农渔乡村,唐贞观二年(628年),在城内塔坡岗上挖掘出三尊佛像,"佛山"因而得名,并逐渐成为珠三角佛教中心,又称"禅城"。明清时期,佛山发展成商贾云集、工商业发达的岭南重镇,与湖北汉口镇、江西景德镇、河南朱仙镇并称全国四大名镇,与北京、汉口、苏州并称天下"四大聚"。

佛山是有名的"南国陶都",自古有"石湾瓦,甲天下"的美誉。石湾制陶有5000多年的历史,唐宋以来就已成为中国南方颇具规模的陶器生产基地。石湾陶塑可谓岭南地区极具草根气息的一种艺术形式。石湾陶塑技艺在日用陶器的基础上发展而成,从石湾东汉墓出土的陶塑中已可见其艺术雏形。自唐宋以来,石湾窑成为南方颇具规模的制陶基地,深受东南亚市场欢迎。清代屈大均《广东新语》如此记载:"石湾之陶遍二广,旁及海外之国。"清代早期至中期,由东印度公司从广州输出的陶瓷中,就有不少是石湾艺术陶瓷。石湾南风古灶建于明代正德年间(1506—1521年),是中国罕有的至今仍在烧制的陶窑。

石湾艺术陶瓷俗称"石湾公仔"。它的艺术创作植根于民间,上釉别具一格,釉色浑厚斑斓,造型生动传神,充满着浑厚、粗犷、质朴、率真的审美情趣,是世界陶艺史上的一朵奇葩。当代石湾陶瓷艺术大师潘柏林大胆突破,经过多年的探索和研究,开辟了一条以传统民俗和日常生活为主要灵感来源的现代陶塑新路。其作品以市井风情为特色,用艺术化的手段讲述寻常百姓故事,成为近年来石湾陶艺的新派代表。在他的作品里,没有高深的说教与费解的寓意,有的只是平易近人的人物形象和场景。无论是都市女郎还是宠物小狗，经过大师雕琢后，无不活色生香、风情万种。

宋代时佛山所铸鼎、锅、钟、塔等闻名全国，到明代时佛山成为中国南方的冶炼中心。清末，佛山更是得风气之先，成为我国近代民族工业的发源地之一，先后诞生了中国第一家新式缫丝厂和第一家火柴厂，并建立了"南洋兄弟烟草公司竹嘴厂"。今天的佛山，以先行一步、敢为人先的气魄，充分发挥邻近港澳的有利条件，成为中国乃至全球重要的制造业基地之一。

佛山素有粤剧之乡、武术之乡、民间艺术之乡、狮艺之乡等称誉。千年祖庙是佛山历史文化的标志。佛山是珠三角民间艺术的摇篮，秋色、剪纸、木刻年画、陶塑、灰塑、砖雕等手工传统技艺独树一帜。佛山孕育并保留了秋色、醒狮、舞龙、龙舟说唱、龙舟竞渡等大量体现岭南文化精髓的民间艺术及民俗。佛山东华里的巷子两侧有许多窄巷，窄巷内是一排排清代至民国年间的大屋，最多的是镬耳屋，这里是佛山市现存最完整的具有典型岭南风格的居民街道建筑群组。位于佛山的粤中四大名园之梁园、清晖园，是岭南文人园林的典型代表。

佛山是中国南派武术的主要发源地，清末民初，涌现出一批具有国际影响力的武术家和武术组织。现在世界上广泛流行的蔡李佛拳、洪拳、咏春拳等不少拳种和流派的根源都在佛山。武术大师黄飞鸿生于佛山，是武林中一位传奇性的历史人物，关于他的影视剧不下百部，在全国及东南亚的华人圈中影响极大。李小龙更是对现代技击术和电影表演艺术的发展做出了巨大的贡献。他主演的功夫片风行海外，中国功夫也随之闻名于世界。

佛山是"南国红豆"粤剧的发源地，诞生了粤剧艺人的代称——"红船子弟"和粤剧最早的戏行组织——琼花会馆。民间自发组织的粤剧演唱"私伙局"是佛山文化的一大特色，至今长盛不衰。一年一度的琼花粤剧艺术节，使佛山呈现"红船泊晚沙，万人看琼花"的盛况。佛山是南狮的发源地，龙狮起舞既是融武术、舞蹈、音乐等为一体的体育竞技活动，也是佛山武术的重要项目之一。

佛山才俊辈出，唐宋以来广东出过九个状元，佛山占其五。近代以来，佛山孕育了维新运动领袖康有为，政治活动家张荫桓、戴鸿慈、谭平山、何

香凝、罗登贤、邓培，民族实业家陈启沅、简照南、简玉阶，科学家詹天佑、邹伯奇，文学家吴趼人，粤剧名伶薛觉先、马师曾等杰出人物。

江门——五邑侨乡

中国的传统文化讲究团结、凝聚。当离开故乡、身在他乡的时候，这种关于乡情的文化精神就会凸显出来。如果是离开自己的国家，漂洋过海到异国去，这种乡情就会异常浓烈。江门把这种传统的中国文化精神演绎得最为深刻，是珠江三角洲城市群落中拥有最深刻、最典型的乡情印记的城市。

江门，因地处西江与蓬江的汇合处，江南的烟墩山和江北的蓬莱山对峙如门而得名。原来只不过是新会的一个墟集，17世纪因商贸的发展而兴盛。清光绪二十九年（1903年），这里被辟为对外通商口岸，并成立北街海关，为当时广东八大海关之一。在江门，差不多户户有华侨，家家是侨眷，甚至许多村的主要经济来源、许多居民赖以生存的就是侨汇，而中西合璧或纯西洋风格的建筑在江门更是村村都有。据说现在祖居江门的华侨、华人和港澳台同胞的人数，几乎和江门五邑的总人口一样多。

江门往海外移民的时间很早，可以追溯到唐代，黄巢起义时就有江门人随阿拉伯商船下南洋。从1840年至1876年，仅移往美国的江门人就有12.4万人。据1999年统计，祖籍五邑的海外华侨、华人和港澳台同胞共有367.93万人，约占全国海外侨胞的1/10。早年移民海外的五邑人，凭借着团结拼搏的奋斗精神、顽强不懈的努力，取得了相当的成就。不少人在当地扎下了根，并获得了相应的政治经济地位。江门的第一家发电厂、医院、学校，第一条铁路，第一个电灯公司、行车公司，第一家机械生产企业，多数是由华侨投资兴建的；过去江门各村镇最热闹的墟镇，往往是由华侨率先开发的。见证当年那段移民历史的最重要的遗迹是碉楼。现存最古老的碉楼是迎龙楼，建于明嘉靖年间（1522—1566年）。后来，随着华侨文化的发展，越来越多的碉楼兴起、鼎盛于20世纪初。碉楼零散地分布在华侨各自祖居的村落、故里，其建造与华侨希冀光宗耀祖的传统心理有关。华侨互相攀比、各显神通，逐渐形成了乡村田野间一道道美丽而独特的风景线。

第七章　探寻岭南的历史印迹

一部五邑华侨史，也是一部华侨爱家爱乡爱国的历史。从积极捐款支持孙中山的革命事业，到回国参加起义，血洒黄花岗；从抗日战争筹款100多万美元的"纽约全体华侨抗日救国筹饷总会"，到新加坡出现的"卖子救国"……这块土地上曾涌现了无数优秀的中华儿女，有戊戌变法领袖梁启超、爱国侨领司徒美堂、"中国航空之父"冯如，以及世界第一位华人女特技飞行员张瑞芬、与陈铁军举办"刑场上的婚礼"的周文雍、"中国油画第一人"旅美华侨李铁夫等。

开平碉楼（凌美清　摄）

东莞——不断创造奇迹

东莞是广东经济四驾马车之一，2017年地区生产总值达7582.09亿元，居广东经济排行榜第四位，用数字证明了其"世界工厂"的地位。

东莞是一个创造了和正创造着经济和社会发展奇迹的地方。历史将会记住：1978年8月的一天，东莞第一个打开国门，引进了全国第一宗"三来一补"的港资企业——编号为001的太平手袋厂。

濒临破产的香港商人张子弥，带着几个手袋样板来到虎门，与太平服装厂达成合作协议：他提供原材料和设备；东莞方面出厂房、人力，赚取加工费；每个月加工费的20%偿还给张做设备款。就这样，由中国工商总局发放的关于"三来一补"（来料加工、来样加工、来件装配和补偿贸易）企业的第一张牌照"粤字001号"正式诞生，东莞虎门镇太平手袋厂成为试吃外资的"第一只螃蟹"。随后，这种"三来一补"模式在南粤大地上轰轰烈烈地发展开来。

东莞虎门炮台

借力"三来一补",东莞搭上了世界特别是香港这一现代化国际大都市经济发展的"特快列车",发展外向型经济,参与国际分工。从此,东莞拉开了经济迅猛发展的序幕。东莞记录和见证了中国改革开放、经济发展的历史进程。

东莞敢为天下先,利用原始积累的资金,大规模开展基础设施建设,优化投资环境,"筑巢引凤"。东莞建成了全国第一个城乡程控电话网;公路密度居全国前列;全国第一家路桥收费是从东莞的高埗大桥开始的;东莞是全国第一个设立对外加工装配办公室的地方,首创"办事一条龙"服务。这些第一,正是东莞人大胆试、大胆闯的真实写照。有人说:"如果东莞通往深圳皇岗的公路被切断,全球70%的计算机商将受影响。""东莞制造"已成为中国信息技术(IT)制造的代名词,在全球市场举足轻重。迅速发展的经济给东莞这个弹丸之地创造了太多奇迹。

东莞文化历史积淀厚重。1839年的虎门销烟,以及此后陈连升父子与关天培及1000多名清军将士的鲜血,使这里成为中国近代史的巨大伤痕。陈伯陶、张其淦、伦明、邓尔雅、蒋光鼐、容庚、林克明……可谓"贤良科目,代不乏人"。

今天，东莞正以"千年莞邑，IT新都，山水嘉园"的崭新形象，以及"山水东莞"的神韵，令人惊叹的面貌展现在世人面前。

湛江——多彩的城市

在中国大陆的南部，有一个像楔子一样突出在南海上的半岛，这就是雷州半岛，因雷声常作而得名。而占据着这个半岛上大部分面积的城市，就是湛江。

汉代，设徐闻县辖整个雷州半岛。徐闻港为我国海上丝绸之路最早的始发港之一。南宋末年，元兵南进，闽、潮沿海大批居民从海路南迁，老市区赤坎开始成埠。明清两代，手工业有较大发展，尤以葛布著名。清光绪二十四年（1898年），今湛江市区范围为法国租借地，时名"广州湾"，闻一多在《七子之歌》中写的"广州湾"，即是今日的湛江。抗日战争爆发后，沿海港口相继沦陷，作为法国租借地的广州湾偏安一隅，对外贸易和经济发展曾繁盛一时。1945年日本投降后，中国从日本侵略军和法国殖民者手中接收广州湾，以原范围划设市治。因历史上曾属椹川县，境内东海岛曾设椹川巡检司。据地方志记载，古"椹川"亦有称为"湛川"的，因而得名"湛江"。

"蓝、绿、红"三个色调，成为湛江的自然地理和历史文化的符号象征。

蓝色，是湛江宽广无际的海洋，是湛江的灵魂。海岸线约占广东省海岸线的2/5和全国海岸线的1/10；海洋滩涂占广东省的48%。从城市中心的海滨大道到大陆最南端的徐闻，碧海蓝天，椰林爽风，银色长滩，嶙峋礁石，新月港湾——构成湛江梦幻的蓝。

绿色，是湛江优良的生态环境和自然风光。湛江拥有中国最大的人工桉树林、最大的剑麻园、面积最大树种最多的红树林、最大的甘蔗林、最大的菠萝"海"，以及大陆近海唯一保存完好的珊瑚自然保护区。20世纪60年代的湛江早已是花木繁茂、万紫千红的世界了。我国著名儿童文学作家冰心在《花光和雪光》里写道："从湛江回来，眼前总是萦绕着湛江的醉人的景色，平常所熟悉的北京窗前的一切，似乎都显得暗淡了。"在《湛江十日》里又无比感慨："说到花草，那真是绝美，可以说是有花皆红，无草不香。"冰心大师在几篇文章里多次写到湛江碧蓝的海、娇嫩的绿、花果的香。她答应

过湛江人民，每年冬天都要像小燕子那样往南飞，往湛江飞。

红色，是湛江的红土文化风情。红色是湖光岩的火山，是脚下的这片土地，是千年古雷州的历史传统和民俗风情。火成岩、沉积岩、风化岩、砖红壤，这里的土地是红彤彤的。雷州歌声悠悠，东海人龙起舞，吴川飘色迎风，这片土地有着与太阳一样的色彩。古老的海港与众多名人行吟的足迹，印证了文明的发展。拥有"世界地质公园"之称的湖光岩，是湛江红色的证明。

湛江最能体现红土文化特色的地方，是距湛江市70千米的雷州。雷州古称海康，置县时因县东西两面临海，海洋宽广，时有海盗出没，为祈求海疆康宁而取名"海康"。雷州城自古以来是雷州半岛的政治中心。雷州城原有一座雄伟坚固的古城池，亦是古代军事防御要塞，被称为"天南重地"。雷州的文化古迹异常丰富，宋代名相寇准、李纲，文学家苏轼、秦观，南宋名将文天祥等人，都曾先后被贬谪或路过雷州到更远的海南去。纪念寇准、李纲、苏轼、苏辙等历史名人的"十贤祠"坐落在西湖公园。雷祖祠是为纪念雷州第一任刺史陈文玉而建的，里面有许多历代名人的诗文。寇准为雷祖祠所题的诗、东坡留下的文赋、李纲的题碑，都安静地陈列其中。邦塘村古民居群、下河里宋宅巷、翰林院编修陈昌齐故居观察第、大新街、曲街、二桥街、苏楼巷等街区，都留下了漫长的历史脚印。

雷州民间有独具一格的石狗文化。古时的雷州居住着南越各少数民族，狗是当时人们崇敬的吉祥物。当地人以青石雕刻了各种石狗，作为祠堂庙前的吉祥物，后来发展到村路、巷头、门口都以石狗作守护镇邪之用。这些石狗，静静地随着岁月流淌，没有华丽的雕刻和装饰，却承载着人们千百年的信仰和寄托。

汕头——因对外通商而兴起

汕头素有"岭东门户、华南要冲"的美称，位于广东省东部，韩江三角洲南端，是中国五个经济特区之一、沿海开放城市和著名侨乡。在习惯上，人们喜欢把潮州和汕头相提并论，统称为"潮汕"。1904年，梅州人张煜南

第七章　探寻岭南的历史印迹

汕头海湾大桥

组建潮汕铁路有限公司，兴建潮州到汕头埠的铁路，1906年潮汕铁路筑成，又配置"潮汕"号机车头并通了车，由此新名词"潮汕"就诞生了。1907年孙中山领导的黄冈起义，被清廷指斥为"潮汕会党"勾结，由此"潮汕"之名正式见于报端，逐渐为人所知。潮汕文化具有其独特的系统性、丰富性，在中国地域文化中独树一帜。

汕头别名鮀岛。全市海岸线289千米，有大小岛屿40个，天然良港众多。

汕头是一个海洋文化和大陆文化交会的城市。潮汕人善于经商，积极外拓。历史上从古至今，汕头即以"百载商埠，经济外向"而闻名。1858年恩格斯在《俄国在远东的成功》中指出，汕头是"唯一有一点商业意义的口岸"。1861年汕头被正式辟为对外通商口岸，是近代中国沿海最早对外开放的港口城市之一，出现了"商贾云集，楼船万国"的繁荣景象。20世纪30年代，汕头港口吞吐量曾居全国第三位，商业之盛居全国第七位，是中国东南沿海的商品集散地和商贸、金融、信息和交通运输枢纽，是中国进出口贸易的重要口岸，曾有八个国家在汕头设立领事馆。

今天的汕头与165个国家和地区建立了经贸关系,与国内各大港口及50个国家和地区的248个港口有货运往来。

长期的海外移民和拓展使得潮汕人遍布世界各地,汕头是著名的侨乡。独特的人缘、地缘、亲缘优势,使汕头在对外开放方面具有特殊的优越条件和巨大潜力。丰富的侨资、外资、民资在汕头经济社会发展中起着积极推动作用。可以说,没有众多的华侨,就没有汕头经济特区。本着吃苦耐劳、艰苦创业、开拓创新的精神,潮汕人在海外打出了一片天。目前世界上不少潮汕人在各行各业都有非同一般的成就。

汕头气候宜人,城市环境综合整治定量考核成绩连续居全国前列。广东省最大的海岛——南澳岛,也是广东省唯一的海岛县。南澳岛上有不少历史遗迹,如宋皇井、总兵府、南宋古井、太子楼遗址等。

汕头与潮州、揭阳、汕尾等市构成了著名的潮汕地区,有着独特而浓郁的传统文化积淀,被统称为潮汕文化。这里是唐宋中原文化最完整的保存地之一。汕头的地方方言为潮汕话,也是现今全国古远、特殊的方言,保留的古音古词古义多,保存着很多古汉语的成分。受长期迁徙文化的影响,潮汕人族群观念、宗亲观念非常强。潮汕话是维系感情的纽带,有巨大的凝聚力。他们把讲潮汕话的人,无论国别地域一概称为"自己人",反映了潮汕人"抱团"的地域特征。另外,潮剧、潮乐、潮菜和工夫茶等享誉海内外。潮汕民众更以刻苦耐劳、勇于开拓、善于经营、诚实守信而著称于世。

汕头市区被北回归线横穿而过,这里海天一色,魅力十足。

肇庆——湖山之秀

肇庆依山傍水,曾是岭南地区的行政中心。汉武帝元鼎六年(前111年)在这里设县治,名曰"高要"。高要之名,是因其濒临西江北岸,上控苍梧,下蔽番禺,峡山险峻,为两粤腰膂,或曰因其峡山高峻,峡水如腰而得。

翻阅广东历史,肇庆是为数不多的可以和省城历史一论短长的城市。广州著名的五羊传说,一个版本是有七只羊,其中五只去了广州,两只留在了肇庆。传说折射的意思是,珠三角移民有一大部分当年是沿西江而下

第七章　探寻岭南的历史印迹

广东肇庆星湖

的，西江不仅孕育了最初的岭南文化，也是后来盛行于珠三角的粤语的起源地之一。

隋文帝开皇九年（589年），肇庆设端州府。北宋年间，登基前受封为端王的徽宗赵佶，在继承帝位后扩建端州，升其为肇庆府。肇，作"始"解，庆，为"吉庆"，含招来吉庆之意，肇庆之名由此而来。

宋仁宗康定元年（1040年），包拯到端州任知州。他开创了珠江三角洲桑基鱼塘式农业之雏形；创建了端州第一个交通和邮政总站，从此沟通了从肇庆发抵各港口的海陆丝绸之路；创办端州书院，以培养人才；设立了一座庞大的储粮备荒的丰济仓，保证了饥荒灾害年间的稳定；还派人加固西江堤围，有效防止洪水灾害；又派人在城里挖了七眼水井，让居民喝上干净的井水；积极荐用人才，减轻贡税；不遗余力地处置贪官污吏，为民除害，使端州成为西江中下游政治、经济、文化和教育的中心。包拯以刚正廉洁、除暴安良、爱民如子、断案如神而成为中国历史上最为出名的清官之一，民间百姓称之为包青天。更有民间谚语称：关节不到，有阎罗包老。宋庆历三年（1043年），包拯离任端州，百姓自发送行，泪洒长街。面对天下第一名砚，文人包拯却"岁满不持一砚归"。

端砚，文房四宝"笔墨纸砚"中砚之首。相传古时考生赴京赶考，正值冬季，考生砚中的墨汁都冻住了，无法答卷，唯端州考生所用之砚哈气成墨，写出的考卷满纸墨香。端砚由此声名大噪。端砚和徽墨、湖笔、宣纸并称，皆为"文房四宝"中的上佳者。但四宝中，一般又以砚为最，因为笔墨纸皆不如砚之坚硬、耐磨损，且好的砚工会暗合砚上特有色彩纹理，雕刻打

磨出精美雅致的图案。砚上这种充溢着文气的坚硬刚正的精神气质，是砚之品，也是文人之品。这是包拯留给端州乃至整个中华民族重要的一笔精神财富。诚如包拯家训所言：不从吾志，非吾子孙。

从明嘉靖四十三年（1564年）到清乾隆十一年（1746年），肇庆成为两广总督府驻地长达183年。西方人进入中国也离不开肇庆。明万历十一年（1583年），意大利传教士利玛窦来到肇庆，流连于肇庆有6年之久。

鼎湖山是我国建立的第一个自然保护区，也是我国最早加入联合国教科文组织"人与生物圈计划"的国际生物圈保护区之一。七星岩是散落于星湖中的七座石灰岩山峰，分布位置正好和北斗七星相呼应，分别叫阆风、玉屏、石室、天柱、蟾蜍、仙掌、阿坡。七座山峰都不高，但各有各的秀丽，一团绿色浮于湖面，宛若盆景。著名唐代书法家李邕写下《端州石室记》，使端州名动长安。历代游览题字的文人雅士很多，如明代的吴桂芳、清代的陈恭尹等，皆为书法珍品。世人常说，因为有了这么美丽的湖和山峰，肇庆也就成为一个美丽的城市。

惠州——足并杭州

惠州历史悠久，秦始皇三十三年（前214年），惠州境内设有博罗县；隋开皇十一年（591年）岭南设有广州、循州（今惠州）两个总管府统领诸州；唐代时粤东只有潮、循二州；五代十国南汉乾亨元年（917年）这里为祯州治所，宋真宗天禧四年（1020年）为避太子赵祯讳，改"祯"为"惠"。惠州之名，遂沿用至今。自古以来，惠州一直是东江流域政治、经济、军事、文化中心和商品集散地。

惠州海域面积约4520平方千米，海岸线长223.6千米，是广东省的海洋大市之一，港湾多，水深，腹地宽广，具有建设现代化深水良港的优越条件。惠州把城市环境质量的持续改善和城市社会经济的持续发展结合，使城市与江海湖山一体化，凸显"城在山水中，家在花园里"的人居环境。惠州，堪称现代工业与城市环境建设和谐统一的典范。

和谐还体现在惠州包容的文化氛围中。由于惠州地处广府文化、客家文化、潮汕文化的结合部,这些地区各自的方言在惠州汇聚交融,同时并存,所以惠州在语言上的包容性很突出。在惠州,你可以讲普通话、讲广州话,也可以讲客家话、讲潮汕话。

惠州这种包容开放的理念,也许是从北宋苏轼被贬至惠州时开始形成的,"一自坡公谪南海,天下不敢小惠州"。这位文豪曾给自己的一生定性:"问汝平生功业,黄州惠州儋州。"可见惠州在他心目中的地位。

宋绍圣二年(1095年)九月,苏东坡在他的《赠昙秀》一诗中,将惠州的丰湖称作西湖。今天在惠州的西湖湖畔漫步,我们似乎仍可听见这位北宋诗人的吟唱:"天下西湖三十六,唯惠州足并杭州。"惠、杭两地都曾是苏东坡被贬之地,所以人们说"东坡到处有西湖"。东坡到惠州时,并没有苏堤,人们在湖两岸往来需乘小舟或涉水而过,非常不便。为了解决西湖两岸的交通往来,东坡倡议在西村与西山之间筑堤建桥。他带头"助施犀带",还动员弟妇史氏捐出"数千黄金钱"。宋绍圣三年(1096年)六月,堤桥落成,东坡写诗描述了营造过程,还与百姓共同庆祝:"父老喜云集,箪壶无空携。三日饮不散,杀尽西村鸡。"后人为了纪念东坡的功绩,将堤命名为苏公堤,简称苏堤。

东坡离去后,在惠州留下了东坡井、合江楼、嘉祐寺、白鹤峰东坡故居、西新桥等一批文化遗址。苏东坡还写下诗词160首,书信与文章300多篇,为惠州西湖留下一笔珍贵的文化遗产。

惠州英才辈出,从唐到清末千多年间,有430多位中国名人客寓或履临惠州,留下了96处遗址和2100多件文物。其中著名的有中国农工民主党创始人邓演达,中国近代民主革命的著名政治家、国民党左派领袖廖仲恺,中国人民解放军创始人之一、抗日战争时期赫赫有名的新四军军长叶挺等。惠州是文化名城、石化新城、山水丽城,一座融自然景观与人文景观于一身的城市。

韶关——五岭枢纽

韶关由于地处南岭山脉南部,自古以来就是华北及长江中下游地区与

华南沿海之间最重要的陆上通道和关口、粤湘赣交界地区商品集散中心和粤港澳辐射内陆腹地的"黄金通道"。韶关据五岭之口,当百越之冲,有着1200多年的历史,因在曲江马坝镇狮子岩发现12万年前的"马坝人"头盖骨化石而被誉为"广东人类文明的发祥地",是中华民族古老文化摇篮之一。相传舜帝巡奏《韶乐》于城北30千米处的石峰群中,该处后来统称为韶石山。隋开皇九年(589年)改东衡州为韶州,即取韶石山之"韶"字为州名,以后历朝沿袭。明嘉靖二十六年(1547年)于河西武水边开设税关,名为"遇仙桥关"。清康熙九年(1670年)又将南雄的"太平关"移到东河浈水边,并在北门外增设"旱关",统称"三关"。韶关之名由此而得。

韶关的街巷如风烈路、风度路、余相巷,因纪念古曲江三大名人的建筑物而得名。

风烈路,是因侯安都的风烈楼而得名,尽管风烈楼消失了。侯安都,南北朝时期南朝名将,他平"侯景之乱",辅佐陈霸先建立起陈王朝,安都威名甚重,郡官无出其右。

风度路则和唐朝名相张九龄有关,生于韶关的张九龄是一位有远见、创见和革新精神的政治家和文学家,被誉为"江南入相从公始""岭海千年第一人"。唐玄宗开元四年(716年),张九龄因病告归祖籍始兴,用两月余在梅岭上凿通一条长二十余丈、宽三丈的大山路,使梅关古道成为"坦坦而方五轨,阗阗而走四通"的大道。梅关古道从此成为沟通南北的主要通道。张九龄去世后,玄宗常思念,每宰相荐士,总爱问:"风度得如九龄否?"故宋天禧年间建有风度楼,可惜后来被毁。

余相巷与宋朝名臣余靖有关。余靖于宋天圣二年(1024年)考取进士,以直谏闻名于世,曾多次向皇帝据理力争,以致唾液飞溅至皇帝的"龙颜"上仍意犹未尽。余靖在南海做官十年,离任时不带走南海一物,因此以"风采清华"称颂于世。广州有八贤堂,余靖当其一。后来海外的余姓子孙均以"风采"命名建筑物或社团组织,如美国有"风采堂",加拿大有"余风采堂"等。

第七章　探寻岭南的历史印迹

韶关夜色（吴述　摄）

韶关山川秀美，风景名胜众多，被誉为集华南景观之大成。这里的丹霞地貌面积最广、发育最典型、造型最丰富，有被誉为"世界地质公园""中国红石公园"的丹霞山、车八岭等三处国家级自然保护区，以及云髻山、大峡谷等七处省级自然保护区。这片高山生态地域，史前时期是恐龙之乡。在南雄和始兴的红层古生物圈，广泛分布着7000万年前到晚白垩纪时期的恐龙蛋和恐龙化石，是研究中生代向新生代过渡的古环境、恐龙的灭绝和哺乳动物的出现的重要依据。

梅关位于距韶关南雄市约30千米的梅岭顶部。从梅关古道下来是珠玑巷，现今共有一百四十一姓的珠玑移民分布在珠江三角洲的29个市县，并有数以千万计的人移居国外。韶关的南华禅寺，是中国佛教禅宗六祖慧能弘扬"南宗禅法"的发源地。这里瑶族的竹杠舞、顶杠、丰收舞和瑶族婚嫁等特色独具。名人、名楼、名巷；名关、名山、名寺，再加上别具风情的民族，韶关，一座生态的粤北重镇，不能不令人感叹其文化风光的丰富与秀丽。

2

彩绘大地的神来之笔

西关大屋——广府民居的标志性建筑

广府民居村落往往以一个巷子为中轴，民宅在巷子两侧，一个院落套一个院落。广府民居多为三合院，三间两廊结构。三间两廊是四合院传统的延续，只是因特殊的历史、地理条件而发生了变化。广府民居以三间两廊为基本格局，可以根据需要灵活增删。占地狭窄，可舍去一廊一间；占地广阔，可以数次三间两廊联立成建筑群。现存典型的三间两廊组合建筑群，有明代就开始营造的佛山石湾建国街廖家围、清代佛山街道住宅东华里以及三水大旗头村。广府建筑中宗祠是整个村落的精神核心，同时，村前有水塘是所有村落的共同特点，水池边种上大榕树也是惯例。榕树之下的空地想来是仅次于宗祠的重要的民间文化传播场所。

广府民居的风格复杂多变，既有承袭中原文化、吸纳邻近地域文化和海外文化的一面，又有保持本土文化特色的一面；既折射出广府区域开发的历史轨迹，又积淀着广府的人文思想、民情风俗，是民系文化的一个重要组成部分。近代以来，融合外来文化的中西合璧风格在广府民居中十分普遍。广府民居最具特色的是西关大屋、骑楼以及碉楼。

说到广府民居，一般人的第一个反应就是西关大屋。所谓西关，是老广州人对位于荔湾区，北接西村，南濒珠江，东至人民路，西至小北江，明清时地处广州城西门外一带地方的统称。西关在明清时期是广州的商贸中心。明末兴建起十八甫，开设有十三行。清代中后期，又先后形成宝华街、宝源街、多宝街、逢源街等商贾富绅豪宅区（其中宝华街、宝源街、多宝街被称为"西关三宝"），西关于是成为广州时尚的代表。西关一带的大屋，也成了那个时期广府民居的标志性建筑。广州民谚"西关小姐，东山少爷"里的西关小姐，指的就是住在这种豪宅里大富人家的千金小姐。

西关大屋平面布局一般为左右对称，中轴线上为主要厅堂，每厅为一进，全屋一般为二至三进，厅之间用小天井相隔，天井有上盖，靠天窗采光通风。厅的两侧为偏厅、偏房，大屋子偏房的两侧还有巷，叫"青云巷"，又称"冷巷""火巷""水巷"等，具有交通、通风、采光等功能。西关大屋装饰最有特色的部分为大门，一般分为三道，称"三件头"。临街最外的一道是四扇对开的屏风门，也叫矮脚吊扇门或花门。花门上部为木雕通花，镶着花玻璃或衬以钩花布帘，顶端两角通常还会对称地雕琢一串葡萄或松鼠之类的木雕作为装饰。屏风门可以遮挡街上行人的视线，又不影响采光和通风，特别能体现广州人的生活取向——重视小家庭独立的生活空间和个人隐私，同时在闷热多雨的岭南地区，保证通风又是第一要务。屏风门之后就是独具岭南特色的趟栊了。趟为开，栊为合，趟栊就是可以滑行着拉开、合上的木门，其原理及功能和现代横拉式的防盗门差不多。趟栊之后的大门才是真正的大门，一般都非常厚重，用于防盗。

西关大屋多时曾有800多间，现存的已不足百间，其中保存较好的寥寥可数。在现在的西关，你更多感受到的是平民化的广州生活：狭窄而拥挤的道路，呈放射状伸向不知何处的小巷，出售其他地方再也买不到的小商品的小店，被许多人家切割成不规则的一小间一小间的杂乱旧屋。

目前保存较好的西关大屋包括位于文昌北路耀华大街的西关大屋区，位于恩宁路多宝坊的泰华楼，坐落于龙津路逢源大街的小画舫斋，位于荔湾区泮溪酒家南侧的龙津西西关大屋建筑保护区（范围东起龙津西路，西至原西关上支涌，北起逢源沙地一巷，南至三连直街），宝华路南段两侧十五甫、十六甫的西关大屋，位于海珠区南华西街的大屋群（虽然西关大屋最早出自西关，但现在广州保存最完好的西关大屋却不在西关而在海珠区，其中最集中的是南华西街。目前，南华西街是内控的广州历史文化保护区），以及海珠区龙导新街大屋群。

广州陈家祠

号称"百粤冠祠"的陈家祠，原是清代时全广东72县陈姓合族宗祠，后改为陈氏书院，为陈氏子弟读书会文之处，现在是广东民间工艺馆。陈家祠的石雕、木雕、砖雕、彩塑等民间工艺品精美生动、栩栩如生，是广东民间工艺美术的精华。

大约从1915年开始，一些广东籍华侨、民国时军政官僚在广州原东山区一带，建置房产，营建别墅和官邸。尤以新河浦为代表，出现许多时髦、豪华的花园式住宅和洋房，此后又逐渐扩展到农林下路、梅花村一带。这些建筑受西方建筑风格影响，建筑面积大，有前后庭院，大多有古典柱式门廊，或三角山墙式屋顶，起雨罩作用，近似欧洲的乡间别墅。

骑楼——西方古典与广州传统建筑的结合

骑楼式建筑最早盛行于南欧、地中海一带。20世纪初，广州扩建马路，人们将西方古典建筑与广州传统建筑结构结合，演变为有广州特色的骑楼式建筑风格。骑楼建筑立面多为三段式，从上到下分为楼顶、楼身、骑楼底三部分：楼顶有山花和女儿墙，是重点装饰部分，通常雕塑着各种西式图案或商铺商号；中部有西式窗套、中式窗、阳台；骑楼底有支撑柱装饰，构成骑楼建筑的特色。骑楼是室内环境与室外环境的一种过渡，也是交通的缓冲空间。广州因气候炎热多雨,要求城市建筑有避雨遮阳的功能。骑楼是在楼房前跨过人行道的建筑物,在马路一边相互连接形成一条长廊,便于来往行人遮阳挡雨,也便于商店敞开铺面陈列多种商品以广招顾客,商业实用性非常突出。

广州的骑楼式建筑以上下九路、一德路、第十甫、中山路、解放路、人民南路等地段最具代表性,后来兴建的新亚酒店、新华酒店和爱群大厦等也成为骑楼式建筑物中的佼佼者。骑楼的建筑模式,是广州作为大城市的商业化产物,也是广州城市建筑的一大特色,其后更成为国内其他城市如上海、武汉等城市中"广东街"的标志。

碉楼——华侨文化的典范之作

江门有海外华侨、华人和港澳台同胞约370万人。见证当年那段移民历史的最重要遗迹是碉楼。雕楼是广府建筑的一个特殊类型。在江门五邑,有一种乡土建筑很有特色,闻名全国,这就是碉楼。五邑碉楼,新会、台山、开平、恩平,几乎各市区都有。从江门中心城区到会城街道,一座"余庆楼"就竖立在车水马龙的冈州广场上。而从新会司前上高速公路时,路口吉江里的村后,又闪现出一座"保安楼"的身影。往台山经过水步镇时,十字路口豁然可见"水步碉楼"在夕阳下金光灿灿。而在恩平偏远的高元村,狭窄小巷的尽头,一座前庐后楼连在一起的碉楼,如教堂般突兀在一片低矮的民居中,只是连村民也已叫不出它的名字了。开平是五邑侨乡碉楼分布的中心区,现存1833座,又以开平塘口、赤坎、百合、蚬冈四镇最为集中,数量超过全市的1/4,堪称"碉楼之乡"。

开平碉楼源于明朝后期,随着华侨文化的发展而鼎盛于20世纪初,是融中西建筑艺术于一体的华侨乡土建筑群体,被誉为"华侨文化的典范之作""令人震撼的建筑文艺长廊"。开平现存最早的雕楼是赤坎镇三门里关氏家族兴建于明嘉靖年间的"迓龙楼",距今已有400多年,是一座砖木结构的单体建筑,楼高11.4米,该楼主体为带正脊的硬山顶,四角设落地式塔楼。这座楼的建筑造型与开平其他雕楼颇不相同,代表了开平雕楼的

文化纵横行 南粤

早期形态。

目前所见碉楼大部分兴建于清朝末年和抗日战争爆发之前，尤其是20世纪一二十年代。那正是大量五邑华侨经过几十年的艰苦奋斗、省吃俭用，有了一定积蓄回乡买地、建房、成家的大发展时期。"喜鹊喜，贺新年，阿爸金山去赚钱；赚得金银千万两，返来起屋兼买田。"流传至今的侨乡民谣，生动地描述了当年华侨远渡重洋海外谋生后，回到生养

开平碉楼（周映梅 摄）

的故乡建房置业的情形。这些"金山客"风风光光地衣锦还乡，都会带着数口大木箱或皮箱，张扬地走过村镇，引来人们围观。村民将这种装满金山客血汗成果和美好生活梦想的箱子叫作"金山箱"，它是财富的象征。但是，这些财富没有给华侨和侨眷们带来平安，反而引起了盗匪的歹心。歹匪自然将华侨和侨眷作为猎取的目标，民间俗语"一个脚印三个贼"就是对华侨及其亲人所处的险恶社会环境的真实写照。很多华侨因为自己的血汗钱引来杀身之祸。

治安状况的恶化成为开平城乡地方当局和民众深感头疼的事情。政府无能，民众只有自保。于是，碉楼普遍出现在乡村，或全村集股共建，或几户出钱兴筑，或独家投资建设。不论什么方式，华侨汇款都是最主要的资金来源，所以侨村的碉楼最多。华侨不仅出资兴建了碉楼，还从国外购回了枪支弹药、探照灯、发电机、报警器，提高了碉楼的预警防卫能力。碉楼由此成为防御与居住功能兼而有之的乡土建筑。

碉楼的类型分为众楼、更楼和居楼（居庐）三种。

众楼，是碉楼的最初形态，大都是村民集资兴建，遇水灾或匪盗时，村民就集中到碉楼避难。如开平现存最早的迎龙楼、马降龙村群落中的天禄

楼、锦江里的锦江楼都是典型的众楼。

更楼，主要是用来打更、放哨的，一般分布在村头或山丘上，因不少更楼设有探照灯，故又称灯楼。自力村的方氏灯楼就是最典型的更楼。

居楼，是碉楼最鼎盛时期出现的一种形式。它既可防盗又可居住，多为家庭或家族所建，厅堂卧室一应俱全，外观华丽、造型讲究。有的居楼被雅称为"庐"，前面加上楼主的姓名、字号或喜好便成了各自的名称，是碉楼中数量最多、最具观赏价值的。建筑工艺最精美的、享有"开平第一楼"之称的锦江里村中的瑞石楼，碉楼群保存最完好的自力村中的铭石楼、云幻楼，"华侨园林第一园"立园中的"泮立""泮文"等，都是居楼中的佼佼者。建筑风格既有中国传统的硬山顶式、悬山顶式，也有国外不同时期的建筑形式和建筑风格，如希腊式、罗马式、拜占庭式、巴洛克式等，千姿百态，异彩纷呈。

如今，开平的绝大多数碉楼已是人去楼空，铁门铁窗紧闭，楼里积满了厚厚的灰尘。楼后郁郁葱葱、节节增高的箣竹和大叶蕉与斑驳尘封的碉楼形成了强烈的反差。但是，碉楼并没有完全从五邑民众的生活中消退，它仍然维系着海外华人华侨对故乡的牵挂和思念。当我们穿越历史的时空，透过每一座碉楼貌似冷漠的外表，就可以发现其中隐藏着的五邑人的足迹。在每一座碉楼的历史中，都传承着五邑一个人或一个家族的故事。

开平碉楼突出的文化艺术和历史价值日益被国内外关注和认同。2007年6月，"开平碉楼与古村落"入选《世界遗产名录》。

客家围龙屋——透着中原贵族大院遗风

久经流徙之苦的客家人对家园建设十分重视，因而创造了许多建筑新形式，最典型的要算围龙屋。围龙屋是中原抬梁式和穿斗式建筑工艺的综合性创造，是客家先民用于自卫及起居的最具客家乡土气息的建筑。它同北京的四合院、陕西的窑洞、云南的"一颗印"、广西的干栏式民居合称中国五大传统民居。

位于广东大埔的张弼士故居（刘立强　摄）

关于围龙屋的由来有一个传说，我们从中可以深深体会到植根于客家人心中的衣冠贵胄意识。相传一直以"庙堂之上人"自居的客家先民初到南粤时，想到从此远离皇帝、难朝龙颜，为让后代子孙永远记住自己是衣冠后裔，于是在屋子建设上做文章。他们将屋子建于山坡上，正面望去，恰似一把龙椅。半圆围屋形成龙椅的圆形椅背，居中正屋是椅座，而围屋和正屋之间的半圆形花阶便是龙椅上的小靠垫。龙椅将皇帝这真龙天子围在中间，所以被形象地称为围龙屋。

客家村落多按宗族姓氏关系组合而成，聚族而居的习俗使村落的布局既有统一的考虑，又按宗族辈分做排列。几十户甚至上百户同宗同族的人家组成一个村落。有的一个围龙屋或几个围龙屋都居住着同一个姓氏。围龙屋布局十分讲究，鸟瞰围龙屋，池塘、禾坪和围龙屋恰好组成一个以南北子午线为中轴、左右对称的"太极圈"。正面看去，围屋占据最高点，其次是上堂、中堂、下堂，它们依次排列，每层标高平均相差15～20厘米，以对称式庭院房屋形式向前后左右重叠排列，构成全组的核心。正堂处于正中，一般由屋长或辈分最高的人居住。

兴宁花螺墩围龙屋，最盛时可同时居住2000余人（何日胜 摄）

　　围龙屋以正堂为中轴，左右对称排列建成多栋横屋。祖堂后面为花台，围绕花台排列成半圆形的围屋。从低处往上看，围屋层层叠叠，有龙盘之状。基本结构有两堂两横一围龙、两堂四横一围龙、三堂两横一围龙、三堂四横一围龙及二围龙、三围龙甚至六围龙等。从一个屋的规模也可看出某姓家族的人丁兴衰情况。尽管规模大小不同，但基本设施都"麻雀虽小，五脏俱全"。主要包括：池塘、禾坪、大门、排水沟、游廊、天井、巷道、正堂、正屋、花厅、花台、围屋、杂屋、厕所、畜棚等。关闭了通向外界的大门，这里就是一个自给自足的小社会。

　　广东城乡还有其他代表客家风格的建筑。走马楼外形一字形、凹形或曲尺形，多倚山建筑，上下两层。下层为厨房、家具杂物房、畜栏、厕所等；上层为居室和仓库，外部用木料建成走廊，既可防洪防潮，亦可防盗防兽。五凤楼的房基沿着山坡地势呈阶梯状的建筑结构，顶瓦叠成五层，远望层层顶瓦飞檐，有如五只凤凰展翅欲飞。土楼呈全封闭高层碉堡式样，里面生活设施一应俱全，是为垦荒生存、避免与土著冲突、保卫自身安全而建的，后来渐渐发展到以花岗石、大青砖为建筑材料。潮州饶平一县，明清以来所筑土楼就有656个。广东客家土楼较为密集的是梅州、惠州、河源、韶关、深圳等地。

大埔花萼楼（刘立强 摄）

坪山围堡——客家人适应环境的智慧结晶

坪山是客家人迁入深圳的重要聚居点，客家村落遍布。自明朝以来，这一带饱受海盗蹂躏之苦，加上近海多风，许多客家村落以高墙环卫，看起来像城，用起来是屋。乾隆十九年（1754年）始，以坪山坑梓"新乔世居"为代表，一批大型客家围堡相继建成。这些围堡式民居跟其他客家地区的民居相比，自成类型：一是规模大，1万～2万多平方米；二是规格高，大量使用高标准三合土；三是数量多，仅坑梓就有40余座。这些大型围堡的建成，标志着坪山客家人不仅已经落地生根，而且经济上也有了相当的实力。

康熙三十年（1691年），本居惠阳的黄朝轩打发长子黄居中带领其三个儿子到坑梓发展。作为农民，他们很快将大量土地集中到自己手里。但黄居中第三子昂燕公带领族人入住"新乔世居"时，据说算上丫鬟才十八口人。地多人少，也请不到足够的帮工，春插往往不能按时完成。"这边该耘田了，那边还没插秧"，急得阿婆站在河边伤心地哭泣，原本无名的小河，便因此得名"阿婆叫坜"（客家话哭为叫，小溪为坜）。坑梓黄氏不丢农耕本色，努力经营这片热土，使这个贫瘠山区垦荒有成、阡陌纵横，很快实现了水稻、

第七章　探寻岭南的历史印迹

花生等粮油作物自给有余，经济基础更加雄厚。

从1753年"新乔世居"落成到1888年的百余年间，沿着4000米长"九曲十三弯"的"阿婆叫坜"，相继兴建了龙湾世居、龙围世居、秀山楼、龙田世居、龙敦世居、松子坑大围、盘龙世居、吉龙世居和井水龙大围等十六七座大型围堡式民居。坑梓于道光十七年（1837年）建成的田段心村龙田世居，建筑面积5000余平方米，三合土筑墙，外围墙高4米，墙内有壕沟环绕村寨，四角及北面中

龙田世居（李良朋　摄）

央建有高达四层的炮楼，固若金汤。随着人口的增长，坑梓黄氏又向金斗坜和田脚河这两个水系拓展。沿三个水系，黄氏先后建成近40座大中型围堡，星罗棋布，蔚为壮观。

盘龙世居（李良朋　摄）

坑梓黄氏在"光绪维新"的影响下,最先接受兴办新学的思想,于1906年兴建了新式学校光祖学堂。其校园建筑依照上海南洋公学。光祖学堂从广州、惠州请来懂教育的校长、教师,不数年便成为地区名校,与深圳客家人办的另一所新学——观澜镇松元厦村陈氏兴办的"振能学校"齐名。这样的学校,卓然出现在山区僻壤,不能不归功于客家人重视文教的好传统。1926年,在光祖学堂的基础上发展起光祖中学。

坑梓黄氏大力发展商业。秋天,他们收购稻谷、花生、甘蔗,就地加工,然后把粮油糖输送到惠州淡水等地市场;春天,他们在惠州等地收购猪粪、石灰,运回坑梓以满足春耕春种所需。买不起的农户还可以赊,秋后还谷,曰"卖谷花"。黄氏重视商业活动,秀山楼维珍公为了不错过淡水一个墟市,竟更改了生日。坑梓黄氏的商铺很多,当年在淡水的商店当铺占了一条街。据说,有一次老家这边叫买些白胡椒,在广州的铺子领会有误,把全市的白胡椒全买下了,结果形成市场短缺,行市猛涨。黄氏铺子顺势出手,发了一笔意外之财。清代深港一带鸦片生意火爆,还有军火走私,但黄氏恪守商道,不为所动,拒绝参与这种肮脏贸易。坑梓黄氏到第八第九世无甚建树,其中一个重要原因,就是养尊处优,吸食鸦片。盘古石村某公见儿子不

大万世居,全国最大的客家民居(凌美清 摄)

可指望，只好把家事大权交给儿媳。儿媳张氏不负众望，挑起大梁，于同治三年（1864年）主持修建了"盘龙世居"，建筑面积1000多平方米。

大万世居是曾氏15世曾端义于清乾隆五十六年（1791年）兴建的，是一座三堂、二横二枕杠、内外二围楼、八碉堡、一望楼的大型围屋，建筑面积达1.5万平方米。大万世居围墙高筑，环绕寨堡，可聚居百户人家。曾氏13世曾简辉，清初时由广东长乐迁入坪山龙背村开基，仅用两代人的时间便发展到拥有了如此庞大的家业。

潮汕古建筑——北派风格与岭南滨海风格的融合

潮汕古建筑形式多样，有牌坊、古墓、佛寺、神庙、民居、亭榭楼阁等，但最具特色的是古民居。潮式古民居源于中原古风，吸收了北派风格，结合地方的环境、天象，创造性地设计建造了四合院改进型的下山虎式、四点金式、驷马拖车式等组合的村落。它们抗台风、防地震，形式美观而又坚固耐用。

下山虎式是一种独家小院式，它适合中小型家庭，由大厅、两大房、两小房、天井、门楼仔等组成，一般有一口井，是一套居住条件基本完备的小院落。

四点金式是由下山虎演化而来，规格比下山虎高，如下山虎中厅一般不超过十五瓦槽，房间不超过十瓦槽，四点金式则都不小于此。除中轴线大厅、天井、门楼，大厅两侧有大房，大房前有过水（一般为灶间），天井两边有对称两小厅，俗称东西厅仔或南北厅仔。门楼两侧有两厢房，有侧门两个或四个通两花巷，单花巷俗称单片剑，两花巷称为双片剑。主人多为人口较多或较殷实人家。

驷马拖车式是潮汕民居的极品，它规模最大、功能较全。它的基本组合为中间部分为两进或三进式祠堂建筑，两边两花巷，有相互对称的四座四点金式民居分列两旁，有后巷、后包厝和花巷相通。它的使用功能和防卫功能是其他建筑形式不可比拟的。普宁洪阳德安里是多座驷马拖车、四点金组合的代表村落；澄海的陈慈黉府第是在驷马拖车基础上，吸收和应用西洋建筑

材料和技术加以进一步完善而形成的古民居。它们是驷马拖车式极品级典型作品，普通的驷马拖车式民居都对其望尘莫及。

潮汕民居最看重的是门面。那岩石的门框、厚厚的漆门扇、或石雕或泥塑或彩绘的门肚，以及门上的山水花卉、真行篆隶都各具姿态。华美艳丽的门面可以让人领略潮汕民间工艺美术水平的高超。

受酸性海风吹拂，潮汕地区不像广府地区采用砖雕，而广泛采用耐风雨侵蚀的灰雕，题材也丰富多彩，为潮汕民居一绝。石材不仅用于建筑构件中的门框、栏板、抱鼓石、台阶、柱础、井圈、梁枋上，还用于建造石牌坊、石塔、石桥等大型建筑物。潮州城内，仅太平路就有47座石牌坊，还有以巨石为墩的潮州湘子桥。

潮汕民居讲究建筑艺术和风水的结合，力图营造一个和谐优美的居住空间。就民居朝向而言，因受主人生辰八字影响而复杂多向。又如墙头形式在潮汕地区特别多样，按五行分为金形、木形、水形、火形和土形。每类可派生出几种形式，如水形分大幅水形、小水星，火形派生出楚花火星，土形派生出重叠土星等。这些形式多样、色彩明快的墙头配上富有起伏韵律的马头墙，使潮汕地区民居景观更加绚丽多彩。

甲第巷位于潮州古城区南部，长不足200米，集中了数十座大大小小的明清宅院，汇集了潮汕地区"四点金""三座巷""下山虎""反照""抛狮""竹竿厝"等民居特色。南宋以来，随着潮州城政治中心南移和商业区的扩展，古城南部成了潮州仕宦商贾聚居之地。清代末年，繁华的潮州城吸引了潮州府许多富商大贾来这里建屋造园、繁衍生息，使这里的建筑、文化艺术、民风民俗在一派浓郁的商贾情调中积淀下古城的无限风华。

甲第巷由于宅院最为豪华气派，于是有了"甲第"之名。漫步其中，可以看到"大夫第""资政第""儒林第"这些颇为大气的匾额，显示出当年大屋主人的荣耀家史和高贵地位。这一座座风格各异的古民居，积淀着古城深厚的传统文化，记载着无尽的古城风情。尽管甲第巷里的宅院大多是豪商大贾建造，但无论门楼匾额还是建筑风格都透射出浓厚的儒雅之气，反映了潮州尚文重教的传统。

潮州人的心灵手巧还体现在建筑艺术上，他们十分注重细微处的工艺和装饰。甲第巷民居的门楼彩绘和雕刻艺术极具特色，一组组粗细有致的石雕、木雕，一幅幅工意结合、情趣各异的彩绘，和谐地组合成斗、拱、花鸟肚等建筑部件。最具有潮汕建筑特色的是五行山墙（屋耳）和门簪。

潮汕有句俗话："入门看人意，出门看阀字。"阀即阀阅，就是门簪。门簪起初只是木门框上的一种构件，后来成了建筑的装饰品。潮州甲第巷内的门簪式样，几乎涵盖了所有明代常见的门簪式样。石门簪选择了镌字为装饰手法，巧妙地融合了中国传统书法与治印艺术，以文字的形式更直接地反映了主人的精神诉求。

陈慈黉故居坐落于汕头澄海隆都镇前美村，是旅泰著名华侨实业家、金融家陈慈黉及其家族在家乡兴建的大规模民居建筑群，以潮汕民居的四进驷马拖车为主体，是民居建筑"古今相糅、中西合璧的成功典范"，被誉为"南国大观园"，堪称"岭南第一侨宅"。陈家早年经营海外运输，后在泰国办实业，富甲一方，至今已历百余年，曾被誉为"泰华八大财团之首"。该家族的先辈陈焕荣在香港创办"乾泰隆"商行经营大米进出口业务。后其子陈慈黉将家族实业中心转移到泰国，在泰国创立了"陈黉利行"，其家族也由此得名。

走进陈慈黉故居，楼楼相望，大院套小院，大屋接小房，进之如人迷宫。据说，当年陈家有专门负责开门关窗的佣人，每天早上开窗户可以一直忙到中午，然后吃完饭立刻开始去关窗户，再一直忙到晚上。规模之宏大，由此可见一斑。陈慈黉故居始建于清宣统二年（1910年），历时近半个世纪，集陈家几代人的心血，计有郎中第、寿康里、善居室、三庐等宅第，占地2.54万平方米，共有厅房506间。其中最具代表性的"善居室"始建于1922年，至1939年日本攻陷汕头时尚未完工，计有大小厅房202间，是所有宅第中规模最大、设计最精、保存最为完整的一座。

陈慈黉故居的建筑材料汇集当时中外精华，瓷砖历经近百年花纹色彩依然亮丽如新，各式门窗造型饰以灰塑、玻璃，高雅大方，富丽堂皇。木雕石刻多以花鸟、祥禽为内容，表达吉祥、喜庆、富贵的美好愿望。此外故居内的书法石刻皆出自当时名家之手，是一本"集"众多书法名家手笔的"活字帖"。

走进陈慈黉故居,如同走进一个中西建筑艺术的博物馆,各种建筑元素在这里发挥得淋漓尽致、异彩纷呈,让人目不暇接。一个在外漂泊拼搏的家族,却在故乡留下了这样一片故居。面前可见的是默默伫立的建筑,而风中流淌的是千年不变的乡土情结。叶落归根,传福故里,这就是潮汕的精神。这种精神和这座建筑一样早已融入潮汕人的血液中。

湘子桥在潮州市东广济门外,又称广济桥,全长518米,横卧于滚滚韩江之上。它东临笔架山,西接东门闹市,南眺凤凰洲,北仰金山,气魄雄浑。湘子桥始建于南宋乾道七年(1171年),初筑石墩1座,置大船86只,架舟为梁,拴以大绳,是一座水上浮桥。但在建成几年后,桥被洪水冲毁,后来重修时在西岸建起了第一个桥墩,从此以后不断向江心修筑桥墩。历史上关于湘子桥的修缮记录多达24次。至明朝正德八年(1513年)始建成桥墩24座,桥墩、桥梁均以巨石砌成,桥中间以18只梭船连成浮桥,形成"十八梭船廿四洲"的独特风格。

湘子桥与河北的赵州桥、福建的洛阳桥、北京的卢沟桥并称中国四大古桥,被著名桥梁专家茅以升誉为"世界上最早的启闭式桥梁"。启闭的作用主要在于通航、排洪。桥墩上建有形式各异的廿四对亭台楼阁,兼作经商店

古代横跨韩江的广济桥连接了潮州古城与韩公祠(刘立强 摄)

铺，还有 2 只铁牛分东西镇水，故自古就有"廿四楼台廿四样""一里长桥一里市"的美称。"湘桥春涨"是潮州八景之一。梁舟结合、刚柔相济、有动有静、起伏变化，是湘子桥的特色。其东、西段是重瓴联阁、联芳济美的梁桥，中间是"舳舻编连、龙卧虹跨"的浮桥，本身就是一道妙不可言的风景线。每当暮春三月，韩江水涨，江面增阔，湘子桥东西段和中间十八梭船连成一线，宛如长龙卧波。上游两岸的滴翠竹木、下游仙洲盛开的桃花和沿江的绿柳都像浮在水面，景色宜人。1958 年，湘子桥被改建成钢筋水泥大桥，江心建立两座高桩承台双柱式桥墩，使全桥贯通。湘子桥与潮州古城墙被视为潮州文化的象征。

粤中四大名园——岭南古典园林的典范

梁园是佛山梁氏宅园的总称，主要由"十二石斋""群星草堂""汾江草庐""寒香馆"等不同地点的多个群体组成，规模宏大，主体位于松风路先锋古道。梁园由当地诗书名家梁蔼如、梁九章及梁九图叔侄几人于清嘉庆、道光年间（1796—1850 年）陆续建成，历时 50 余年。梁园是清代岭南文人园林的典型代表之一。梁园布局精妙，宅第、祠堂与园林浑然一体；岭南式"庭园"空间变化迭出，格调高雅；造园组景不拘一格，追求雅淡自然、如诗如画的田园风韵；富于地方特色的园林建筑形式多样、轻盈通透；园内果木成荫、繁花似锦，加上曲水回廊、松堤柳岸，以及千姿百态的大小奇石，形成特有的岭南水乡韵味，是闻名遐迩的粤中四大名园之一。

顺德清晖园整体风格以雅致古朴著称。该园始建于嘉庆五年（1800 年），1996 年扩建成 22000 多平方米，尽显了岭南庭院的精髓与江南园林之特色。清晖园内水木清华，景致清雅优美，龙家故宅与扩建新景融为一体，利用碧水、绿树、古墙、漏窗、石山、小桥、曲廊等与亭台楼阁交相融合。该园集我国古代建筑、园林、雕刻、诗书、灰雕等艺术于一身，突出了我国庭院建筑中雄、奇、险、幽、秀、旷的特点。主要景点有船厅、碧溪草堂、澄漪亭、惜阴书屋、竹宛、归寄庐、笔生花馆、斗洞、红蕖书屋、读云轩、沐英涧、留芬阁等。造型别具匠心，各具情态，灵巧雅致；门窗古朴精美，韵味无穷。

东莞可园始建于清代道光三十年（1850年），位于东莞市城区博厦，特点是面积小、设计精巧。在约2200平方米的土地上，把住宅、客厅、别墅、庭院、花圃、书斋艺术地融合在一起，山水桥榭，亭台楼阁，厅堂轩院，一应俱全。它布局高低错落，处处相通，曲折回环，扑朔迷离；基调是空处有景，疏处不虚，小中见大，静中有趣，幽而有芳。可园极富岭南特色，是广东园林的珍品。可园创建人张敬修，官至江西按察使署理布政使，金石书画、琴棋诗赋样样精通。在可园时，张敬修常邀张维屏、简士良、徐三庚等在园内联吟、颂赋、传艺。居廉、居巢曾在可园作画十年，其学生高剑父、高奇峰、陈树人等创立了岭南画派，使可园成为岭南派的发源地之一。

余荫山房，又名余荫园，位于番禺南村镇，清代同治六年（1867年）兴建，距今150多年。全园建筑面积只有近2000平方米，为四大名园中最小巧玲珑的，并因它小巧玲珑的建筑风格而著称，被誉为广东四大名园之一，被定为广东省文物保护单位和广州市重点文物保护单位。这座古庭园布局精巧，以"藏而不露"或"缩龙成寸"的手法，将亭、台、楼、阁、堂、馆、轩、榭、桥、廊堤、石山、碧水尽纳于三亩之地，使得小小园林显出园中有园、景中有景、幽深广阔的绝妙佳境。其后门的对联"余地三弓红雨足，荫天一角绿云深"，正是此园的点题之句。

3 记录生活的华彩乐章

粤剧——驰名世界的"南国红豆"

粤剧又称为大戏或是"广东大戏"。周恩来总理曾经说:"昆曲是江南的兰花,粤剧是南国的红豆。"因此,"南国红豆"也成为粤剧的一个特别的美称。粤剧是融合了明清以来流入广东的海盐、弋阳、昆山、梆子等诸腔并吸收珠江三角洲的民间音乐所形成的以梆子(京剧称为西皮)、二黄为主的我国南方的一个大剧种。

粤剧唱腔音乐采用板腔体和曲牌体的混合。它的行当原为末、净、正生、正旦、正丑、员外、小、贴、夫、杂十大行,后来被精简为"六柱制",即文武生、小生、正印花旦、二帮花旦、丑生、武生。粤剧流派纷呈,人才辈出。其五大流派即"万能老倌"薛觉先开创的"薛腔"、名丑马师曾开创的"马腔"、"小生王"白驹荣开创的"白腔"、丑生廖侠怀开创的"廖腔"以及"金牌小武"桂名扬开创的"桂腔"。粤剧四大名旦则是当时誉满省港澳的上海妹、谭兰卿、谭玉兰和卫少芳。

另外还有一个红遍半边天的红线女,原名邝健廉,广东开平人,十余岁就随舅母何芙莲学习粤剧。从艺60多年,邝健廉演过近百种戏,拍过90多部电影,成功地塑造了古今中外各类妇女的艺术形象。她在艺术上勇于革新,在继承粤剧传统的基础上,吸收并借鉴京剧、昆剧、话剧、歌剧、电影歌曲以及西洋歌剧演唱技巧,并将它们加以融合创造,开创了独树一帜的红腔。其代表作《荔枝颂》《珠江礼赞》《昭君出塞》被视为粤剧唱腔的经典。她所扮演的妇女形象如《关汉卿》中的朱帘秀等影响很大。

在众多的地方剧种中,粤剧是最先到海外演出并最先向外发展的。现在,这颗南国红豆成了名副其实的广东大戏,它流行于广东、广西、台湾和港澳,在新加坡、马来西亚、越南、缅甸、美国、墨西哥等有广东华侨聚居的地方,都有粤剧的演出。粤剧影响较大的传统剧目有《平贵别窑》《罗成写书》等;在新编的历史题材和现代题材剧目中,影响较大的有《搜书院》和《关汉卿》;移植改编的剧目则有《柳毅传书》《宝莲灯》等。

潮剧——南国奇葩

潮剧又名潮州戏、潮音戏、潮调、白字戏,主要流行于潮州方言区。潮剧的形成和发展也经历了几百年的历史,它由宋元时期的南戏逐渐演化而来,吸收了弋阳、昆曲、皮黄、梆子戏的特长,并结合本地民间艺术如潮州音乐等,最终形成自己独特的艺术形式和风格。潮剧的语言并非一开始就使用潮州方言。从明刻本《摘锦潮调金花女大全》中可以看到,这时的潮剧主要用潮州方言演唱,但其中一些场次的唱腔和道白标明用"正音"("官腔")演唱,这说明潮剧在从南戏演化而来的过程中,开始可能全用"官腔",其后才逐渐减少"官腔"的分量,并最终完全地方化。

潮剧的伴奏乐器随着时代的发展和文化的交流而不断发展丰富。20世纪20年代以前,乐器只有竹弦、唢呐、椰胡和月琴,以竹弦为领奏乐器。二三十年代,竹弦被二弦取代,月琴为扬琴取代,还增加了大笛和小笛。40年代开始,又增加二胡、琵琶和大胡。潮剧曲牌很多,板式多变,常用二板、二板慢、三板慢等板式。早期潮剧的"帮声",即登台演员唱至最精彩片段时后台众声"齐唱"相和的景象,在其他戏曲中甚为少见,是潮剧的特点之一。

潮剧的传统剧目,以取材于本地民间传说及历史故事的创作剧最有地方特色,如《荔镜记》《苏六娘》《金花女》《刘进忠反潮州》等;还有一些来源于南戏或明清传奇杂剧,如《琵琶记》《荆钗记》《白兔记》等。现存早期潮剧剧本有明代宣德七年(1432年)的手抄本《刘希必金钗记》。

潮剧也能结合时代需要,编演一些与现实生活关系密切的剧目,如抗日战争期间,反映抗战时事的剧目大批出现,著名的有《卢沟桥纪实》《韩复枭伏法记》等，对鼓舞群众投身抗日战争起到积极作用。潮剧的著名编剧有谢吟，代表作有《秦凤兰》《赵少卿》《大义灭亲》等；还有吴师吾、林先玉、洪逊、陈名振等，他们各有一批名作传世。著名艺人有李德意、蔡龙汉、洪妙等。

客家山歌——传唱着客家人的生活和情感

梅州是山歌之乡。客家山歌是客家人的精神家园，传承着厚重的客家文化。在这片梅花盛开的土地上，客家人唱山唱水唱生活，唱情唱爱唱感受。从中原到粤东，客家山歌经过千年的风雨，传唱着客家乡亲的生活和情感。人们靠着口头创作它、传承它，也丰富着它。至今，说到客家山歌的种类，真是很难说得清楚。

梅州下辖两区五县一市。客家山歌的种类也很多，一是按地域分：如梅县山歌、大埔山歌、丰顺山歌、五华山歌等，外地有河源山歌、福建山歌、江西山歌；二是按调式分，客家山歌大多有四种调式。梅州市每个县都有好多种山歌。梅县比较有代表性的是松口山歌、丙村山歌。客家人说"自古山歌松口出"，认为松口山歌是比较正宗的客家山歌。松口山歌在情绪的抒发上是比较哀怨的，曲调平稳，旋律忧伤，演绎了梅县客家妇女在丈夫离家后独撑门户时那种无法排遣的忧伤。丙村山歌有比较强的压缩节奏，和松口山歌相比，比较风趣、幽默，适合男腔演唱。梅州城区主要是"直头筒"山歌，像"尾驳尾"，比较高亢，适合即兴演唱，因为尾音长，便于演唱者斟酌后面的歌词。

广东音乐——海外华人的"乡音"

广东音乐，又称"粤乐"，于清末民初在当地民间"八音会"和粤剧伴奏曲牌的基础上逐渐形成，以轻、柔、华、细、浓和清新流畅、悠扬动听的岭南特有艺术风格在珠三角地区广泛流传，是一个既有地方音乐特色，又有全国影响力的乐种。20世纪20年代至30年代间，是广东音乐的兴盛时期，涌现出以吕文成、何柳堂为代表的"四大天王""何氏三杰"等一批作曲、

吕文成演奏高胡

演奏名家。进入40年代后,不少已经家喻户晓的广东音乐名曲,更成了国宴、迎宾音乐而被誉为"国乐"。在海外,广东音乐也被华人称为"乡音",是海外华人与祖国家乡联系情感的纽带。

广东音乐形成之初,就在演奏上使用较多的装饰音,强调用各种乐器组合成独特的音色和风格,呈现出很强的器乐化特点,当中又以"五架头"——二弦、提琴、三弦、月琴、喉管(或横箫)等组合形式最具代表性。但在民间,还有将不同的两三件乐器组合成两架头、三架头的,因曲而定,非常灵活。值得一提的是,在丰富的乐器使用上,更有高胡、二弦、喉管等是广东音乐所独有的。有着几百年历史的广东音乐,开放性地选择、吸收外来音乐文化及国内其他民间艺术的有益成分,并加以改造。现有曲名和乐谱可稽的达500多首,代表曲有《雨打芭蕉》《饿马摇铃》《平湖秋月》《步步高》等。

留存舌尖上的甜美味道

粤菜——味觉谱写的历史画卷

岭南饮食文化是岭南文化百花园中一枝令人瞩目的花朵,它由岭南特有的地理环境孕育和培植,又得到中外饮食文化养分的滋润,随着岭南社会经济文化的发展而发展,具有浓厚的地方特色。自古以来,一些到岭南为官的外籍人士都对岭南特有的饮食习惯产生兴趣,在唐昭宗时广州司马刘恂的《岭表录异》,以及被贬官岭南的韩愈、苏东坡的诗文等中均有记载。清以后,屈大均的《广东新语》、范端昂的《粤中见闻》、张渠的《粤东闻见录》、翁辉东的《潮州茶经》等,均为岭南饮食文化的重要资料。岭南背靠五岭,面向南海,既有大山峻岭,又有长达3368千米的海岸线,以及辽阔的珠江三角洲和韩江三角洲的水网地带,这里气候温和,日照时间长,雨量充沛,十分有利于农业、养殖业的发展。岭南地域内可猎,可耕,可渔,物产十分丰富,山珍、海味、粮食、蔬菜、水果等食料为岭南饮食文化的发展提供了丰厚的物质基础。岭南饮食文化,正是在岭南农业文明与海洋文明的交融中产生和发展起来的。

广义的粤菜包括广州菜、潮州菜、东江(客家)菜,狭义的粤菜指广州菜。岭南饮食文化在中国饮食文化中具有极其重要的地位。而"食在广州,味在潮汕"这种文化现象,则是岭南饮食文化的集中表现。它涵盖了独具特色的粤菜精华,以及别具一格的岭南饮食风格。广州人的饮食款式新颖,量少而精,味求隽永,清爽香脆,浓郁鲜美。广州菜既集"南(海)、番(禺)、顺(德)、中(山)"等珠江三角洲地方风味的特色,更兼采京、苏、杭、鲁等外省菜以

及西菜之所长,融会贯通,独成一家。粤菜作为中国菜四大菜系之一,以其独特的风格和风味而享有盛誉。

粤菜是由中外饮食文化融合并结合地域气候特点不断创新而成的。粤菜南北兼容,中西并蓄,极富特色的美食、小吃大批大批地涌现出来。广州茶楼餐馆之多,酒店食档之众,在国内首屈一指。它又素以品种之丰,茶式之盛,烹调之巧,风味之美而闻名遐迩。"食在广州"是广州旅游的一大特色,广州的名菜佳肴、美点小吃,对中外游客均有极大吸引力。

粤菜的第一个特色,也是最大特色便是采料复杂、菜式丰富。它用料广博奇杂,配料多而巧。山珍海味、花鸟鱼虫、飞禽走兽等均可成佳肴。

粤菜的第二个特色是口味清淡,可用"清鲜嫩滑爽香"六字概括其风味。这是粤菜广受欢迎的根本原因。粤菜调味品种类繁多,菜肴有"五滋(香、松、软、肥、浓)""六味(酸、甜、苦、辣、咸、鲜)"之美。粤菜重色彩,求镬气(指用武火把镬烧热,加油,把油烧开,炒出来的菜有一种香味),火候恰到好处。粤菜追求原料的本味、清鲜味,如活蹦乱跳的海鲜、野味,要即宰即烹,原汁原味。这种追求清淡、鲜嫩、本味的特色,区分"寒性和热性",既符合广州的气候特点,又符合现代营养学的要求,是一种比较科学的饮食习惯。

粤菜的第三个特色是博采众长、善于变化、制作精良、勇于创新。广东人思想开放,不拘教条,一向善于模仿创新,因此在菜式和点心的研制上富于变化,标新立异,制作精良,品种丰富。粤菜的菜式还注重随季节时令变化而变异,夏秋求清淡,冬春重浓郁。宴席上的菜式皆冠以美名。粤菜具有"杂交"的优势,讲究烹调的方法。烹调方法有30多种。到目前为止,粤菜的菜式有5400多种,点心有1000多种,风味小吃也有数百种之多。

漫长的岁月,使广州人既继承了传统饮食文化,又博采外来的烹饪精华,不断吸收、积累、改良、创新,形成了菜式繁多、烹调精良、质优味美的饮食特色。近百年来,粤菜已成为国内最具代表性和最有世界影响力的饮食之一。无论是按三大菜系,即黄河流域的"鲁菜",长江流域的"川菜""苏菜"和"沪菜",以及珠江流域的"粤菜",还是按四大菜系(即鲁、川、苏、粤四大菜系),或者是八大菜系(即鲁、川、苏、粤、闽、浙、湘、徽八大菜系),粤菜都占有极其重要的地位。到现在,广州的饮食,无论是食品的品种、质量和酒楼食肆的数量、规模,抑或是饮食环境、服务质量,在国内都首屈一指,在国外也享有盛名。

广州——饮茶粤海未能忘

"喝茶"在粤方言里称作"饮茶",广州人爱"饮茶"。茶文化既是民俗文化,又是饮食文化。据说乾隆皇帝下江南到广州时,就曾与贴身侍卫上过茶楼饮早茶。毛泽东也有"饮茶粤海未能忘"的诗句。鲁迅则在1927年3月的一则日记里说:"18日,雨。午后,同季市(许寿裳)、广平往陶陶居品茗。""陶陶居"是广州的老字号茶楼,它的那块黑漆金字招牌,还是康有为的手笔。

在广州,民间以茶相待已成一种礼节,如有客到,第一件事便是奉上一杯"靓茶",第一句话是"请饮茶",以此表示主人的热情、友好和礼貌。由于岭南自古具有"重商"的价值取向,"饮茶"也从家庭走向市场,使广州的茶文化集观赏价值、体验价值、服务价值和商品价值于一身。饮茶在一定意义上已经超越了单纯"茶"的范畴,成为社会交际方式的一种,也构成岭南文化别于其他文化的一个显著特质。

我国是茶叶的故乡,也是饮茶最早、茶文化历史最悠久的地方。作为岭南文化的代表地,我国最早的通商口岸,经济开放最前沿的城市,广州有着历史悠久的茶文化,兼古今,集中外,底蕴深厚。

广州的茶楼与茶馆的概念也不尽相同,它不但供应茶水也供应点心,而且建筑规模宏大,富丽堂皇,是茶馆所不能比拟的。因此,广州人聚朋会友、洽谈生意、业余消遣都乐于上茶楼。广州人把饮茶又称为"叹茶"。"叹"是广州的俗语,意为享受。这也是广州茶楼历百年而不衰的一个重要原因。广州的配茶点心,由简单到丰富多彩,不仅体现广州人饮茶有着丰富的文化内涵,而且标志着广州茶文化逐渐进入兴盛时期。广州点心,兼收中西点心制作之长,同时形成了自身的特色,主要特点是:选料广

博、造型独特、款式新颖、制作精细、皮松屑薄。茶点,也成为广州美食的重要组成部分。

广州的茶市分为早茶、午茶和晚茶。早茶通常清晨4时开市,晚茶要到次日凌晨1—2时收市,有的通宵营业。一般来说,早茶市最兴隆,从清晨至上午11时,往往座无虚席。特别是节假日,不少茶楼要排队候位。饮晚茶也渐有兴盛之势,尤其在夏天,茶楼成为人们消夏的首选去处。由于三茶的时间不同,消费人群也不同,老一辈茶客保留了早茶的习惯,且大多已退休,有充裕时间饮早茶,早茶便是广州老年人的主要休闲方式。年青的一代则因为工作方式和生活习惯的改变,主要饮下午茶和晚茶,以休闲、交友和工作为主要目的。"饮茶"是广州人饮食文化生活中不可缺少的部分。

在广州的老字号饮食店中,有相当一部分就是当年的茶楼。广州老字号茶楼,多创立于清代,长年陈旧的字号却始终客似云来。广州老字号的茶楼有:陶陶居、陆羽居、怕香居、南园、北园、泮溪、大同、惠如、三如、多如、巧心、得心、正心、福来居、西华居、美珍居、太昌等,东关的东如,西关的太如、平香、西如等,均有令人虽一日数登而不厌的吸引力。广州酒家、沙面白天鹅、泮溪酒家等则都是传统有名的老茶楼,它们的点心制作精致,且是典型的粤式茶点。

潮州工夫茶——中国茶道之精华

岭南茶文化是中国四大茶文化之一。岭南种茶自唐始,曹松是唐代舒州(今安徽潜山)人,曾南游广州。他在西樵山停留时,把浙江顾渚名茶传入岭南,拉开了岭南茶文化的序幕。岭南地处亚热带,日照长、气温高,人们需要通过饮食来补充大量流汗丢失的水分。饮茶同喝水一样,是人类生存的需要。入明以来,广州"茶市"与潮州"工夫茶"这两朵岭南茶文化的奇葩破绽而开。至清代,岭南茶文化进入第一个兴盛期,在茶市、茶馆、茶具、用茶方式,以及人们品茶的文化心态等方面,均达到空前水平。屈大均《广东新语》中列举了广东茶的产地,如广州的河南三十三村、西樵山、鼎湖山、罗浮山、潮阳凤山、琼州等。近代广东已有茶叶出口，岭南人"嗜食茶"，成为茶叶生产发展的内在动力，而茶叶的丰富，又为岭南茶文化的发展提供了可靠的条件。

岭南茶文化尤以潮州工夫茶著称。"工夫"，本为茶名（一种中等茶），后演化为烹茶方法。潮州工夫茶起于明代，盛于清代，是潮州饮食文化的重要组成部分。《清朝野史大观·清代述异》就记载："中国讲求烹茶，以闽之汀、漳、泉三府，粤之潮州府工夫茶为最。"近代诗人丘逢甲从日本回国后，在潮州生活时作《潮州春思》诗六首，其中一首记述了春日烹品工夫茶的情景，曰："曲院春风啜茗天，竹炉榄炭手亲煎。小砂壶瀹新鹪嘴，来试湖山处女泉。"

潮州工夫茶以茶具精致小巧、烹制考究、以茶寄情为特点。工夫茶之工夫，全在茶之烹法。潮州工夫茶的烹法有所谓"十法"，即活火、虾须水、拣茶、装茶、烫盅、热罐、高冲、盖沫、淋顶与低筛，也有人把烹制工夫茶的具体程序概括为"高冲低洒，盖沫重眉，关公巡城，韩信点兵"，或称为"八步法"。潮州工夫茶融精神、礼仪、沏泡技艺、巡茶艺术为一体，内涵极为丰富，是中国茶文化精华之一，向来有"中国茶道"之称。

工夫茶

广东凉茶——岭南药膳文化中的一朵奇葩

岭南民间有云"广东三宝：烧鹅、荔枝、凉茶铺"。凉茶是岭南人民根据当地的气候、水土特性，在长期预防疾病与保健的过程中以中医养生理论为指导，以中草药为基础研制出的一类具有清热解毒、生津止渴等功效的饮料的总称。306年，葛洪到岭南悉心研究当地各种温病医药。他遗留的医学专著以及后世岭南温派医家总结劳动人民长期防治疾病过程中的丰富经验，形成了凉茶配方及术语。

广东鹤山人王泽邦于清道光八年（1828年）始创的王老吉凉茶，被公认为近代广东凉茶始祖。其名扬四海还与林则徐有关。林则徐任钦差大臣初到广东时，因查禁鸦片烟操劳过度，加上水土不服，身体不适。他的随从听闻十三行的王老吉有解暑治病良方，为林则徐求药。林则徐服下一包草药后，诸多症状皆消失。林则徐登门答谢王老吉，当他得知王老吉不过以平价草药来医治病痛，提议王老吉将药方制成凉茶，让人们随到随饮，防病保健。林则徐特地送来雕有"王老吉"三个金字的大铜葫芦壶。

1840年，王泽邦便开始生产王老吉凉茶包。其后，王泽邦让三个儿子在广州另设分店。这时，王老吉凉茶不仅畅销两广，湖南、湖北、江西、上海、北京也有销售，同时，还随着广东人的足迹传入东南亚各国乃至美国。随着现代化生产设备和先进管理理念的引入，过去守着凉茶铺喝凉茶的局面被打破。凉茶被加工成配方更合理、饮用更方便、口味更适中的颗粒剂、袋泡茶、利乐包、罐装等多种规格，使这一广东传统产品突破了凉茶铺只有2.5千米销售半径的局限，开始行销全国。后来，王老吉形成了同一品牌下两分支的奇妙格局：一支在中国内地被归入国有企业，发展为今天的王老吉药业股份有限公司；另一支由王氏家族的后人带到香港，品牌覆盖到中国内地以外有凉茶市场的国家和地区。2006年，王老吉、星群制药、白云山和黄、潘高寿、香雪、邓老

王老吉

凉茶等 20 多家广东凉茶企业产销量达 400 万吨,一举超过上一年度可口可乐在中国内地 317 万吨的产销量。作为岭南药膳文化中的一朵奇葩,广东凉茶文化独特深厚的文化内涵,具有持久的扩张力,其广泛的民间性、公认的有效性、严格的传承性及巨大的后发效应,使其成为世界饮料市场上的一匹"黑马"。

5

鬼斧神工般的艺术创造

随着15—17世纪欧洲大航海时代的开启，葡萄牙、西班牙两国先后成功建立起与中国的贸易往来。广州加入全球性的丝绸之路大循环线路中，大量手工艺品行销欧洲各国。与这些手工艺品一同输入西方的，还有新的生活方式和习俗，它们在欧洲社会掀起一股"中国设计风"。17、18世纪不少西方贵族家庭，都喜好陈列精美的中国瓷器。法国国王路易十四更在凡尔赛兴建"中国宫"。欧洲的手工业者也积极从中国"偷师"，英国还开设了命名为"新广州"的瓷器厂。18世纪中叶，中西文化的碰撞与融合促使了"粤工开新"艺术风格的形成，广州彩瓷最具代表性。时至今日，岭南工匠依然与世界脉搏保持同步，紧贴国际市场动向。岭南工匠不断锐意创新，却从未偏离岭南工艺的核心精神。在农耕文化与海洋文明的交融碰撞下，岭南非遗形成了"包容折中、平和实用、通透为美、中西混搭、柔顺知足"的核心价值。

雕刻——化腐朽为神奇

广东牙雕（包括骨雕）、玉雕、木雕工艺，在清代就已扬名海内外，在20世纪五六十年代还是国家外贸出口的主要创汇产品。

木雕，以广州、潮汕的最具魅力。广州陈家祠和佛山祖庙中的木雕有其独特风格，素以工艺精巧闻名。而潮州金溪木雕的名头更响，与浙江东阳木雕、温州黄杨木雕、福建龙眼木雕齐名，位居中国四大名雕之列。潮州木雕多用樟木，硬度适中，纹路细腻，镂雕层次丰富。

玉雕也是南派的领头羊，选用草绿色、半透明并多有自然斑纹的玉琢磨，风格轻灵飘逸，追求创新，与北派的庄重古朴之风截然不同。

广州牙雕以纤细精美为特征,以龙舟、牙球、山水人物见长,其发展际遇充满戏剧性。这项曾被赞许为"最优秀、最完美无瑕的顶峰"的中国工艺,因遏制非洲大象滥捕滥杀之风,所有加入《濒危野生动植物国际贸易公约》的国家全面禁止象牙贸易而受到沉重打击。为扭转"无牙可雕"的绝境,"象牙雕刻"国家级代表性传承人张民辉开创出一条"以骨代牙"的新路:他将牙雕技艺应用到骨雕上,同时借鉴明清木作榫卯拼接技艺,把骨料有机地拼镶起来,视觉效果丝毫不输象牙。

张民辉的牛骨雕作品《南国明珠》,以牛骨为制作材料,通过玲珑剔透、精雕细琢的岭南象牙雕刻技艺,生动形象地刻画出作为山水城市广州的动人形象:花城到处如花似锦,四季郁郁葱葱;游人如鲫的新荔枝湾涌,美丽动人的越秀山麓,现代繁华的珠江新城等标志性景点尽收眼底;以雄伟壮观的中山纪念堂为标志的城市旧中心轴线,与以高耸云天的广州塔为标志的城市新中心轴线交相辉映,新旧文明的对比与共存,向人们展示了千年来羊城历史的辉煌与未来的希望,就像明珠般的亮丽。

广绣广彩——精美绝伦闻名世界

我国刺绣工艺有2000多年的历史,其中苏州的苏绣、湖南的湘绣、四川的蜀绣、广东的粤绣,号称全国"四大名绣"。广绣是以广州为中心的珠

广绣作品《晨曦》

江三角洲民间刺绣工艺的总称,以构图饱满、形象传神、纹理清晰、色泽富丽、针法多样、善于变化的艺术特色闻名世界。广绣与潮州刺绣合称粤绣。

广绣作品《睡狮》《孔雀图》《四角大花被巾》获得1915年巴拿马万国博览会奖。清代中叶,许多外国商人慕广绣之名前来广州大量订购广绣,有的商人还带来外国国王肖像、耶稣像或一些图画照片进行来样加工订货。在国内,不少广绣佳作作为贡品献给了皇帝。1929年在广州举办的四省市绣品展览竞赛中,广绣以《孔雀牡丹》《番狮》《雪地风景》等作品参展。

广绣始于唐朝。据史籍记载,唐代时有一个叫卢媚娘的14岁广东小姑娘在一幅一尺见方的丝绢上绣出一卷佛经《法华经》,字比粟米还小,却点划分明。这说明广绣历史的悠久绵长和技艺的卓越超群。

明正德九年（1514年）,一个葡萄牙商人在广州购得龙袍绣片回国献给国王,得到重赏,广州绣品从此扬名海外。嘉靖三十五年（1556年）,葡萄牙人克罗兹看到一些广绣工艺品发出"绝妙的工艺品"的惊叹。当时广州刺绣艺人已达到极高的刺绣水平,能够娴熟地、创造性地运用绒线绣,用孔雀毛、马尾作线缕和勒线,用金线和银线刺绣。

明末到清朝中期是广绣业的繁荣时期,英国商人开始要求来样加工。由于来样色调丰富,突出了西洋画的艺术风格,运用了透视和光线折射原理,故对广绣产生了深远的影响。广绣开始从民间小作坊小批量生产逐渐向商品生产发展。室内装饰和日用衣饰的广绣绣品大量生产,出口进入全盛时期。到了清朝中叶,由于粤剧和粤曲的繁荣,广绣增加了一类新品种——粤剧戏服。当时广州状元坊制作的戏服已享誉国内,连宫廷戏班也慕名前来定制。乾隆年间广绣业已成行成市,绣坊、绣庄多达50家,从业人员3000多人。

广东工匠坚持"西式中做",广绣艺人面向海外市场,锐意求新,设计出广绣大披肩等中西合璧、时尚感十足的作品。广绣大披巾出口欧洲已经有几百年历史,产销地之间一直保持着互动。中国文化影响了南欧的消费者,南欧文化对色彩的偏好也影响了广绣,从而形成了广绣用色、构图富丽堂皇的特点。在西班牙婚礼或重大节日的场合中,人们经常会看到身披色彩艳丽、图案繁复的刺绣大披巾的西班牙女郎。欧洲人将这种充满异国风情的刺绣披巾称为"马尼拉披巾"。但鲜为人知的是,这些披巾中有不少是来自广州的绣品。几百年来,广绣一直沿着广州、马尼拉、欧洲的古老航线,远渡重洋,抵达西班牙。"马尼拉披巾"别称的由来,就是海上丝绸之路留下的历史烙印。

至今,广绣大披巾在南欧市场仍占有70%以上的市场份额。广绣在西方盛行不衰的秘诀,可以从广东省工艺美术协会副会长郑乃谦的参展作品中窥见一斑。在选取海外市场喜爱的绣品题材进行设计之余,郑乃谦团队还大胆创新,将广绣沿用千年的单面绣改良成双面绣,并将广绣品种从20多款拓展到900多款。他们在坚持纯手工刺绣传统的同时,也使用电脑进行刺绣图案设计,令广绣在数字化时代实现了新的飞跃。

18世纪中叶,"粤工开新"迎来大放异彩的时代,广州彩瓷堪称中西文化交融的一大结晶。广彩工匠在彩瓷设计中融入了光线明暗和透视的西洋油画技法,常以西方艺术品上流行的卷草纹、西番莲等为辅助纹饰。这使广彩图案比传统华瓷更富有立体感、透视感和层次感,充溢着浓厚的异国情调。作为广州彩瓷初期产品的珐琅彩,备受中外富豪贵族的喜爱,清廷列为贡品,外国一些王室贵族派官员专程来广州求购。后来欧洲商人带来彩瓷图样由中国商人按要求制造,专供出口。那时的广东商人从景德镇运来瓷坯,采用江西粉彩技艺,仿照西洋彩画的方法加以彩绘,再焙烧出成品。

后来的广彩艺人继承明代彩瓷的艺术特色,吸收西洋画法,绘上具有岭南地方特色的图案,逐渐形成独特的岭南艺术风格,并将许多图案固定下来,成为广彩的传统花款,例如花篮、龙凤、彩蝶、金鱼、古装人物等。最常用的构图是用花边图案围出若干形状各异的空格,在空格内绘以花卉、物景和人物;也有不设圈格进行满花彩绘的,表现一花多姿、百花齐放的图案。到了当代,广彩艺人依然坚持不懈地探索创新。广东省非物质文化遗产项目广彩技艺传承人翟慧玲的《洛神赋图》《五老图》《四美图》等获奖作品,充分展示了当代广彩艺人对现代风格与现代审美的理解与追求。

年画剪纸——技艺精巧风行民间

佛山木版年画是我国华南地区著名的民间年画,兴起于明代永乐年间,至今有700多年的历史。以清代乾隆、嘉庆年间至抗日战争爆发前夕为鼎盛时期,是岭南民俗文化的一朵奇葩。它与天津杨柳青、苏州桃花坞、山东杨家埠并称为中国四大木版年画。该遗产经国务院批准列入第一批国家级非物质文化遗产名录,广东省佛山市的冯炳棠为该文化遗产项目代表性传承人,并被列入第一批国家级非物质文化遗产传承人。

佛山木版年画吸收了佛山剪纸、铜凿金花、金漆木雕等传统工艺的精髓,以红、绿、黄、黑四色木版套印。年画用工笔绘彩、勾金粉等技法表现,画面更显富丽堂皇、熠熠生辉。佛山木版年画因为形象精细、饱满,线条粗犷、有力,红彤彤的色彩艳丽、寓意吉祥,又有"万年红"的美誉。在版画题材上,主要有吉祥图案、辟邪迎祥、民俗民风、戏曲故事、历史演义故事等。

冯氏世家是广东佛山仅存的木版年画代表。一百多年前,冯氏世家冯均开创"冯均记"的字号,获得"门神均"的美誉,成为民国时期佛山木版年

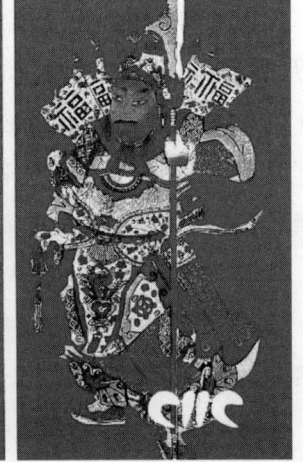

佛山木版年画

画的代表。在冯均生活的年代，佛山做年画的人很多，现在的普君南路当时叫细巷，窄窄的街道上集中着许多年画作坊。"冯均记"迄今仍是用手工绘制佛山木版年画的代表。

剪纸最有代表性的是佛山剪纸和潮阳剪纸。佛山人好剪纸，春节、端午、七巧节、中秋、拜年，甚至婚丧都需要剪纸装饰。佛山剪纸手法上以凿、衬、印、手绘等技法为主，用料上大量应用铜箔、锡箔和银箔。值得一提的是，佛山从事剪纸的手工艺人并非清一色女子，而是多为男性。这种艺术已经不再只是农闲时分的女工之巧，更体现了一种谋业之思。潮阳剪纸最大的特点是阴阳剪，"阳剪"纹线工整细致，"阴剪"线条粗犷有力，交替使用，粗细相破相助，极富特色。

在广东乡下，剪纸曾经大有用途，如男女订婚时便离不开剪纸。按乡间习俗，男方要以熟猪肝作为聘礼交给女方，熟猪肝要配以剪纸，剪出凤头、凤翅、凤身和猪肝相称，构成一幅立体的凤图。

岭南画派——以艺术美改造国魂

近代以来，广东美术界英雄辈出，其中影响最大的是一批国画家形成的"岭南画派"及其代表人物。他们在中国画的基础上融合东洋、西洋画法，自创一格，着重写生，多画中国南方风物和风光，章法、笔墨不落陈套，色彩鲜艳，学者甚众。岭南画派与京津画派、海上画派三足鼎立，成为20世纪主宰中国画坛的三大派系。

岭南画派"岭南三杰"：高剑父、高奇峰、陈树人

岭南画派以"岭南三杰"为代表,主张吸取古今中外尤其是西方绘画艺术之长以改造传统国画,使之朝着现代化、民族化、大众化方向发展,从而提高审美教育效能,是一个在国内外有影响的美术流派。其表现形式是折中中西,融汇古今;最终目的则是通过艺术美的陶冶以"改造国魂"。岭南画派原称为"折中派",是中华民族绘画史上一个重要的民族绘画流派。岭南画派的形成和发展是与岭南画派创始人、被誉为"岭南三杰"的高剑父、高奇峰、陈树人的杰出绘画艺术活动分不开的。他们主要的艺术活动均发生在清末民初的广州。

岭南画派是岭南文化颇具特色的祖国优秀文化之一,它和粤剧、广东音乐一起被称为"岭南三秀",是中国传统国画中的革命派。岭南画派主张创新,以岭南特有景物丰富题材;主张写实,引入西洋画派;博取诸家之长;发扬国画的优良传统,在绘画技术上一反勾勒法而用"没骨法",用"撞水撞粉"法,以求其真。香港的赵少昂、杨善深与广州的黎雄才、关山月是当代岭南画派的主要代表。

岭南画派的产生和发展体现了一种新的文化精神。革命精神是岭南画派产生和发展的思想基础;时代精神是岭南画派区别于旧国画流派的主要特征;兼容精神是岭南画派的艺术主张,是革新的重要途径;创新精神是岭南

广东著名画家南岭梅作品《先绽蓓蕾唤百花》(红梅 摄)

画派不断发展的动力。这四种精神构成岭南画派完整的文化精神，也是其历久不衰的重要原因。

"岭南三杰"师出同源，信奉同一艺术原则，但各有创新，风格不一。第二代杰出画家关山月、黎雄才、赵少昂等也风格各异。他们的后辈杨之光、陈金章、梁世雄、林墉、王玉珏等画家也各有自己的特色。高剑父不希望学生学得跟他一样，并声称这样是没有出息的表现。关山月、黎雄才在审美意识和艺术成就上都超越了他们的老师高剑父，形成各自不同的艺术风格。关山月的超越首先在于重大题材的开拓和时代精神的体现上，这是岭南画派绘画革新的灵魂。

第八章 永奏敢为人先的时代强音

时光飞逝，日月如梭。回首过去，美丽的广东曾以海上丝绸之路的发源地而闻名于世；过去的一百多年，广东因孕育了20世纪我国第一位站在时代前列的伟人孙中山，及成为中国近代民族民主革命的策源地而自豪；近40年来，广东这片热土更是中国改革开放的前沿阵地。当今的南粤文化界，可以说是群星璀璨，大家如林。文化大家们以广博的学识和精湛的才艺活跃在文化舞台上，丰富着南粤文化。让我们一起走进这个伟大的新时代，走进那些大家的内心世界及他们开创的艺术殿堂，去真切感受南粤文化的强劲脉动，聆听南粤文化动人的最强音。

经济腾飞逐梦行

文化要发展,经济是基础,只有经济实力增强了,文化繁荣才会有坚实的基础与保障。早在几十年前,我国改革开放的总设计师邓小平就给广东定下了追赶"亚洲四小龙"的大目标。从这一目标的实现过程中,我们可以看出广东经济发展的快节奏。

1998年,广东地区生产总值达到1030亿美元,超过新加坡的828亿美元。

2003年,广东地区生产总值达到1914亿美元,超过香港的1585亿美元。

2007年,广东地区生产总值首次突破3万亿元,超过台湾地区的3766亿美元。

2017年,广东经济总量为8.99万亿元(约合13315亿美元),直逼世界排名第12位的韩国。

广东的"追龙",可以说是波澜壮阔。这一梦想,正在变成现实!

在我国改革开放的大舞台上,许多宏大的历史故事往往是在不经意间因机缘巧合而写成的。1978年7月15日,国务院颁布《开展对外加工装配业务试行办法》。凭借靠近香港的有利地理位置,以及华侨资助家乡的历史传统,广东成为外资的登陆点。外资的注入,打破了当时计划经济的桎梏,不仅给广东实现工业化起飞"充电",也带来了先进的管理模式和思想观念。广东由此搭上了世界经济发展的"特快列车"。

"东西南北中,发财到广东",这个口号在20世纪八九十年代曾响彻大江南北。广东作为创业乐园,吸引了全国各地成千上万个创业者来寻

找机会。他们如水银泻地，流淌在广东的每一个角落。外来人员以其顽强的生命力，冲破了种种体制限制和人为藩篱，形成一波又一波的创业浪潮，汇聚成国家经济腾飞的不竭动力。广东目前已发展成为我国外经贸第一大省。每年在羊城举办的广交会，就是一张最能吸引世界各地客商眼球的中国"名片"。广东在重建21世纪海上丝绸之路中扮演着不可或缺的重要角色。

现代文化正与互联网相伴而生，文化在网络上加速穿行。中国随着世界潮流进入信息化智能时代，广东引领了国家发展。华为技术有限公司已成为核心路由器市场全球最大的供应商，其发展是中国崛起的动人故事的典范。华为能够高速成长，既源自对"中华有为"这一梦想的不懈追求，更是源自对自主创新的强力突破。

2006年，美国《时代》周刊将年度人物授予"你"——无数电脑背后的亿万网民，因为网络的力量不仅改变了世界，而且创新了改变世界的方式。腾讯公司在互联网世界打造了一个庞大的QQ帝国，极大改变了我们的沟通习惯与生活方式。

南粤文化在新时代有了新的形式与花样。2006年8月，中国大陆第一部纯三维高清动画国产影片《魔比斯环》在深圳嘉禾影院首映。这是一部完全由电脑技术制作完成的动画片，是中国首部与国际接轨的动画电影，象征着中国文化创意产业的崛起。据约翰·霍金斯《创意经济》书中所言，全世界文化创意产业经济每天创造220亿美元的效益，并以5%的速度在增长。文化创意，涵盖了工业设计、现代艺术、动漫卡通、影视、出版乃至建筑等领域。广东领先的经济潮流、高科技水平和包容性强的岭南文化氛围，为文化创新提供了良好的基础。广东的文化创意产业，恰若一道朝阳之光，照亮并指引着广东新经济的发展前程。

雄关漫道真如铁，而今迈步从头越。2017年4月4日，习近平总书记对广东工作做出重要批示，希望广东坚持党的领导、坚持中国特色社会主义、坚持新发展理念、坚持改革开放，为全国推进供给侧结构性改革、实施创新驱动发展战略、构建开放型经济新体制提供支撑，努力在全面建成小康社会、加快建设社会主义现代化新征程上走在前列。未来的广东,将以习近平总书记的指示精神为战略指引,勠力同心、攻坚克难,实现决胜冲刺全面建成小康社会的目标,加快广东社会主义现代化建设的新征程。

② 画坛劲刮岭南风

陈金章1929年生于广东化州,是当今岭南画派"山水掌门人"。早年考入高剑父担任校长的广州市立艺术专科学校,时逢关山月、黎雄才在抗日战争胜利后从西北回来,陈金章便师从三位大家。在他看来,真实是国画魅力永恒的根基。在广州美院几十年的教学实践中,他以此教导学生,并以扎实的理论基础和真知灼见,铺就学生成长的道路。

陈金章将传统上视为花鸟题材的广州市花木棉花引入国画山水创作题材,其《报春图》通过木棉树寓意广东取得的巨大进步,开创了岭南画派画木棉的新手法。对陈金章而言,山水画不只是技法,更是岭南人对故土的一份挚爱情思。1986年,陈金章受邀前往加拿大讲学,当地市长热情挽留其长居,陈金章婉言谢绝:"加拿大虽好,但我是画山水的,中国的山水更美。"陈金章曾到海南岛尖峰岭写生,在那里一住就是59天。他说,原始森林中的将军松让他深感震撼。他感到树很伟大,人很渺小,在心底涌起强烈的创作冲动。

陈金章作品《报春图》

大半个世纪的不辍耕耘,陈金章的足迹遍布祖国名山大川,画出一大批精品力作。他的画作一平方尺能卖到20万元,但他坚持将好画留在自己手里。他说,等广州的陈金章美术馆建成后,好画就全部捐献出去,让喜欢的人都能看到。

孙洪敏始终坚持用纤纤画笔,

表达岭南女性之美。她生于湖南长沙,幼年在佛山成长,上大学后一直在广州生活,她觉得自己是地道的广东人。孙洪敏学画从临摹开始,那个年代没有画册,《高尔基》和《草原英雄小姐妹》两本小人书让她如获至宝,从6岁开始,就反复临摹书上的人物。父母开始时反对她学画,认为学来无用。为此她没少和父亲斗智斗勇,总是在父母下班前偷偷画画,听到门口传来他们的声音就立刻把画本藏起来,假装在做数学题。就在这种躲躲藏藏的坚持中,她考取了广州美院。

孙洪敏的《女孩》系列作品达100多幅,以理性和精湛的古典写实油画技巧,描绘极为纯粹的女孩形象。在对严苛与精细的百般锤炼之间,孙洪敏探索着她内心想要的极致状态。她目前正在创作《西关小姐》和《潮州姿娘》。西化的西关小姐和传统的潮州女子,是岭南女性两种不同风貌的代表,在她的笔下将能得到完美的诠释。在她看来,绘画要有工匠精神,把活做好、做精、做绝!搞艺术就像打井,看准方向,就要一直"打"下去,直至看到井喷!

3
梨园名动海内外

粤剧表演艺术家陈笑风 1926 年生于东莞望牛墩镇,其父为著名编剧家兼电影编导陈天纵。陈笑风自创"风腔",享有"天皇小生"的美誉。1938 年,广州沦陷,在广东大学建筑工程系上大一的他因生计被迫放弃求学,进入戏班学戏,师从丁公醒。陈笑风的理想是当一名建筑师,对唱戏毫无兴趣。丁公醒见状找到陈天纵,说你儿子唱不了戏,还是另谋出路吧。陈天纵并未因此责备儿子,只是开玩笑地问他:"我就不信,人家丁公醒大字不识都能成为戏班的台柱,你一个上过大学的人难道还不如一个不识字的!"生性好强的陈笑风自此开始努力学戏,很快便从跑龙套的小戏子升做配角,继而成为戏班的六条柱(文武生 2 名、花旦 2 名、小生 1 名、丑生 1 名)之一。

60 多年前,中国唱片广州公司出版了一张粤剧专辑,陈笑风因新版折子戏《山伯临终》而轰动粤港澳。当时他在香港演出,场上掌声叫好声此起彼伏。演出结束后,新马师尊在后台见到陈笑风,由衷赞叹:"此曲只应天上有!"20 世纪 80 年代,陈笑风再次前往香港演出,著名演员郑少秋跪地敬茶,正式拜陈笑风为师,学唱《山伯临终》。

陈笑风的 7 个弟弟妹妹均从事粤剧及影视工作,其中妹妹陈小华、陈小茶、陈小莎均成名很早。兄弟姐妹的配偶又多是行内人,"陈家班"人才辈出,成为粤剧界的骄傲。陈笑风的表演戏路宽广、文武兼备,扮相俊逸潇洒、传神逼真。

陈笑风年轻时的贾宝玉扮相

黄少梅是粤剧名伶。1946年，年仅14岁的黄少梅进入广州华南茶楼开始了演艺生涯。随后又随师父李少芳前往香港，先后在高升、先施、莲香等大茶座表演。黄少梅先向失明老艺人梁鸿学习南音，又向梁以忠、王者师、梁巨淘等名师学艺，集百家之长，形成以"星腔"为基础，同时又有自身特点的平喉唱腔。

20世纪50年代，黄少梅成为广东曲艺团的一员，她随团去过美国、加拿大等数十个国家演出。1986年，黄少梅在广州市平安戏院举办了个人从艺40周年独唱会。演出盛况空前，场场满座，2元人民币的戏票被人炒到75元仍一票难求。黄少梅一年唱400多场，唱到口干舌燥，成为医院五官科的常客。退休后，她全心投入辅导徒弟和从事粤剧普及的工作中。她说：艺无止境，集思广益，专注艺术，永不停息。这16个字是她从艺70年最大的感受，也是她送给后辈的经验之谈。

方展荣是潮剧一代名丑。1959年跟随潮剧名角陈大筐学丑角，几年后进入汕头市青年潮剧团，一代名丑的舞台生涯自此开始。1978年，方展荣转入广东潮剧院一团。他主演《柴房会》，成功塑造丑角"李老三"，蜚声海内外潮人圈。此后几十年，方展荣参与的潮剧作品多达百部，在多种角色上均有所成就，但对丑角的表演和研究，始终是他的"拿手好戏"。

潮剧的丑角都得身怀绝技。京剧的丑角就分文丑和武丑，但潮剧则分了十类：项衫丑、裘头丑、踢鞋丑、官袍丑、女丑、长衫丑、偻衣丑、老丑、小丑和武丑。方展荣说："京丑的动作有学黄蜂、壁虎的，我们还得学母鸭走，鸭子跳，螳螂，甚至连嘴巴都要学螳螂。最特别的是，潮丑都有三分生，潮丑几乎都有生角的基础，表演中也加入了三分生戏，效果就大不一样了！"他还有挥洒自如、出神入化的扇子功。不管戏里戏外，方展荣都喜欢讲潮汕话，他认为潮汕话要是保护不好，后代都不说潮汕话，那潮剧就没有存在的意义了！当下，保护好潮汕方言，就是保护好潮剧！

吕维平是西秦戏的忠实守望者。12岁那年，他第一次看西秦戏《赵氏孤儿》。剧中饰演韩大人的老生拖着高腔，从后台一路出台、亮相、举鞭、勒马，一连串精湛的表演动作，当场镇住了吕维平，从此在他心中埋下了戏

剧的种子。1985年，上高二的吕维平参加了广东省海丰县西秦戏剧团的招生考试，在一千多名考生中脱颖而出。在学习戏曲基本功时，已经18岁的吕维平吃尽了苦头。为了能尽快把腿踢到头顶，老师给他腿上绑了几块砖头，增加压力。别人休息看电影打扑克，他对着镜子练习。老师看中了吕维平的勤奋和少年老成，就让他学老生，提前教授他老生的须功、水袖、眼神、台步等看家本领。

西秦戏300多年前从陕西一带传至海陆丰，一说是随李闯王大军而来的，另一说是汤显祖的好朋友在广东做官，因思念家乡，就把西秦戏班子请了过来。西秦戏参加全国小戏小品曲艺大展，折子戏《刘锡训子》夺得金奖，独门特技"椅子功"功不可没。西秦戏历史剧目讲的都是精忠报国、忠孝节义，演的多是圣贤英雄、家国情怀。吕维平说，海陆丰地区宗族文化浓厚，不少祠堂在固定的庆典日子会请戏班演戏。每到传统节日和举办民俗活动时，他都会带着戏班子走村串寨，忙个不停。

4
出版佳作遍九州

岑桑是广东出版界的"大佬",1926年生于广东顺德。其祖父曾远赴美国"淘金",是当地有名的华侨,后回国经商。家中藏书颇丰,岑桑自小便对书籍产生了感情。初二时,他写了一篇《停膳》,讲述穷学生因交不起膳费而饿肚子的故事,投稿后没想到发表了,从此便爱上了写作。岑桑曾随父亲逃难到香港,后又转移至贵州求学,抗战胜利后回到广州,考入中山大学社会学系。1954年调入《电影与观众》杂志社,开始了60余年的编辑生涯。

1981年,岑桑出版了戴厚英的长篇小说《人啊人》,反映当时中国知识分子的思想、生活状态和呼声,12万册很快销售一空。20世纪80年代是广东出版业迅速发展时期,他先后推出王蒙、冯骥才、韩少功等数十位文坛新锐作家的单行本;策划再版了巴金主编的《文学丛刊》,以及陈荒煤、何其芳等20多位作家的作品;出版了广东著名作家欧阳山、秦牧、陈残云等人

《岭南文库》丛书

的作品。凭借着这些分量十足的出版业绩,广东成为全国出版界最为活跃的地区之一。他还率先出版梁羽生、陶然等港台作家的作品,促成了席卷中国的"武侠热"。

1984年,岑桑担任广东人民出版社社长兼总编辑,倡议成立广东教育出版社和新世纪出版社,奠定了今日广东出版界的格局。1985年,他主导出版《岭南文库》。这套被称为岭南"四库全书"的学术丛书,已出版120多种,打破了广东"无文化"的谬论。在岑桑看来,编辑出版的责任就是创造和传递文化薪火,是文化的使者,而他能有幸成为一名传播文化的使者,实在是大幸。

5

文坛名家巨制多

黄庆云1920年生于广州，1935年考入中山大学中文系，就是那位20世纪深受读者喜爱的"云姊姊"。广州陷落后，她到香港借读于岭南大学。陶行知的教育思想和邹韬奋翻译的《民主主义与教育》深深影响着她。她认为，只要从教育上给第二代以启发，他们就能冲破旧的传统，创造出一个进步的崭新世界。抗战期间，她经常到收容流浪儿童的"小童会"给孩子们讲故事，并写出第一篇童话《跟着我们的月亮走》，把一个富有同情心、快活的月亮与严厉的墨守成规的太阳做对比，将童话和社会生活联系在一起。

她的儿童文学创作是从《新儿童》刊物上开始的，很快便形成自己的风格，富有浪漫主义和人道主义色彩。《新儿童》开辟了一个与孩子们通信的信箱，因为孩子们在信里都称黄庆云为云姊姊，这个信箱就叫"云姊姊信箱"。信箱在海内外影响颇大，1980年还有读者从美国写信，建议在香港《大公报》或《文汇报》上重设这个信箱。1950年后，黄庆云随《新儿童》回到广州，作为总编辑，数十年陪伴着这本儿童刊物，把阳光播种在儿童等待开发的心田。

曾感动无数国人的电影《刑场上的婚礼》，是根据黄庆云的传记小说改编的。刚开始她只是写了篇散文发表，周恩来总理看到后说："你们广东有这么感人的故事，有这样的烈士，你们应该好好地写出来。"黄庆云便重新去采访，写出了这篇著名的传记。革命烈士感天动地的

黄庆云

爱情和赤诚忠贞的意志感动了许多人。这篇文章曾被选入小学语文课本。

1987年，退休后的黄庆云移居香港陪伴姐姐，但不辍笔耕，创作了儿童小说集《爱我香港》、童话集《皮鞋兄弟》《漫游隐形国》等作品。花甲之年的黄庆云依然在儿童文学事业上辛勤耕耘，她说："我写的都是给小孩子看的小故事，每次写作都感觉身边有孩子在倾听我讲故事，因此于我而言，写童话故事是最快乐的事。"

文学家刘斯奋的父亲刘逸生是中国知名报人、诗人和学者，家中藏书丰富，培养了孩子们良好的阅读习惯。刘斯奋最初只是写诗词散文，20世纪80年代初，因有编辑约稿，开始创作《白门柳》。这部小说着重呈现的是明末清初社会大变动中，"士"这一阶层的坎坷曲折命运，以及如何从中催生出以黄宗羲、顾炎武等为代表的中国早期的民主思想家。刘斯奋深刻挖掘明末士人们所负载的文化使命和特有的文化气质，《白门柳》被评论家认为：处处飘逸着文化诗魂，流淌着浓郁的诗化色彩。1997年，《白门柳》获第四届茅盾文学奖。

刘斯奋认为自己是一个深受岭南文化哺育成长起来的文化人，是岭南文化之子。他总结了岭南文化的三大特点：不定一尊、不拘一格、不守一隅。"不定一尊"指的是广东人讲究人与人之间的平等；"不拘一格"指的是岭南人务实；"不守一隅"体现了广东人的开放进取。他说，岭南文化讲究自由自在，没有条条框框，有一种自由发展的氛围，可以不守规矩，不讲究师承门派，而他这种"自由自在"的状态，也只有在岭南才能如鱼得水。

裴蓓于20世纪90年代移居广东珠海。"在选择专业时，要选择自己最适合和感兴趣的，做自己喜欢的事最重要。"裴蓓说这是她最想告诉大家的一句话，因为她走的弯路特别大。裴蓓的"弯路"，是指自己大学时选择物理专业，毕业后做了7年物理老师，但她心底总有一个声音在不断地响起：这样的生活不是我要的，我应该从事文学创作。

2002年，裴蓓的第一篇小说《曾经沧海》发表，在文坛崭露头角。此后陆续发表了多部中长篇小说，其中长篇小说《南漂》被认为是特区文学代表作之一。虽起步稍晚，但裴蓓认为，之前走过的路、看过的景，对于作家而言都是财富和积累。如果自己20多岁就开始写作,对生活的感悟一定不会深刻。因觉得根据自己小说改编的电影效果与初衷相差甚远,裴蓓决心自己改编。2010年,由裴蓓小说改编的电影《天上人》在全国院线上映,她担任编剧兼制片人,被赞为"文学人与电影人的完美结合"。2015年,一部涉及青少年早恋、网瘾、叛逆等青春期问题的励志片《青涩日记》公映,依旧由裴蓓的小说改编,制片人还是她。在这部让裴蓓卖掉别墅才筹够拍摄资金的电影中,她想与家长们共同反思为什么孩子会出现这样那样的问题。裴蓓坦言,自己不是个合格的制片人,赚不到钱。但如果一个人做事情,既满足了自己内心深处的愿望,又对社会有贡献,那就值了。

魏微成长于20世纪80年代,在她看来,那是个全民皆诗人的年代。大家都喜爱看书作文,上学时会自己花钱订阅诗选、小说等刊物,也会把青春期的小情绪写成日记。博览群书加不断练习,魏微的文笔越来越好。80年代末期,魏微尝试写小说,在家乡一个文学杂志上连发三篇,引起轰动,当地文联还专门为她开了研讨会。魏微在家乡"一写成名"后,曾先后在南京、北京生活。北京庞杂的文化环境使她陆续写出生命中最重要的作品,并获得鲁迅文学奖。此后便南下广州。

魏微的小说有着结实的人间悲欢,充盈着温暖眷恋之情。《大老郑的女人》《乡村、穷亲戚和爱情》等,通过小人物的故事来反映那个时代。她认为,对于一个写小说的人来说,有野心把一篇小说写好,但在操作过程中,一定要先把这个野心藏着,从小处慢慢往深里头拉开,深入浅出的表达才会好看。魏微坦言,70后、80后作家已经不大强调写出传世之作以图青史留名,因为他们的创作期大都未赶上当代中国文学的黄金年代——八九十年代,一本文学杂志动辄发行几百万册,一本书、一个短篇就能够轰动全国。老一辈作家当然会有一种文学上要做帝王的思想,而魏微只希望,写出让自己满意的作品,能集中一部分读者的心思就好。魏微感受到岭南文化跟京派文化、江浙文化的不同,认为这种文化的冲击对作家颇有好处,能丰富他们对世界和人的认知。

6 演艺圈内竞风流

作家章以武 1937 年生于上海,14 岁时报名支边,豪情满怀地奔赴甘肃,被分配到定西的大山沟里,成为一名乡村信贷员。自小生活优越的章以武没想到大西北的生活如此艰苦:住的是破窑洞,喝的是地窖里储存的浑浊雨水,吃的是杂粮糊糊,而窑洞里就有个炕,上面盖的是一张羊皮和一些破烂的被子,穷到难以想象。章以武认为,生活艰难也有好处,那就是磨炼了他的意志。1956 年,他顺利考上西安外国语学院(现为西安外国语大学),后转入华南师大中文系,毕业后分配到广州大学任教。

1983 年,由珠江电影制片厂拍摄的电影《雅马哈鱼档》,淋漓尽致地反映了广州缤纷而又充满活力的城市生活,引起巨大轰动。这部由章以武小说改编的电影,被誉为"当代广州的清明上河图",被视为"南派电影"崛起的代表作。章以武创作了大量文学作品,多被搬上银幕和电视,如《南国有佳人》《情满珠江》等。他认为,对一个作家而言,要有丰富的生活储备,要掌握大量的细节和人物才能长袖善舞;要有广阔的文化视野,脚要站在祖国的土地上,但要放眼世界,放眼人类,这样文章自然就有了气派。他将几十年来的创作心得总结为八个字:与时俱进,吃透生活。

姚锡娟被誉为"中国好声音"。1959 年,上海电影专科学校成立,喜欢看电影的姚锡娟决定去试试。当时一千多人报考,最后录取 15 人,姚锡娟成为其中的佼佼者。她毕业后分配到广东话剧团工作,主演过《家》《游园惊梦》等数十部话剧。

配音是藏在姚锡娟心底的梦。1981 年,广东电视台引进日剧《排球女将》,姚锡娟已到不惑之年,但凭着少女一样的嗓音和深厚的语言功底,被选中为主角小鹿纯子配音。姚锡娟配音的纯子笑声淳朴甜美、说话声音充满朝气，尤其是喊"晴空霹雳"时配上的那一声"嘿"，更是在一代人的心中激起无穷动力。《血疑》是20世纪80年代在中国最火的日剧，不但让饰演幸子的山口百惠成为中国家喻户晓的明星，也奠定了姚锡娟在配音领域的地位。1985年，姚锡娟应邀在中央人民广播电台播讲《红楼梦》。播前的一个多月里，她看资料、做笔记，生怕会错一个意，念错一个字。从小热爱的越剧激发了她的灵感："读到宝玉，脑子里浮现的是玉树临风的小生形象；而贾政、焦大、薛蟠，他们不就是戏曲里的老生、丑角吗？"她以生、旦、净、末、丑来标识书中的各色人物，形成自己的特点。作家曹禺称赞她"用声音塑造出千变万化的人物"。

1990年后，姚锡娟专注于朗诵艺术，推出朗诵专辑《回眸一笑》《未成曲调先有情》，被发布会现场观众称赞为"中国好声音"。姚锡娟将自己的朗诵经验归纳为八个字：熟、懂、化、说、准、送、真、新。这八个字你中有我，我中有你，前因后果，前呼后应。

丁荫楠自小喜爱文艺，1961年如愿考进北京电影学院导演系。他认为做导演可以通过电影来表达自己对事物的看法、对世界的看法、对社会的见解，很有意义。他毕业后先到广东话剧团工作，5年后调到珠江电影制片厂。

1979年，丁荫楠执导首部电影《春雨潇潇》，受到广泛好评。孙中山诞辰120周年之际，丁荫楠执导《孙中山》。为了拍好这部电影，丁荫楠和队友们从中山到澳门，到檀香山，到神户，沿着孙中山当年的足迹走了一遍，整整用了4年时间。丁荫楠没有把孙中山拍成神，而是把他拍成一位有血有肉的政治追求者。在真实史料基础上，他借助叙述的诗情化，生动再现了跌宕起伏、气势磅礴的中国现代史画卷。影片上映后好评如潮，其后又陆续拍了《周恩来》《邓小平》《鲁迅》等人物电影。《周恩来》上映后创造了2.7亿元人民币的票房纪录，而当时的电影票价仅2元。在他看来，中华精英人物对于巩固民族地位、发展民族精神有着至关重要的作用。电影不仅仅是娱乐，还应该带有使命感，应对社会有一种剖析，对人性有一种解释。生命不息，创作不止，丁荫楠正在筹拍《林巧稚》《梁思成》。"当他回首往事的时候,不因虚度年华而悔恨,也不因碌碌无为而羞耻。"他用保尔·柯察金的名言总结自己。

杨春荣生于西安,当年高考时,上海戏剧学院来招生,考点设在陕西人民艺术剧院。因为一个同学要报考,考试那天她跑去看热闹,没想到被老师看中。尽管父亲反对,但她还是在母亲的支持下偷偷进了考场,顺利考上上海戏剧学院。杨春荣说,这也让她明白了一个道理,每个人都应该趁年轻的时候去尝试做自己喜欢的事情。原本可留在北京的杨春荣在毕业时选择了南下,进入广东话剧院。广东人的包容给了每一个人空间和机会,有了包容就有了舒适感,有了舒适感就会感受到人们最想要的温暖。"漂泊这个词适合男人,不适合女人,更不适合我。"在她看来,女人虽然也要闯荡,但不是漂泊,她拒绝漂泊的感觉。

在杨春荣的同班同学中,有陈红、盖丽丽、于慧等明星。面对同学的走红,杨春荣淡然从容。"过得舒服,过得心安,能做自己想做的事,就是最大的成功。"杨春荣认为,伟大而没有名气的艺术家有很多,并不能用金钱来衡量才华的价值。20多年的话剧生涯,杨春荣演过打工妹、腐败女老板、贩毒坏女人,演过珍妃,也演过陈铁军,正是这一个个迥异的舞台形象的成功塑造,让杨春荣被同行称为"舞台精灵"。2015年年初,杨春荣扛起广东话剧的大旗,当上了广东话剧院院长。院里的艺术创作也渐入佳境,《小八路与大俘虏》入选国家艺术基金舞台艺术创作资助项目,《遥远有多远》代表广东省参加第五届全国少数民族文艺会演。她认为,广东作为一个强省,除了经济上强,思想文化方面也要强。对于舞台,杨春荣一直充满敬畏和感激,"我的一生,在舞台上可以经历几世的轮回,那是多么美妙的事啊!"

这是一个文明不断刷新的时代,这是一方文化不断创新的沃土,这是一个华夏子孙尽情挥洒的舞台!新时期的南粤人,正以习近平新时代中国特色社会主义思想为指导,不忘初心、牢记使命,高奏敢为人先的时代强音,昂首阔步地走在全面建设社会主义现代化强国的康庄大道上。

参考文献

[1] 饶小军. 族群社会与百年世居——龙岗坑梓镇黄氏宗族及村围考察报告[J]. 建筑学报, 2001（4）.

[2] 刘丽川. 深圳客家研究[M]. 海口: 南方出版社, 2002.

[3] 林乃燊, 冼剑民. 岭南饮食文化[M]. 广州: 广东高等教育出版社, 2010.

[4] 谭元亨. 广东客家史[M]. 广州: 广东人民出版社, 2010.

[5] 戢斗勇. 广府先贤[M]. 广州: 暨南大学出版社, 2011.

[6] 黄挺, 陈利江. 潮州商帮[M]. 广州: 暨南大学出版社, 2011.

[7] 黄淼章, 闫晓青. 南海神庙与波罗诞[M]. 广州: 暨南大学出版社, 2011.

[8] 金峰, 冷东. 广府商都[M]. 广州: 暨南大学出版社, 2011.

[9] 陈绿平. 和的智慧——广东宗教文化行[M]. 广州: 南方日报出版社, 2011.

[10] 杨宏烈, 胡文中, 潘广庆. 西关大屋与骑楼[M]. 广州: 暨南大学出版社, 2012.

[11] 仲红卫. 珠玑南迁[M]. 广州: 暨南大学出版社, 2011.

[12] 陈小庚. 潮韵绕梁——广东潮剧[M]. 广州: 广东教育出版社, 2013.

[13] 彭嘉志. 谷羊昌瑞——广州五羊传说[M]. 广州: 广东教育出版社, 2013.

[14] 冯沛祖. 母仪龙德——广东龙母诞[M]. 广州: 广东教育出版社, 2013.

[15] 曾应枫, 李焕真. 织金彩瓷——广彩工艺[M]. 广州: 广东教育出版社, 2013.

[16] 刘程. 广东文化——越看"粤"精彩[M]. 广州: 华南理工大学出版社, 2014.

[17] 田丰, 林有能. 岭南风物[M]. 广州: 暨南大学出版社, 2014.